小豆豆国学密码

遨游词语世界
词语密码 全知道

每一个词语背后都蕴涵着一段历史、一段趣说，然而随着年代的久远，它们的起源却渐渐尘封，鲜为人知。本书从人类丰富的文化瑰宝中撷取了一粒粒历经时光洗刷而愈久弥新的璀璨的珍珠，串联起来，让我们共同体验词语之美！

张淼依 ◎ 编著

郑州大学出版社

郑州

图书在版编目(CIP)数据

遨游词语世界:词语密码全知道/张森依编著.—郑州:郑州大学出版社,2016.1

(小豆豆国学密码)

ISBN 978-7-5645-1747-2

Ⅰ.①遨… Ⅱ.①张… Ⅲ.①汉语-词汇-青少年读物 Ⅳ.①H136-49

中国版本图书馆 CIP 数据核字(2014)第 114692 号

郑州大学出版社出版发行
郑州市大学路40号   邮政编码:450052
出版人:张功员   发行部电话:0371-66966070
全国新华书店经销
辉县市伟业印务有限公司印制
开本:787 mm×1 092 mm   1/16
印张:15
字数:216 千字
版次:2016 年 1 月第 1 版   印次:2016 年 1 月第 1 次印刷

书号:ISBN 978-7-5645-1747-2   定价:29.80 元

本书如有印装质量问题,请向本社调换

前　言 >>>

中华文明，星河灿烂，彪炳千秋。漫漫历史长河中，语言文字始终一枝独秀，傲然绽放，词语更是以它特有的艺术魅力和知识价值引得人们心生向往，多少年来，多少文人墨客为之折腰。每一个词语背后都蕴涵着一段历史、一段趣说；每一个词语都如一坛窖藏的老酒，醇美浓郁，历久弥香。

如果说优美的句子能构建一座富丽堂皇的宫殿，那么精妙的词语就是点缀其间的珍珠；如果说瑰丽的文章就像一支如玉凝成的蜡烛，那么词语就是这点亮烛光的明火……词语究竟是什么？也许它什么都能是，它包罗万象，无奇不有。

词语是中国历史的活化石。浩瀚宇宙，万物生灵都是一个从无到有的过程，词语的出现与发展正如实记叙了人类走向文明走向更加文明的每一步。词语是古人智慧的结晶，言近旨远、形象生动，传承了中华几千年的历史文化。它们凝结了我们遥远的神话传说，它们浓缩了我们先人的历史典故；祖先把一个个故事提炼成成语，他们把一场场经验总结为词汇；或为贬义丑语，或是古为今用，无不妙趣横生，词语真堪称历史的缩影、文明的精华。

词语是我们生活的魔法镜。我们口头亲昵地喊"爸爸"的那个人，在书面上却是我们的"父亲"；满清皇族称谓他们的父亲是"皇阿玛"，封建社会大家族里也有人喊父亲为"老爷"；方言里有的地方称呼为"爹爹"，也有的地域以"大大"称呼。这些不同的词语从我们的日常生活中款款走来，深刻地体现了我们文化的多样性和复杂性，只要你从词语意义中咀嚼考证，很快你就能感受到这些词语独特的内在美感和文化内涵，例如："爸爸"的称呼体现了普通家庭的骨肉至亲，"皇阿玛"中的"皇"字是在标榜着皇族威严，封建家族里的"老爷"又何尝不是封建等级制度的产物？此类的词语不胜枚举，同样的东西用不同的词语来表达，还能反射出如此大的信息量，恐怕也只有汉语有这种魔力。

　　词语是开启未来的金钥匙。词语不仅可以评古说今，更主要是它也可以指点古今。正所谓晓古今而知兴废，每一个词语都是古人智慧的结晶，都是他们对我们的谆谆告诫。我们可以如沐春风般感受词语带来的美好，我们同样可以期许明天的生活会更加绚烂，这不是痴人说梦，词语让我们懂得历史、明白生活；词语让我们记录文明、革新文明，词语让我们创造辉煌、放飞梦想。一个亡羊补牢的故事，会点拨我们悔过不会晚的道理；一个守株待兔的寓言，会启示我们要亲力亲为，不要妄想天下掉馅饼的好事，等等，这些都让我们更加聪明、更加谨慎、更加容易开启一个美好的未来。

　　让我们阅读这些词语，亲历先人的智慧；让我们感受这些词语，体悟真实的生活；让我们记得这些词语，开启美好的明天。当你赏心悦目于词语绽放出的艳丽花朵，华美的篇章还会远吗？

编者
2014 年 1 月

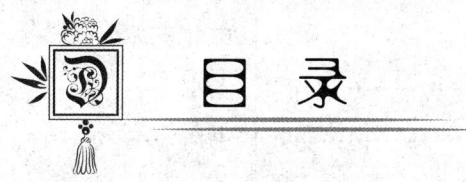

目 录

第一部分 词源趣闻

趣谈字词

鲜 …………………… 1	推敲 …………………… 23
杏 …………………… 2	借光 …………………… 25
囍 …………………… 3	经济 …………………… 26
酒 …………………… 4	瓦解 …………………… 27
打 …………………… 6	牺牲 …………………… 28
茶 …………………… 7	名堂 …………………… 29
凤 …………………… 8	大夫 …………………… 31
寿 …………………… 9	流氓 …………………… 32
姓氏 ………………… 10	

"名字"趣谈 ………… 12

"琵琶"和"枇杷" … 13

词源趣闻

	东西 …………………… 33
	要领 …………………… 34
	倒霉 …………………… 35
	贫穷 …………………… 37
	桂冠 …………………… 38

文词轶事

鸿沟 ………………… 15	马虎 …………………… 40
桃李 ………………… 16	模范 …………………… 41
知音 ………………… 17	抬杠 …………………… 42
偏袒 ………………… 19	六甲 …………………… 43
断织 ………………… 20	
"捉刀"和"斧正" … 21	门第 …………………… 44
翁仲 ………………… 22	解手 …………………… 45

| 吃醋 | 47 | 敲竹杠 | 74 |

浅解地名

北京	48
香港	49
澳门	49
西安	50
武汉	51
张家界	53
拉萨	54
香格里拉	55

趣解三字

戴高帽	56
鬼门关	57
黄粱梦	58
闭门羹	60
孺子牛	61
风凉话	62
咏絮才	63
座右铭	64
马大哈	65
破天荒	66
臭老九	67
老好人	68
一字师	69
拍马屁	70
吹牛皮	72
眼中钉	72

文化艺术

图书	75
书店	76
文学	77
哲学	78
红学	79
学校	80
黄梅戏	81
京剧	82
相声	83
小品	84
双簧	84
二人转	85
梨园	86
马头琴	87
冬不拉	88
古筝	89
皮影戏	90

人物头衔

皇帝	91
将军	92
陛下	93
宰相	94
沙皇	95
总统	96
主席	97

首相 · · · · · · · · · · · · · · · · · · 98	元宵 · · · · · · · · · · · · · · · · · · 123
东道主 · · · · · · · · · · · · · · · · 99	**节日风俗**
同志 · · · · · · · · · · · · · · · · · · 100	抓周 · · · · · · · · · · · · · · · · · · 124
足下 · · · · · · · · · · · · · · · · · · 101	生肖 · · · · · · · · · · · · · · · · · · 125
连襟 · · · · · · · · · · · · · · · · · · 102	婚姻 · · · · · · · · · · · · · · · · · · 127
先生 · · · · · · · · · · · · · · · · · · 103	蜜月 · · · · · · · · · · · · · · · · · · 129
太太 · · · · · · · · · · · · · · · · · · 104	守岁 · · · · · · · · · · · · · · · · · · 130
新郎 · · · · · · · · · · · · · · · · · · 105	压岁钱 · · · · · · · · · · · · · · · · 131
服饰饮食	剪彩 · · · · · · · · · · · · · · · · · · 132
衣裳 · · · · · · · · · · · · · · · · · · 107	三寸金莲 · · · · · · · · · · · · · · 133
旗袍 · · · · · · · · · · · · · · · · · · 107	"年"的由来 · · · · · · · · · · · 134
裙子 · · · · · · · · · · · · · · · · · · 108	清明节 · · · · · · · · · · · · · · · · 135
项链 · · · · · · · · · · · · · · · · · · 109	端午节 · · · · · · · · · · · · · · · · 136
西装 · · · · · · · · · · · · · · · · · · 110	"七夕"的由来 · · · · · · · · · 137
领带 · · · · · · · · · · · · · · · · · · 111	中秋 · · · · · · · · · · · · · · · · · · 138
中山装 · · · · · · · · · · · · · · · · 112	重阳 · · · · · · · · · · · · · · · · · · 139
燕尾服 · · · · · · · · · · · · · · · · 113	元旦 · · · · · · · · · · · · · · · · · · 140
拉链 · · · · · · · · · · · · · · · · · · 114	元宵节 · · · · · · · · · · · · · · · · 141
裤子 · · · · · · · · · · · · · · · · · · 115	**近义词辨析**
鸡尾酒 · · · · · · · · · · · · · · · · 116	年轻·年青 · · · · · · · · · · · · · 142
白兰地 · · · · · · · · · · · · · · · · 117	启事·启示 · · · · · · · · · · · · · 142
老婆饼 · · · · · · · · · · · · · · · · 118	成长·长成 · · · · · · · · · · · · · 142
东坡肉 · · · · · · · · · · · · · · · · 119	执著·执着 · · · · · · · · · · · · · 143
叫化鸡 · · · · · · · · · · · · · · · · 120	充分·充足 · · · · · · · · · · · · · 143
月饼 · · · · · · · · · · · · · · · · · · 121	增殖·增值 · · · · · · · · · · · · · 143
腊八粥 · · · · · · · · · · · · · · · · 121	做客·作客 · · · · · · · · · · · · · 143
年糕 · · · · · · · · · · · · · · · · · · 122	落后·后进 · · · · · · · · · · · · · 144

轻视·忽视 …………… 144　　侵蚀·腐蚀 …………… 145
侦查·侦察 …………… 144　　称赞·称颂 …………… 145

第二部分　成语大观

成语典故

狡兔三窟 …………… 146
乱七八糟 …………… 147
鬼斧神工 …………… 149
三生有幸 …………… 150
画龙点睛 …………… 151
呆若木鸡 …………… 153
退避三舍 …………… 154
四面楚歌 …………… 155
朝三暮四 …………… 157
鸡犬升天 …………… 158
秦晋之好 …………… 159
图穷匕见 …………… 160
天衣无缝 …………… 162
沉鱼落雁 …………… 164
乘人之危 …………… 165
三寸之舌 …………… 166
夜郎自大 …………… 167
逐鹿中原 …………… 168
八仙过海 …………… 169

成语谋略

先发制人 …………… 170
纸上谈兵 …………… 172

兵不厌诈 …………… 173
神机妙算 …………… 175
围魏救赵 …………… 176
乐极生悲 …………… 178
未雨绸缪 …………… 179
草木皆兵 …………… 180
心怀叵测 …………… 181
大义灭亲 …………… 182
奇货可居 …………… 183
出奇制胜 …………… 185

成语趣闻

程门立雪 …………… 186
青衫司马 …………… 188
东床快婿 …………… 189
萍水相逢 …………… 190
两袖清风 …………… 191
得意忘形 …………… 193
妙笔生花 …………… 194
姗姗来迟 …………… 196
破镜重圆 …………… 197
徐娘半老 …………… 199
空穴来风 …………… 200

成语经典

尔虞我诈	201	豁然开朗	214
鸡犬不宁	202	鹤立鸡群	216
死灰复燃	203	青出于蓝而胜于蓝	217
一窍不通	205	三句话不离本行	218
专横跋扈	206	有钱能使鬼推磨	220
狼狈为奸	207	不管三七二十一	221
笑里藏刀	209	宰相肚里能撑船	222
同室操戈	210	丁是丁，卯是卯	223
蚍蜉撼树	211	无事不登三宝殿	224
梁上君子	212	君子之交淡如水	226
老奸巨猾	213	新官上任三把火	228

第一部分 词源趣闻

趣谈字词

鲜

一看到这个"鲜"字,我们眼前顿时显现出五颜六色、香气逼人的山珍海味,不觉间口水都在嘴里涌动了。由"鲜"字我们还能想到鲜花,玫瑰赠与恋人爱情的甜蜜,康乃馨带给母亲深切的问候。总之,一个"鲜"字能让我们展开无尽的联想。说到这个"鲜"字,它的产生还与孔圣人有关呢!

春秋时,孔子周游列国,本想到处宣扬自己的政治主张,辅佐诸侯国平天下,奔个光宗耀祖的锦绣前程,不想四处碰壁,有时甚至落到断粮的狼狈处境。有一天,他们又断粮了,孔子的学生颜回、子路、冉有都分头去乞讨。这次运气还不错,要回了几个馒头、一小块羊肉和几条小鱼。师生四人早已腹中空空、饥肠辘辘。于是赶紧捡些柴火,借了个锅,把羊肉和小鱼放在一起煮了。一会儿肉煮熟了,竟也香气扑鼻。到底是圣人之徒,尊敬老师的规矩还没忘,赶紧先盛一碗献给了老师,剩下他们三下五除二,一扫而光。本来食不厌精的孔子,这次可能是饿极了,手拿馒头,喝着羊肉烩鱼汤,越吃越觉得味道好,真是十分鲜美。这时孔子想起当时那个"鲜"字(原是"合""赞"两字的组合,原意是"一人一口",都来"赞美"),这个字笔画多,既不好写,又没实际意义,不如改成"鱼""羊"二字组合,既好写,又名副其实。于是先师圣人就创造了这个"鲜"字。

知识链接

"鲜"的字谜

一次，秦观给苏东坡出了一个谜，谜面是：我有一物生得巧，半边鳞甲半边毛，半边离水难活命，半边入水命难保。

苏东坡听后，并没有直接说出谜底，而是拿笔在纸上写了一个谜底相同的字谜：我有一物分两旁，一旁好吃一旁香，一旁眉山去吃草，一旁岷江把身藏。

正赶上苏小妹进书房看见了，也顺口吟出一谜：我有一物生得奇，半身生双翅，半身长四蹄，长蹄跑不快，长翅飞不起。

说毕，三人相视拊掌大笑。

原来他们三个人说的都是同一个字——鲜。

杏

杏，蔷薇科李属，为核果类落叶乔木，原产我国，地处晋中的清徐县，是红杏的盛产地。可是这杏子是怎么来的呢？这"杏"字又是如何造出来的呢？

传说炎帝神农氏当初建陈仓姜氏城，治理河道，教民耕植，尝草选药，为人们做了许多好事，但他并不满足，还想为大家找到更多可吃可种的东西，于是，他登上了风景优美的天台山。当时天台山上各式各样的树木在这里自由生长，各种颜色的花儿在这里争相开放，几百种鸟儿在这儿唧唧喳喳叫个不停，微风吹过，带来阵阵清香。神农氏高兴极了，边走边看，也不知道爬了多少个山头，跑了多少山路，直到觉得很累很累了，就躺在一棵树下休息，不觉间睡着了。他睡得正香时，恍惚之中，一个白胡子老头站在他的面前，笑呵呵地对他说："受人尊敬的首领，你知道你身边是一棵什么树吗？它的果实叫杏，甜中有酸，酸中带甜，吃起来味美，既开胃又消食。你张开嘴，我弄一个给你吃。"神农氏张开嘴，一个杏落在他的嘴里，果然皮薄肉厚，甜酸适口。这时，神农氏突然惊醒了，才发现原来是做了一个梦。再抬头一看，树上结满了金黄色的杏儿。他摇下来许多杏，带回姜氏城，叫人们都来品尝。人们都说好吃。神农氏叫大家吃完杏后，把核留下来，种在房前屋后，从此，那一带就有了杏树，并代代相传。由于先民们十分喜爱吃这种水果，又感谢神农氏的发现，就把这杏起名叫"神农杏"。到了仓颉造字的时候，因为杏是神农氏在树下张口得到的水果，所以"杏"字上为"木"下为"口"。

知识链接

买杏的故事

从前，有个人想吃杏，当地没有卖的，他就给岳父寄了封信，请他代买一些。这个人平时老爱写错别字，这回又写错了。他岳父接到信后，只见上面写着请岳父大人买"否"。老岳父弄不明白这"否"是指什么东西，满街打听，也没有买到。后来，老岳父反复思考，经过分析、推测，就买了几斤杏托人带去，并附了一封回信。信是这样写的：

贤婿来信要买"否"，急得老汉满街走，买了几斤小黄杏，不知是"否"不是"否"？

写错一个字而引起这样的误会，也算让人哭笑不得了。

囍

凡遇到结婚喜庆的时候，我们看到有人门窗上、墙上都贴有"囍"字时，就知道这家一定有喜事降临，另外，这些大红的"囍"字映在人们的笑脸上，给喜庆的日子更增添了喜庆祥和的气氛。那么"囍"与"喜"有什么关系？这"囍"字的来源有什么趣味故事呢？

相传，刚满20岁的王安石，在赴京应试的途中经过马家镇时，正好遇上马家小姐出联择婿，走马灯上写出上联："走马灯，灯走马，灯熄马停步"，征对下联。王安石赶考心切，未及细想，便上京去了。

话说王安石在科场中顺利地通过了笔试。面试时，主考官指着考场外的飞虎旗，吟了一句下联，让王安石对上联："飞虎旗，旗飞虎，旗卷虎藏身。"王安石灵机一动，即以马家镇的上联应对，真是珠联璧合、妙趣横生。

应试完毕，王安石在返乡途中经过马家镇时，便以主考官的下联向马家应对，博得乡邻一片喝彩，马员外心中也甚是欢喜，当即选王安石为快婿。完婚之日，又恰好接到金榜题名的喜报，真是喜上加喜！王安石对文字素有研究，心想，既是双喜临门，何不将两个"喜"字拼成一个？于是，他挥笔在红纸上写了个斗大的"囍"字，贴在门上。从此，这个"囍"字便在民间广泛流传开来。

知识链接

外国人眼中的"囍"字

有一次，我国作家曲波陪同美国著名作家赫尔曼·沃克夫妇在故宫游览。到了坤宁宫，那个红衣金色的"囍"字，耀眼生辉，赫然在目。曲波向客人介绍说："这个'囍'字，是光绪皇帝大婚时用的；但它并非皇帝专用，这是中国人民的一种风俗。"沃克夫人听了风趣地说："结婚当然是男女都喜，只有一个喜是不成的，必须双双皆喜。"赫尔曼·沃克夫妇对这个"囍"字很感兴趣，还拿出笔和本子把它记下来，说要把这个饶有意味的吉祥汉字带回美国去，介绍给美国的朋友们。

酒

酒，自古以来，似乎更受诗人喜爱，如李白便以"酒中仙"自诩。他有诗云："花间一壶酒，独酌无相亲。举杯邀明月，对影成三人。"更有："五花马，千金裘，呼儿将出换美酒，与尔同销万古愁！"李白因酒而越发洒脱飘逸，他的诗也因酒而更加酣畅淋漓。李白和喜欢李白诗词的人们应该感谢一个人，那就是酒的发明人——杜康。

传说舜在位时，天下大治，粮食丰足，但人们却没有什么喝的东西。杜康就想酿造出一种佳饮，可是不管他怎么研究就是酿造不出他理想中的味道。有一天晚上，他梦见一位白胡子老头对他说："你想要酿造出佳饮，就要在九天之后的酉时之前，在西边的大榕树下找三个人各要一滴血滴在里面就可以了。"

杜康醒后，回味着这个梦心中仍觉惊奇。到了第九天，他依言来到西边的大榕树下，等了一会儿，远处来了一个白面书生，杜康上前拦住书生将事情说了一遍，书生听了，爽快地割破了手指，给了他一滴血。过了一会儿，又来了一位骑马的将军，等杜康道明了原因后，将军也非常豪爽地给了他一滴血。可之后却再也没有人来，眼看酉时就要到了，杜康非常着急，他回头一看，大榕树下正好睡着一个傻子，无奈之下，他就在傻子手上取了一滴血。

杜康尝了一口加了血滴的佳饮，发现这正是他想要的味道，给它起个什么名字呢？他想：这里面有三滴血，是个三点水；又是酉时做出来的，加个酉字，合在一起为"酒"，可是这个字念什么呢？他突然想到：这个"酒"是在第九天酿造出来的，干脆就叫"九"吧。

讲到这里，我们来看看杜康加的那三滴血：人们在饭桌上，刚开始大家都互相敬酒，显得文质彬彬，这是那滴书生的血在起作用；酒过三巡后，酒桌上人们撸胳膊、挽袖子十分豪爽，这是那滴将军的血在起作用；等到最后，大家都喝得溜桌子、说傻话了，这就是那滴傻子的血在起作用了。

知识链接

"三两酒"与"三两九"

一次，明代文学家、书画家徐文长的邻居张关寿急着用钱，徐文长就陪着他去向放高利贷的高立重借债。

高立重说："十两银子的本钱，明年到期，利息四两银子。既然徐先生也在这里，有徐先生作保，字据就不必立了。"

徐文长笑道："我看，十两银子还三两酒的利息吧！"

高立重很自然地把"酒"字错听为"九"字，觉得相差无几，高兴地答应了。

一年过去了,张关寿照徐文长的指点,一手拿着十两银子,一手提着装了三两酒的酒壶,由徐文长陪着,送到高立重那里。

高立重见了气急败坏地大骂起来。徐文长说:"去年明明说好利息是'三两酒',高掌柜怎么可以说话不算数呢?"

高立重因为没有"三两九"的真凭实据,真是哑巴吃黄连——有苦说不出,只好自认倒霉。

打

"打"是一个形声字,从手,丁声。《说文新附》注:"打,击也。"即"打"的本意是打击。有关"打"的词语中文里有很多,有人曾做过统计多达八百余条。"打"的含义也极为丰富。如"打人""挨打",这里的"打"就是其原意。"打"还引申为类似打的动作,如"打鼓""打锣"。"打球"中的"打"则为"玩"的意思。生活中,还有很多含"打"的词语与打击毫无关系,如:打毛衣、打电话、打油、打扑克、打的、打赌、打光棍、打情骂俏……"打"可谓是一个万能动词。很多外国人就很难理解"打"字,据说有一位驻中国的外国领事,一次看见路上一个小孩手提着空瓶子,便问他要干什么,小孩说去打酱油,这位外国领事很迷惑,小孩笑着解释说"打"就是"买",领事若有所悟。次日,他叫来一手下,说道:"你帮我上街打个灯泡来。"真是令人笑破肚皮,汉字的魅力也就寓于其中。

知识链接

朱淑真的 "不打" 诗

传说,钱塘才女朱淑真的父亲一次骑驴进城,驴受惊狂奔撞倒了州官,州官大怒,命手下牵走了驴并抓了老汉。朱淑真听说父亲被抓进衙门,赶紧跑来求情。州官久闻朱淑真是个才女,便想试试她的才学,让她以"夜"字为题,用诗词的形式道出8个"不打",但在诗里不许提到一个"不"字,这样才会赦她父亲无罪,并交还驴子。

朱淑真略加思索，当堂吟诵起来：

月移西楼更鼓罢，（不打鼓）
渔夫收网转回家。（不打渔）
卖艺之人去投宿，（不打锣）
铁匠熄炉正喝茶。（不打铁）
樵夫担柴早下山，（不打柴）
飞蛾团团绕灯花。（不打虫）
院中秋千已停歇，（不打秋千）
油郎改行谋生涯。（不打油）
毛驴受惊碰尊驾，
乞望老爷饶恕它。

州官一听，不由拍案叫绝，顿时怒气全消，他当即传命释放了朱淑真的父亲，并归还了毛驴。

关于"打"字，这里还有一则笑话。

有个昏庸的县令，终日酗酒，酒量越来越大。

一天，他酒兴正酣，不料酒已喝尽，于是即刻命人去打酒。忽听有人击鼓鸣冤，县官拎着酒壶，醉醺醺地匆忙升堂。他一见那个坏了他酒兴的告状人，怒容满面，喝道："来人啦，给我狠狠地打！"

衙役忙问："打多少？"

县官醉眼蒙眬地应道："再打五斤！"

茶

在古代史料中，茶的名称很多，但"茶"则是正名，"茶"在古代与"荼"字相通。中唐以前，用荼来表示茶。

我国古籍中，"荼"字的最早记载始于《诗经》。《邶风·谷风》中有"谁谓荼苦，其甘如荠"。至公元前200年《尔雅》成书后，始将茶定为荼。《尔雅·释木第十四》记载："槚，苦荼。"晋代郭璞在注解《尔雅》时，即解说：（荼）树小如栀子，冬生，叶可作羹饮，一名荈，蜀人名之苦荼。至于"荼"字何时改写为"茶"字，据清代学者顾炎武考证，"茶"字是从唐会昌元年（公元841）柳公权著《玄秘塔碑铭》、大中九年（公元855）裴休著《圭峰禅师碑》时开始的，因此他称"茶"字"变于中唐以下也"。从此，"茶"字的形、音、义才固定下来。

知识链接

苏轼智取茶

一日，苏东坡带着书童出游，走了大半天，来到一个山脚下，正口渴难耐，忽然看到山腰里有一座寺院，便让书童戴上草帽，穿上木鞋到那庙里去取一样他现在特别想要的东西。

书童问："先生到底要我取什么？"

"你只管去取。"东坡笑着答道。

书童想：先生肯定又在玩什么谜语游戏，我试试看吧。进了庙里，他找到主事的和尚，没想到那和尚一眼便看出他就是苏东坡的书童，便问："你来有何贵干？"

书童说："先生叫我这样打扮来向您取一件他特别想要的东西。"和尚看着他这特别的打扮，笑了笑，接着便取出一包上好的茶叶和一壶开水递到书童手里。"您怎么知道我家先生要的是这个呢？"书童奇怪地问和尚。

和尚笑着说："你看看你这个人，上面是什么，下面是什么，加起来不就是一个'茶'字吗？"

书童听罢，恍然大悟："噢，原来我这身打扮就是一个茶字。"书童向和尚道谢后，拿着茶叶，提着水壶，飞快地跑下山去。

凤

"鳳"，由"凡"字加上"鳥"字构成，简体字为凤，从鸟，凡声，本义是凤凰。《说文解字》注："凤，神鸟也。朋，古文凤。""凤"是古代传说中的一种神鸟，它是杂糅了许多动物特点想象出来的一种禽鸟。古人认为有"凤"出现时，是天下安宁的吉兆，将"凤"塑造成一种瑞鸟。由"凤"与"龙"这两种动物构成的"龙凤"文化，是中国传统文化中极为重要的一部分。古人还认为雄凤叫"凤",雌凤叫"凰",相传司马相如曾演奏乐曲《凤求凰》,以此俘获卓文君的芳心。

知识链接

吕安的相处之道

三国魏时大文人,"七贤"之一嵇康,学识渊博、多才多艺,不过脾性有些古怪,敢公然地蔑视权贵、批评朝政。他有个要好的朋友,名叫吕安,也是位具有济世之志、不羁之才的文士。

有一次,吕安前来看望嵇康,正值嵇康外出未归,只有他哥哥嵇喜在家。嵇喜在朝廷做官,他与弟弟嵇康的志向迥然不同,所以被"竹林名士"轻视。他见吕安来访,出门相迎,请吕安到家一坐,一再挽留。可是吕安不肯进屋,只在门上写了个大大的"鳳"(凤)字,便扬长而去。

嵇喜看着门上的凤字,心里非常高兴,以为吕安是恭维自己。过后有人告诉嵇喜:"'鳳'拆开就是'凡鸟'。'凡'是凤字的声符,加上意符鸟就是'鳳'字。吕安在门上写下凤字,是说你嵇喜像凡鸟一样平常,不足与之交谈哩!"嵇喜这才恍然大悟。

当然,像吕安这种以名士自居,看不起别人的傲慢行为,无疑是错误的。不过,这是外话。

寿

"寿"是个形声字。《说文解字》注:寿,从老省,畴声。从老省,即上面像"老"的上半部。"寿"又是一个会意字,原是弯弯曲曲的田埂小路上留下的先人足迹。表示经历长,后演变为历经岁月的长寿之意。"寿"既然同岁数联系在一起,也就有了延年益寿一说。在给老人祝寿时,常说"福如东海长流水,寿比南山不老松",以大自然景物作喻,返璞归真,别有一番新意。祝寿用语中,还有"松鹤延年""鹿鹤同春""鹤寿龟龄"的雅语。松树是常青之树,刚毅挺拔;鹤常美称仙鹤,俊美不俗，鸣声高朗；鹿似长者般高洁祥顺，具谦良风范；龟是人人皆知的长寿者，可寿至百岁。因而，以这些来作喻长者长寿，妥帖恰当、美好吉利。

知识链接

加个"寿"字

从前，有个傻女婿，他每次去岳父家，都要说些傻话，因此闹了不少笑话，弄得岳父岳母也非常生气，他媳妇都不好意思带他一块回娘家了。这天，他的岳父要过六十大寿，傻女婿只好跟着媳妇去拜寿。临走时，他的父亲反复叮咛他说话要注意，并让他见了岳父说话时多带几个"寿"字，傻女婿牢记在心。

到了岳父家，只见宾客满堂，好不热闹。傻女婿见过岳父岳母大人后，看见点心、蛋糕就说"寿糕"，见了桃子便说"寿桃"，见了蜡烛，就叫"寿烛"。岳父见女婿这次来说话很是文雅，并处处带个"寿"字，跟以前简直判若两人，不觉十分欣慰。

中午吃长寿面时，一只苍蝇停在岳父头上，傻女婿看见了，连忙用手去拍，一边拍一边说："不要怕，我不会拍痛寿头，打伤寿脑的。"岳父听了气得发抖，把碗里的面汤都洒在了自己的新衣裳上。傻女婿忙用手巾替岳父擦净衣服，又说："好好的寿衣浇了片面汤，怪可惜的。"岳父又气又急，半天说不出一句话来。

吃完面条，傻女婿看见桌子上有一个红木匣子，对岳父说："这寿木寿材做成的寿匣子，真是又漂亮又结实！"岳父听了，气得昏了过去。

姓氏

姓是一个人及其家族的符号，据统计，我国有5600多个姓氏。现在，我们习惯只说姓，很少说氏，然而在上古三代，姓和氏不是一回事。姓的来源很古老，氏是小姓，是姓的分支。从汉代开始，姓和氏逐渐混用了。现代我们所用的姓，有的原来是姓，有的原来则是氏。我们中国人的姓，考其来历，大致可分为12种类别：

1. 以姓为氏。姓作为氏族公社时期氏族部落的标志符号而产生，后人有的便直接承袭为氏。母系氏族社会以母亲为姓，所以那时许多姓都是女字旁。比如：姬、姜、姒、姚、嬀、姝、妹、嬴等。

2. 以国名为氏。先秦时期的诸侯国，如：齐、鲁、晋、宋、郑、吴、越、秦、楚、卫、韩、赵、魏、燕、陈、蔡、曹、胡、许等，皆成为今天常见的姓。

3. 以邑名氏。邑即采邑，是帝王及各诸侯国国君分子同姓或异姓卿大夫的封地。其后代及生活在这些采邑中的人有的便继之为氏。如周武王时封司寇岔生采邑于苏（今河北省临漳县西），岔生后代便姓苏。据统计，以邑为氏的姓氏近200个。一些复姓由于漫长的历史演变，至今已所剩无几。

4. 以乡、亭之名为氏。这类情况不多，今日常见姓有裴、陆、阎、郝、欧阳等。

5. 以居住地为姓。这类姓氏中，复姓较多，一般都带邱、门、乡、闾、里、野、官等字，表示不同的居住地点。

6. 以先人的字或名为氏。出自此条的姓氏很多，据统计有五六百个，其中复姓近200个。如周平王的庶子，字林开，其后代以林姓传世。宋戴公之子充石，字皇父，其孙以祖父字为氏，汉代时改皇父为皇甫。

7. 以次第为氏。一家一族，按兄弟顺序排行取姓，如老大曰伯或孟，老二曰仲，老三曰叔，老四曰季等。后代相沿为氏，表示在宗族中的顺序。但也有例外。鲁庄公之弟庄父，排行老二，本为仲氏、仲孙氏，因他有弑君之罪，后代便改姓孟，或孟孙。

8. 以官职为氏。如司徒、司马、司空、司士、司寇等。一些以官职为姓的姓氏，单从字义上看，也可以分辨出来，如籍、谏、库、仓、军、厨等。

9. 以技艺为氏。父亲是杀猪的，便以刘为姓，祖上是烧窑的，便以陶为氏，此外还有如巫、卜、匠等。

10. 古代少数民族融合到汉族中带来的姓。如完颜、拓跋。

11. 以谥号为氏。

12. 因国君赐姓、避讳而改姓。

知识链接

张若霈暗讽阿藩台

清朝的时候，桐城派文学家张廷玉的孙子张若霈在山东济南府当官，他很善于言谈。

有一天，藩台大人把济南府的大小官员都请到衙门里看戏班子演戏。这个藩台大人姓阿，大家背地里都叫他阿藩台。

这天演的是《孔明借箭》，就是《三国演义》中"草船借箭"的故事。这位阿藩台胸中没有一点学问，却不时地要品头论足一番。演到孔明出场时，阿藩台笑着对众人说："孔子的后人中，有了孔明，可见善有善报呀！"

众官员一听，都忍俊不禁。要知道，孔子姓孔，孔明则姓诸葛，名亮，字孔明，两人压根没什么关系。可谁也不敢说话，说"对"也不是，说"错"也不是。只有张若霈接上话茬儿，说："不光是善人有善报，恶人还有恶报呢！秦始皇怎么样，他的后人出了个秦桧，比他还坏。"

阿藩台没听出这话里的讽刺意味，连连点头："说得好！说得好！"

这一说大家更是乐成了一片，又不好笑出声来，真是憋爆了肚皮。

"名字"趣谈

在古代，名和字之间是有着很大区别的，不可随意乱用。《礼记·檀弓》曰："幼名，冠字。"即名是一个人成年以前的称呼，其使用范围较小，多局限于家庭生活这个小圈子里，而字则是一个人成年以后的称呼，是在社会生活这个大圈子里使用的。称呼的变化也是一个人社会身份变化的重要标志，因此古时人们必须以字相称，称名则是一种不敬的行为。只是随着时间的推移，名和字逐渐统一起来，形成了今天所谓的名字，名和字已成为一个词，毫无区别。

取名字

  取名字是一门学问,除了要考虑名字的含义之外,还得考虑名字是否带不吉利的谐音。

  据说古代有这么一个取坏名字的故事:一张姓老翁有两个儿子,老大叫张盗,老二叫张殴。平时在家里,老翁习惯叫盗、殴。有一天,老大走出家门不远,老翁记起有句重要的话要告诉老大,于是奔出门,心里一急,高声喊道:"盗!盗!盗!"路人见状,以为老翁呼救追贼,于是群起扑向盗,把盗双手捆绑起来。老翁看见儿子被捆,心里更急了。这时正好看见老二从远处走来,老翁又高喊:"殴!殴!殴!"他本是想叫老二去给老大解围,殊不知路人误以为老翁要求殴打被逮住的盗,于是,一阵拳打脚踢,将老大打得半死不活。

  反之,取个好名字,不仅自己心里舒服,也会给别人留下很深的印象。如诗仙李白的名字,表"如李白"之意,既有雅意又好记。关于李白名字的由来,这里有一则趣谈:李白小时候就很聪明,七八岁时,父亲为了给他取个好名字,便和他一起对诗,以此来试一下孩子的才华。李父看着春日院落中的葱翠树木,似锦繁花,开口吟诗道:"春风送暖百花开,迎风绽放它先来。"一旁的李母对了一句"火烧杏林红霞落",话音刚落,儿子指着院中盛开的李花,朗声接道:"李花怒放一树白。"李父听了,拍手叫绝,连夸儿子有才华。他觉得其中"李"字正是自家的姓,而李花洁白如雪,很有意味,于是便给儿子起名叫李白。

"琵琶"和"枇杷"

  琵琶,琵和琶原是两种弹奏手法的名称。琵是右手向前弹奏,琶是右手向后弹奏。琵琶是我国古老的弹拨乐器,早在东汉时期,刘熙在《释名乐器》一文中记载:"琵琶本出于胡中,马上所鼓也。推手前曰琵,引手后曰琶。"由此可见,琵琶是以其演奏方法而得名的乐器。

枇杷，原本不叫枇杷而叫比巴，易名是源于一个美丽的故事。

相传，隋末唐初，瘟疫泛滥、痨病成灾。莆田有一名叫吴林的青年，父母都患了痨病，生命垂危。一天清早，他便匆匆上路，欲到"崇圣宫"为其父母求签占卜。当他穿过一片林子时，忽然有一位女子驾着一缕清风将他带到一座孤岛上，只见那里遍树金黄，硕果累累。他一下子傻眼了。这时，女子笑着说："我叫比巴女，这岛叫比巴岛，这些果吃四季露，对治疗痨病有奇效。念你事亲至孝，特请你来此，带回此果，保你父母果到病除。"说完，化作一缕清风飘然而去。吴林果真看见身边放着一筐沁人心脾的果子。突然又一阵清风将他连同果子送回了"崇圣宫"附近。

回到家中，吴林将自己的奇遇告诉了父母，并按照仙女指点，让父母吃下了果子。半个月后，奇迹出现了，吴林父母不仅康复了，而且面色红润，身板硬朗。为了拯救那些饱受疾病折磨的乡亲，吴林便将种子种于山上，几年后，此地满山遍野长满了这种果树，很快又遍布莆田大地，从此人们不再苦于痨病之灾。为纪念比巴女，吴林便将此果命名为"比巴"。后来，乡人为了感谢吴林，就将林字拆开，分别加在"比"、"巴"左边，于是，人们称"比巴"为枇杷。并一直流传至今。

知识链接

送枇杷

传说明代有一个知县很爱吃枇杷，有人巴结他，特地买了一筐上等的枇杷送去，并且派人先把帖子呈上。帖子上面写着："敬奉琵琶一筐，望祈笑纳。"知县看了很纳闷："为什么要送我一筐琵琶？琵琶为什么要用筐来装？"随后，实物送到，原来是一筐新鲜的枇杷。知县看后笑了笑，从兜里取出那张写着"琵琶"的帖子，顺口吟道：

杷枇不是此琵琶，

只恨当年识字差。

下面的词儿一时想不出来。刚好有一位客人在座，一时触景生情，续了两句：

若是琵琶能结果,
满城箫管尽开花。
知县听了,拍案叫绝。

文词轶事

鸿沟

"鸿沟"一词我们经常见到。如:"这件事给夫妻俩的感情造成了极大的伤害。两人心里无形中形成了一条不可逾越的鸿沟,他们再难恢复到以前那样子。"这里的"鸿"是大的意思,类似的还有"鸿儒""鸿鹄"。"沟"的本义是田间水道,既为沟壑,则隐指难以跨越。

说到"鸿沟",它不是一个普通的"大沟",它原是我国古代最早沟通黄河和淮河的人工运河的名称,在今河南省荥阳厂武山,现在已经不存在了,只有残存的"鸿沟"和"楚河汉界"遗址。但是,"鸿沟"的名字却一直流传了下来,这是因为历史上曾经在那儿发生过一件惊天动地的事件:

秦朝末年,反秦主力刘邦、项羽兵分两路,进军伐秦。刘邦抢先占领咸阳,迫秦王子婴奉献传位玉玺。刘邦被封为汉王,秦王朝自此灭亡。

随后,项羽入咸阳,杀子婴,自立为"西楚霸王"。从此,刘邦、项羽两人争夺天下,打了几年的仗,这就是历史上的"楚汉之争"。公元前204年,刘邦一度被项羽围困在荥阳城内,后用数计,才奋力逆转局势。突围之后,刘邦兵分两路,一路与项羽正面对峙,另一路从后路包抄楚军,这样,逐渐拖垮了楚军,此后形势发生了逆转,楚军渐弱,汉军日强。公元前202年秋,楚军粮尽,处于劣势的项羽无奈之下只好与刘邦讲和,双方约定以鸿沟为界"中分天下",割鸿沟以西为汉,以东为楚。这即历史上著名的"楚汉相争,鸿沟为界"故事的由来。

因此,后来人们常用"鸿沟"比喻不可超越或难以消除的界线。至今象棋的棋盘上也以"鸿沟"划分"楚河"、"汉界"。而两代人之间由于经历、思想的不同造成的鸿沟,则常被称为"代沟"。

知识链接

两个棋迷

广州一家货铺的老板是个棋迷,在棋艺方面很有修养,其妻也很喜欢棋类。当年二人就是以棋相交,定下终身的。

一次晚饭过后,夫妻二人又切磋起棋艺来。下棋时老板下得十分稳健,老板娘却求胜心切,每每走漏棋,急得直冒汗,在老板相让之下,才赢了两局,多少挽回点面子。第二天,两人又在一起论棋。老板一想老板娘的狼狈样子,便口出一副上联戏谑道:

昨夜敲棋寻子路

老板娘一听丈夫的戏弄,便张口要还击,一想:不对,这上联中有机关。原来,那"子路"虽是指寻思走棋,但暗含孔子的学生、七十二个贤人之一的子路,一时急得不知如何应对。正要认输,恰好有个客人进来买镜子。老板娘马上想到自己照镜子,灵机一动,便应道:

今朝对镜见颜回

同样,下联中也嵌入了孔子的学生、七十二贤人之一颜回。联意表示自己照镜子可以见到自己的真实相貌(颜)。老板一听这样巧妙的对句,心中十分高兴,干脆叫人写好,装裱一番之后,就挂在店铺的大门上,作为一个招牌,吸引顾客。

桃李

人们历来喜欢把老师培养出来的学生称作"桃李"。如果老师教育、培养了很多学生,则称作"桃李满天下"。为什么要把学生称为"桃李"呢?出自这么一个历史典故。

据汉朝《韩诗外传》记载,春秋时期,魏国有个叫子质的大臣,他得势的时候,曾培养和提拔了一大批人,后来由于政见不一,得罪了魏文侯,却没人肯站出来帮他说话,子质只好辞官独自去了北方。

在那里,子质遇见一个叫子简的人,就向他发牢骚,埋怨自己培养的人不肯为他出力，以至流落到今天这种地步。子简听后，笑着说："春天种下桃树和李树，夏天可以在树下休息纳凉，秋天还可以吃到果子；可是你春天种下的是蒺藜（一种带刺的植物），到夏天不仅不能利用它的叶子，秋天长出来的刺还会扎伤人。因此，君子培养人才，要像种树一样，应该先选准对象，然后再加以培养。你过去培养、提拔的都是一些不值得保荐的人，所以他们也就不会报答你啊。"

又《资治通鉴·唐则天皇后六视元年》中载，狄仁杰尝荐姚元崇等数十人，率为名臣，或谓仁杰曰："天下桃李，悉在公门矣。"于是，后来人们就把培养人才称作"树人"，把受教育后成长起来的优秀人才称作"桃李"；老师的学生多而广，则称为"桃李满天下"。

知识链接

"桃李不言，下自成蹊"的出处

"桃李不言，下自成蹊"这则成语出自《史记·李将军列传》，比喻为人真诚，严于律己，自然会感动别人，自然会受到人们的敬仰。

西汉时候，有一位骁勇善战的将军，名叫李广，一生跟匈奴打过70多次仗，战功赫赫，深受官兵和百姓的爱戴。后来，当李广将军去世的噩耗传到军营时，全军将士无不痛哭流涕，连平常百姓也纷纷悼念他。在人们心目中，李广将军就是他们崇拜的大英雄。

史学家司马迁在为李广立传时称赞道："桃李不言，下自成蹊。"意思是说，桃李有着芬芳的花朵、甜美的果实，虽然它们不会说话，但仍然会吸引人们到树下赏花尝果，以致树下都走出一条小路。李广将军就是以他的真诚和高尚的品质赢得了人们的崇敬。

知音

"知音"是一个常用的词，指知心的朋友。杜甫在《哭李常侍峰》中诗云："斯人不重见，将老失知音。"那么，为什么把知心的朋友称为"知音"呢？

"知音"得自一个千古传诵的故事。

《列子·汤问》中说，春秋时期晋国有个叫俞伯牙的人，很会弹琴。他所弹的曲调典雅动听，但一般人都听不懂。他是个官吏，有次回乡坐船从汉水经过。那夜月色很好，俞伯牙便在船头焚香弹琴。当时有个晚归的樵夫，听见水上传来优雅的琴声，便跑到岸边偷听起来。

俞伯牙先弹了一阵志在高山的曲调，樵夫听了，情不自禁地说道："善哉！峨峨兮若泰山！"（好啊，雄伟而庄重，好像高耸入云的泰山一样！）

俞伯牙又弹了一阵意在流水的曲子，樵夫又说道："善哉！洋洋兮若江河！"（美啊，宽广浩荡，好像浩浩荡荡奔流的河水一样！）

俞伯牙再也坐不住了，连忙把樵夫请到船上，称樵夫为自己的"知音"，并与樵夫结为好友。

樵夫名叫钟子期，是个隐士，他也很懂音乐，尤其善于听琴。

后来，钟子期不幸去世，俞伯牙闻讯悲痛欲绝。他痛泣许久，挥泪操琴，叹道："今日重访，不见知音人！但见一抔土，惨然伤我心。"继而割断琴弦，并把琴身砸碎，发誓终生不再弹琴。这就是"俞伯牙摔琴谢知音"。

相传他们是在湖北省武汉市汉阳的龟山脚下相会的，该处现保留有"古琴台"供人游览，也就是在此处，他们演绎了"高山流水结知音"的千古佳话。

知识链接

古琴台的简介

古琴台，又名伯牙台，位于汉阳龟山首义公园内，是为纪念俞伯牙弹琴遇知音钟子期而修建的纪念性建筑。它始建于北宋。新中国成立后，人们又重建了琴台纪念碑，并刻上琴台简史、碑文以及俞伯牙的画像。

在俞伯牙画像旁还有两副对联，歌颂的便是俞伯牙与钟子期之间的友谊。第一副对联是：

志在高山，志在流水；一客荷樵，一客听琴

另一联是：
绿树成荫，芳草为积，登临贵在得趣时耳
水仙已去，樵子不来，先生何以移我情乎
两副对联，不但描绘出了琴台的风景，而且还写出了高山流水有知音的意趣。

偏袒

"偏袒"一词，原意并非"偏向、袒护"，它来源于《史记·吕太后本纪》。

汉朝时，高祖刘邦手下有一员勇猛大将，此人叫周勃，官封太尉，他在军中甚有威望，对刘邦忠心耿耿。刘邦临死时，深知有人想篡位夺取刘氏天下，因而对周勃寄予极大的希望，曾说道："安刘氏者，必勃也！"

刘邦死后，果然吕后专权，大力培植吕姓的势力，刘氏天下面临基业难保的局面。周勃想到高祖刘邦的重托，决心夺过吕后的兵权，恢复刘氏的帝业。他把军士召集在一起，宣布了自己的主张，对兵士们说："想我周勃备受高祖厚恩，你们也是吃着先帝的俸禄。现在朝政混乱，我们应该站出来，你们凡是拥护吕后的，就脱掉袖子，露出右臂（'右袒'）；凡是拥护刘氏的，就露出左臂（'左袒'）！"他一讲完，兵士们都齐刷刷地扯下衣袖，露出了左臂，表示拥护刘氏，听他的指挥。不久，在周勃的努力下，吕后的势力被打垮了。

"偏袒"从此出现，可见它本指露出左臂或露出右臂，只是到了后来，意思才变成了不公正地袒护、偏向了。

知识链接

周勃简介

周勃，秦末汉初的军事家和政治家，西汉开国功臣，沛县人。刘邦在沛县起事时，周勃就以中涓亲近侍从的身份追随他。他为人憨厚刚正，作战英勇，为西汉的建立立下了汗马功劳。高祖六年（公元前201年），刘邦赐给周勃列侯的爵位，分封剖符世世勿绝。其享有绛县八千一百八十户的食邑，号称"绛侯"。

断织

人们常把中途辍学、半途而废称为"断织"。"织"并不等于"学习"，"断织"的比喻意义又是如何产生的呢？

据《列女传·邹孟轲母》记载：孟子小时候上学读书很想家，有一天逃学回家了。当时孟子的母亲正在织麻线，问孟轲道："你学得怎么样了？"孟轲漫不经心地回答道："还是原来那个样子。"孟子的母亲听了，十分恼火，就拿起刀割断了手中的织物。孟子既惊讶又害怕，问母亲为什么这样，孟子的母亲说："你中途废学，就像我割断了这织物一样，前功尽弃。有德行的人学习是为扬名，多向有才能的人求学才能广见博知。"孟子受到很深刻的教育，从此再也不逃学了，从早到晚勤学不止，拜子思做老师，终于成了天下有名的大儒。

这个故事说的是读书不能中途辍学，它以"断织"为喻，所以"断织"就成为"辍学"的代称。

知识链接

"断织"来源的另一说法

据《后汉书·乐羊子妻传》记载：乐羊子远离家乡外出寻师求学，过了一年回到家里，他的妻子问乐羊子道："你为什么回来了？"乐羊子说："长时间离家，很想家呀！没有什么别的原因。"乐羊子的妻子听了，就拿起刀快步走到织布机旁说："这个织物是从养蚕抽丝开始，然后在织布机上织成的。由一根丝一根丝地积累才成为一寸，又一寸一寸地积累才成为一丈、一匹。如果割断这个织物，那就前功尽弃，白白浪费了时光。你外出求学，就应当每天都要学到自己所不知道的知识，坚持不懈，这样才能成为一个有学问、有道德的人。如果中途回来，跟割断这个织物有什么不同呢？"乐羊子被妻子的言行感动了，于是回去修完了他的学业,期间七年都没有回家。

后来,人们也用断织来称颂妇德。

"捉刀"和"斧正"

古人把代替别人写文章叫做"捉刀"。"斧正"是个敬辞,常在请他人修改文章时用。

《世说新语》有个有趣的记载:魏王曹操手下有一个叫崔琰的武官,字季珪,长得眉清目秀,仪表堂堂,胸前一把长须飘飘洒洒,更显得英武非凡,曹操常有感于此,自叹相貌远远不如崔琰。

有一次,匈奴使臣求见。曹操为了让外国使者见而敬畏,就叫崔琰穿上他的衣帽冒充魏王代为接见,自己却扮作侍卫模样,手握钢刀,站在崔琰的坐榻旁边,从旁观察匈奴使者的态度。接见完毕后,曹操想知道匈奴使者的反应,便派人暗暗打听。打听的人问:"你看我们的魏王怎么样?"使者说:"魏王固然仪表出众,风采高雅,而榻侧捉刀的那个人气度威严,非常人可及,看来他才是一位真英雄!"

后来,人们便将代替别人做事称为"捉刀",用得最多的是指代人作文,如"捉刀代笔"。

"斧正"这个词是从成语"运斤成风"转化而来的。《庄子·徐无鬼》中记载着这样一个故事:从前楚国郢都有个人,在粉刷墙壁时,鼻尖沾了一点灰浆。那灰浆薄得像苍蝇的翅膀一样,但粘得极牢,怎么弄都弄不掉,他只好去求助一位叫匠石的人。匠石二话不说,把斧头挥动得像风一样(运斤成风,斤即斧),楚人直立不动,脸不变色。匠石竟然一下子把那点薄得像蝇翼的灰浆砍削得干干净净,而且根本没有伤到鼻子。于是后人用"运斤成风"来比喻技术高超、手艺神妙。

后来,人们借用这个故事,在请人修改自己文章的时候,往往说请"斧正"。文章本是精巧的东西,有些缺点往往是白璧微瑕,必须慎重修改,该小改的小改,该大改的大改。只有像匠石那样胆大、心细、艺高的人修改别人的文章,恰当地修改缺点,而不妨害原文,才是能手。所以,用"斧正"来形容请人修改文章是再合适不过了。

知识链接

六一居士

　　古时，有一个秀才，他是朝廷一大官的儿子，年纪不大，就娶了媳妇。这秀才平时不喜爱读书，每参加考试，都是请人代作。主考官总是把他的成绩列为优等，名字放在前面。

　　这一年，大官回乡探亲，听说儿子考试作弊，便亲自送他进入考场，考试时，也不准其与别人交谈。这次考题是《孟子·离娄上》的几句："嫂溺不援，是豺狼也。男女授受不亲，礼也；嫂溺，援之以手者，权也。"这几句的大意是：嫂嫂掉在水里，不去拉她，这简直是豺狼。男女之间，不亲手递接，这是正常的礼制；嫂嫂掉在水里，用手去拉她，这是变通的办法。

　　这次考试，因父亲管理很严，秀才不敢请人代作，只好硬着头皮自己作。他搔头抓腮，想了一阵，把"豺狼"写成了"豺郎"，把"权也"写成了"犬也"，此外，一句也挤不出来，只得交了白卷。主考官把他放在第六等，倒数第一名。那位大官得知后，把儿子痛打了一顿；儿媳听说丈夫不争气，觉得无脸见人，悬梁自尽了。

　　按照惯例，主考官在考试完毕后，要去拜访当地的大官和名人。主考官见到了秀才的父亲，谈到有个秀才写别字、交白卷的事，秀才的父亲气馁地说："这就是我那个不中用的儿子啊！"这位主考官暗吃一惊，回去后，马上将秀才改为一等，放在头名。

　　这件丑闻很快不胫而走。过了两天，有人在秀才家大门上写了这样一副对联：

　　权门生犬子，烈女嫁豺郎

　　横批是：六一居士。

翁仲

　　中国很多陵墓前都有一条大道——神道。神道两侧置放石人石兽，象征帝王生前的仪卫。陵墓前的石人又称翁仲,为什么这么称呼呢?这得自秦朝的一个有名人物。

翁仲是人名,本姓阮,秦朝人。相传此人身长一丈三尺,气势勇猛,异于常人,带兵镇守临洮(甘肃境内),威震匈奴,秦始皇非常赏识他。翁仲死后,秦始皇为纪念他的卓著功勋,特命工匠铸其铜像,放置在咸阳司马门外。据说匈奴人来咸阳,见到铜人,竟以为是活着的阮翁仲。从此,人们便把宫阙或陵墓前的铜人、石人称为翁仲。

后来,人们便借助他的灵威来辟邪,多用玉石来雕刻一个身穿长袍、有冠、双手相握胸前的立人像,戴在胸前,用以祈福辟邪。汉代时,翁仲、司南、刚卯皆为流行的用于避邪的佩饰,并称为"辟邪三宝"。

知识链接

康熙作诗暗讽翰林院

一次,康熙皇帝带着一些文臣到郊外游玩,从一座古墓前走过,那里有不少石人,康熙便问一个翰林:"这石人还可怎样称呼?"那翰林答道:"还可以叫仲翁。"其实康熙明知是"翁仲",想故意考考他,结果把这个草包翰林给考倒了。

康熙听后,心里很不是滋味,想我堂堂大清,竟出如此翰林。回宫后,康熙马上写下一首诗,送给翰林院:

翁仲如何作仲翁,想因窗下少夫功。
如今不许为林翰,贬到江南作判通。

该诗每句的末尾二字故意颠倒过来,对那个翰林是莫大的讽刺和挖苦。

推敲

推敲,意指斟酌诗文,现在引申为反复考虑某件事情。

"推敲"一词源自一个脍炙人口的典故:贾岛初次参加科举考试,住在京里。一天他在驴背上想到两句诗"鸟宿池边树,僧敲月下门",又想用"推"字，可又觉得不太合适，不如敲好。这样边走边想，他嘴里不停念叨着，并不断用手比画着。不知不觉地，贾岛骑着驴闯进了大官韩愈的仪仗队，他一下子被左右的侍从推到韩愈面前。韩愈问起缘由，贾岛便把自己做了一首诗，但是其中一句拿不定主意是用"推"好，还是用"敲"好的事说了一遍。韩愈听了，哈哈大笑，对贾岛说："我看还是用'敲'好，万一门是关着的，推怎么能推开呢？再者去别人家，又是晚上，还是敲门有礼貌呀！而且一个'敲'字，使夜静更深之时，多了几分声响。静中有动，岂不活泼？"贾岛听了连连点头。自此，两人结下了深厚的友谊。

知识链接

炼字

  北宋范仲淹曾写过"云山苍苍，江水泱泱。先生之德，山高水长"这首词，来为东汉隐士严子陵的祠堂作记。友人李泰伯看后，夸云山、江水等句立意宏伟、气势不凡，但"德"字略显局促，换"风"字会更协调。范仲淹反复吟咏，果真韵味无穷，大喜而改之。

  除了写诗外，锤词炼句还能帮人打赢官司。话说古时有个县官最讨厌啰唆，断案也因此有所偏向。有一位妇女丧夫后想改嫁，婆家竭力劝阻。这时有人帮她写了一份诉状，县官一看，立马挥笔写下了判词："嫁！"原来诉状上只有八个字：夫死，无嗣，翁鳏，叔壮。这八个字言简意赅地摆出了这位妇女的为难处境，可谓字字如金。

  同样，炼字也能救人性命。清朝有一个流传很广的故事：有一户人家到县衙报案，说是晚上有个蒙面人撬开了大门入室偷窃，被主人发现后仓皇逃走。县官勘查现场后发现，大门没有明显破坏痕迹，而这户人家只少了一块银元。案件报告写明窃贼"由大门而入"，这是强盗所为，按清律当斩。县官的师爷在案件报告里把"由大门而入"加上一点，改为"由犬门而入"，把案件情节改成了钻狗洞入室盗窃，定案时，这人由死罪改为流放三年。由"大"到"犬"，从"大门而入"的强盗行为变成"犬门而入"的小偷小摸，一字之差竟"生死有别"！

借光

"借光"这个词,现在已经成了人们普遍使用的礼貌用语,常用于向别人询问或请别人给自己方便的谦辞。在人多拥挤时,请求别人让一下路,我们会说一声"借光";搭乘别人的车时,也会说一声"借光"。"借光"一词是怎么来的呢?

据《战国策·秦策》记载,战国时期,秦国有个叫甘茂的将军因受人诬陷,不得已逃往齐国。走出幽谷关(今河南省灵宝县南),正碰见苏秦的弟弟苏代要到秦国来。两人闲聊起来,甘茂问苏代:

"你听说过江边姑娘们的事吗?"

"我没有听说过。"苏代回答说。

甘茂接着说江边上有一个姑娘,家里很穷,点不起灯,总是到别的姑娘们点着灯的屋子里去做针线。别的姑娘见她老是不带灯油来,就很讨厌她,准备赶她走。这个姑娘说:"我因为买不起灯油,所以每次都先到这间屋子里来把房间打扫干净,把坐席安排妥当,让你们舒舒服服地做针线活。满屋子都是亮堂堂的,你们为什么对我要吝惜一点多余的光亮呢?如果不赶我走,让我继续在这里干活,对你们有什么妨碍呢?但对我而言,借一点光却大有好处,何必赶我走呢"大家觉得她说的话很有道理,就把她留下了。

"现在我犯了错误,被秦国赶到关外来,打算到齐国去,情愿替你们做打扫屋子和安排座位一类的事情,希望你不要把我赶走!"甘茂对苏代说。

苏代听懂了他话里的意思,马上爽快地说:"好。你到齐国去吧,我一定叫齐国尊重你。"

苏代到了秦国,先对秦王说甘茂离开秦国,实在对秦国不利,并劝秦王用隆重的礼节把甘茂迎回来。秦王接受了这个意见。后来苏代回到齐国,又对齐国说甘茂如果被秦国迎回去,实在是齐国的损失,并劝齐王重用甘茂。于是齐王就留请甘茂在齐国,并拜他做了上卿。

以后,人们就根据甘茂说的江边上那个姑娘借灯光的故事,用"借光"这个词,表达请求别人在不妨害自己利益的情况下,给予方便的意思。

匡衡凿壁借光

匡衡勤奋好学,但家中没有蜡烛照明,他就把墙壁凿了一个洞,借来邻家的光亮读书。同乡有个大户人家叫文不识的,家中有很多书。匡衡就到他家去做雇工,声称不要报酬。主人感到很奇怪,问他为什么这样,他说:"我希望能借你家的书,通读一遍。"主人听了,深为感叹,就把书借给他读。后来匡衡成了大学问家。

经济

关于"经济"一词,词典中是这么解释的:一是指国家或个人的收支状况,如报道中我们经常听到"经济结算""把经济搞活",等等。二是生活上的节省或节约,消费上精打细算,用消耗较少的消费品来满足最大的需要,例如有些餐馆门前挂的招牌写着"经济小吃""经济早点"等。然而,在我国古代,"经济"一词并不是以上这两层意思,而是经邦济世、经国济世或经世济民等词的综合和简化,如《晋书纪瞻》中"识局经济",隋王通《文中子中说》有"皆有经济之道而位不逢",它们都是治理国家、拯救庶民的意思。

李白有一首诗《嘲鲁儒》:"鲁叟谈五经,白发死章句,问以经济策,茫如坠烟雾。"大意是:鲁地的老头子一开口就谈五经,一辈子只知道死啃经书的章节、句读,如果有人问他们治理国家的方略,他们就像落在烟雾之中,茫茫然,一无所知。"经济策"既不是管理财经之策,也不是节约之策。《红楼梦》中的贾宝玉痛恨"仕途经济",也不是说他讨厌同金钱打交道。这里"经济"都是"经世济民"的意思,比现代的"经济"含义要广泛得多,因此古代衡量一个人才能的高低,往往以是否善于"经济"为尺度。

由此可见,"经济"一词发展到现在,与古时相比,词义已发生了改变。

知识链接

左宗棠智对曾国藩

　　清末大臣中有两个赫赫有名的人物,一个是曾国藩,一个是左宗棠。两人都是湖南人,都官居高位,都是湘军首领,而左宗棠又是曾国藩推荐的,但他们在许多方面意见不同。这就导致了他们在历史上有不同的地位,比如,在对外事务上,曾国藩是投降派,左宗棠却是抵抗派,在抗法、抗俄作战中是有功的。

　　政见的不合,常使曾国藩十分气愤和尴尬。有一次,他差人给左宗棠送去一封信。左宗棠打开一看,是一副对联的上联:

　　季子敢言高,与吾意见偏相左

　　左宗棠,字季高,联中将他姓字嵌进,指名道姓地斥责他与曾大人意见相左。左宗棠看了,知道曾国藩是恼羞成怒了,但该坚持的还要坚持,于是,针锋相对地回敬了下联,让来人带回去。下联是:

　　藩臣徒误国,问伊经济有何曾

　　联中的"经济",指经纶济世的治国才略。左宗棠也在联中嵌入"曾国藩"三字,指名道姓地讥讽他不懂经济,误国误民。

瓦解

　　"瓦解"一词从字面上看即为瓦片破裂,意喻崩溃解体。此类词语还有一些,如"土崩瓦解"即比喻彻底垮台或溃败;"望风瓦解"喻望风而溃;"瓦解冰消"是比喻完全消逝或彻底崩溃。"瓦解"还隐指人心离散,斗志涣散。

　　战国末期,群雄并起,秦王嬴政叱咤风云,踏平六国,统一全国,建立中国历史上第一个封建王朝,自称秦始皇。

　　秦始皇刚刚死去,他的小儿子胡亥就与赵高、李斯狼狈为奸,逼死了长兄扶苏,夺取了帝位,史称秦二世。秦二世缺少秦始皇的雄才大略,但在残忍暴虐方面却有过之而无不及。他一上台,就大肆诛杀和他意见不同的人。全国人民生活在水深火热之中，性命财产朝不保夕。

很快，朝廷的暴政引发了百姓的反抗。陈胜、吴广揭竿起义，举起反秦的旗帜，天下群起响应。诸侯背叛，将领倒戈，秦军主力在前线节节败退。起义军中刘邦、项羽的兵马直逼都城咸阳。在秦王朝风雨交加、摇摇欲坠的时候，朝廷在后方又发生了内讧，丞相赵高诛杀了秦二世，立二世的侄儿子婴为王。子婴在举行登位大典之前又诛杀了赵高。子婴只当了四十多天皇帝，刘邦和项羽就打进了咸阳城，子婴被项羽杀死，不可一世的秦王朝就此灭亡了。

后来，司马迁在记叙这段历史时，用了一个极其形象的比喻，形容秦王朝的迅速崩溃。他说："这真像是瓦解呀，即使有周公那样的能人，也挽救不了它的毁灭。"此后，人们便用"瓦解"来比喻事物的崩溃、分裂或分解。

知识链接

苏联瓦解的发展

在斯大林之后，从赫鲁晓夫到戈尔巴乔夫，苏联几代领导人都对原有的体制进行过改革尝试，但并没有从根本上触动原有体制的弊端。改革的过程中，进中有退，反复无常，改革变成了改向，最终导致了苏联的瓦解。

牺 牲

"牺牲"现指为了正义或者其他的利益而舍弃自己的利益甚至生命，是一种无私的行为，而在古代，"牺牲"却是指宗教祭祀仪式上所宰杀的牲畜。

牺牲都从牛字旁，因为牛在古代是贵重的牲畜。"牺"是指宗庙祭祀时毛色纯正的家畜，它是祭牲之专名。《礼记·曲礼下》："诸侯以肥牛，天子以牺牛。"这是说，古代礼制，祭祀诸侯用肥壮的牛，天子则要用纯色的牛。"牲"指供祭祀的家畜。孙诒让《正义》："祭牲必毛纯体完。"

"体完""全体"都是指整只的牛、羊、猪。这里的"牲"便是指用于祭祀的全只的家畜。对于祭祀祖先的飨宴，不仅要毛色纯（牺），而且要整只的（牲）。从这里可以看出古人不忘根本，对于祖先非常重视，祭祖是隆重而讲究的。

牲畜，指人饲养的动物，如"家畜""农畜"，含义较广泛。古时有所谓"三牲六畜"，"三牲"指猪、牛、羊，而"六畜"则包括鸡、犬、猪、牛、马、羊。古时常用"五谷丰登，六畜兴旺"以形容农之丰年。据郑玄注："始养之曰畜，半用之曰牲。"这便是说，刚开始饲养的牲口叫"畜"，养壮大而可宰的叫做"牲"。

由此可见，"牺牲"的现代义是根据古代宰杀牛羊猪以供作祭祀这一事而引申出来的。对于被杀的牲畜来说，是为了人的利益而舍弃自己生命的，于是凡是为了他人的利益而舍弃自己的生命便是作出了牺牲，牲畜如此，人亦如此。

知识链接

日已夕了

隋朝的侯白，爱开玩笑，他与杨素、牛宏同朝为臣。有一天退朝归来，侯白说："日已夕了。"牛宏道："刚下早朝，如何便到日夕？"侯白说："你没听有诗句说'日夕牛羊归'吗？你二人一牛一羊同时而归，岂非日夕？"三人哈哈大笑。

名堂

生活中，我们形容猜不懂某人的意图时，会说："搞不懂他葫芦里卖的什么药！""不知道他在搞什么名堂！"不过，这里"名堂"原本却是写作"明堂"的。

明堂是上古时候帝王会见诸侯、接见长者的地方。祭天敬祖、封官行政、立学讲课等活动，也都在这里举行。

相传汉武帝有一次登临泰山，看见山上有一处古时明堂遗址，他一时雄心大发，便要在这片遗址上造一座新的明堂，以显示自己的文治武功。可是，明堂的建造方法很早就失传了，文武百官从来没有见过明堂是什么样儿，也就只好作罢。

唐朝武则天时，由于国势强大、经济繁荣，加上武则天本人好大喜功，重建"明堂"的事又提了出来。武则天让大臣各自上书献策，谈谈明堂是什么样的。没过多久，有人写了《黄帝明堂经》三卷献给武则天，上面绘有巍峨的正殿，四面是清水环绕，其中有响履木铺成的复道通到岸上，非常豪华。

武则天看后感到很高兴，准备照此动工。大臣刘允沦怕修造明堂劳民伤财，于国无利，就写了一篇《明堂赋》，讥讽那人不知搞的什么"明堂经"，明堂经里也不知弄的什么"明堂"，纯属子虚乌有、胡说八道！武则天看后明白了刘允沦的一片苦心，就没照着那所谓的"明堂经"去造"明堂"。

不久，这事流传开来，人们就将稀奇古怪、别出心裁的东西称作"搞什么明堂"，慢慢地写成了"名堂"。

知识链接

唐寅做诗

明朝的唐寅是个大才子，但他常常作出一些人们搞不懂的"名堂"。

一天，他到山上去，看到有几个人也在登山，就跟着他们。到山顶上，几个人要做诗，唐寅也想跟着他们做。这些人一看唐寅，见他打扮得像个小叫花子似的，却也眉清目秀，透出一点灵气，就说："你做一首看看。"唐寅在铺好的宣纸上写了个"一"字就走了。大家笑着把他追回来，他又写了"一上一上"四个字。有人说："我早看出他不会写诗的。"唐寅说，饮酒之后才能做诗。有人指着酒壶说："你能做诗，让你喝个够。"唐寅接着写了"又一上"三个字。人们说："这叫什么诗呀？"唐寅更来劲了，又写了"一上"两个字，把大家笑得前仰后合。

唐寅只当没看见，上前拿起酒壶，一饮而尽，挥笔写成四句诗：

一上一上又一上，一上直到高山上。

举头白云红日低，四海五湖皆一望。

然后署上名字，掷笔而去。大家一看诗句十分惊奇，再一看"唐寅"二字，简直惊得说不出话来。再一找，唐寅早不知到哪里去了。

大夫

现在，人们很自然地把医生称为"大夫"，而在古代，"大夫"是指朝廷的高官。那么，朝廷的高官是怎样成为医生的呢？

"大夫"是个官职，早在春秋时代就有"大夫"之称，而且按照职位高低不同，还分上、中、下大夫。屈原就曾以"三闾大夫"的官位主持楚国的朝政。唐代以后的"中散大夫""谏议大夫"等都是皇帝身边的重臣。

医生在古代地位极低，是排在九流十家之外的不能入流的低贱职业。医生在那时当然不能与官位高的大夫相提并论。

到了唐末五代时期，战乱频繁，吏治腐败，卖官鬻爵成风，致使官衔泛滥。当时，人们习惯以官名相称，读书人称"相公"，卖茶人称"茶博士"，有钱人称"员外"，这样一来，医生被称为"医大夫"也就不足为奇了。

但是，真正称医生为"大夫"是从宋代开始的。

在宋代，随着医学制度和医学管理的发展，医学的地位越来越高，医生也越来越受尊重。宋代设有医官，官阶分"大夫、郎、医效、祗候"几个等级。这样，称医生为"大夫"就成了正式的称呼，并一直沿用了下来。到了现代，封建官员"大夫"不复存在，医生便独占了"大夫"这个名称。

知识链接

"郎中"一词的来源

郎中是医生的别称。何以称医生为"郎中"？郎中本是官名，即帝王侍从官的通称，其职责为护卫、陪从，随时建议，备顾问和差遣。后世遂以侍郎、郎中、员外郎为各部要职。称中医师为郎中是从宋朝以后民间开始的。当时,有位官至郎中的人,名叫陈亚,曾以中药名写诗百首,时人誉为"药诗",以后便有学者以读陈亚的"药诗"为乐事,郎中也渐渐成为中医师的名称。

流氓

一提到"流氓"这个词,我们很容易就产生厌恶、反感的心理。按现代汉语的解释,"流氓"从广义上指不务正业、为非作歹的人,从狭义上指侮辱女性的人。然而,从词源上来看,"流氓"最早并不是指坏人。

流氓的本义是指四处流浪、无家可归的人,在古代并不含贬义。流,是像水一样流动,无立足之处的意思。氓,古代指的是"民";民,按郭沫若解释,甲骨文是画的一只锥子刺瞎一只眼的形状。上古各社会集团互相征战,抓的战俘都是奴隶,为了不让他们跑掉,不但带上木枷,还刺瞎一只眼睛。"民"因此就指那些失去自由的劳动者了,所谓"以锥刺目者为民"。后来,阶级关系发生变化,自耕农和小生产者也可以称为"民",这是因为他们与过去的奴隶一样从事劳动的缘故。这一来,"民"可指固定的耕作者了,过去它所指的逃亡农奴的本义则用"氓"来表示,字形加个"亡",是因为这些人离国离家,流亡在外。"亡"不是死,而是"逃走"的意思。

既然"氓"是抛家离国、四处迁徙的人,那么"流氓"也是四处漂流、无家可归的人。在统治者眼里,这种贱民是无所顾忌的,他们没有职业,没有家庭拖累,为了活命,他们什么事情都干得出来。他们没有妻子,因而爱说粗话,下流地侮辱妇女。这样一来,词义发生了变化,"流氓"便成了对坏人的鄙称,产生了贬义,含有"不务正业""为非作歹"的意思了。不但有这种行为的人被骂为"流氓",这些行为本身也可称"流氓",比如放刁撒赖、侮辱妇女等行为都被称为"耍流氓"。

总的说来,"氓"和"流氓"本来在古代无贬义,指"无业游民",是个中性词,《诗经》就常把普通人称为"氓"。"氓"的中性义在现代汉语中还可以见到迹象,像我国二十世纪六七十年代,很多内地人流浪到新疆去做工,没有户口,没有妻子、儿女和家庭,社会上称他们为

"盲流",即盲目流动的人,这本身没有什么贬义,正好是古代"氓"的意思。由此可见,"流氓"由中性词变为贬义词,是人的主观认识起了促进作用的。

知识链接

鲁迅眼中的流氓

1931年,鲁迅在上海东亚同文书院作题为《流氓与文学》的讲演时,对"流氓"一词这么界定:"流氓等于无赖子加上壮士、加三百代言。流氓的造成,大约有两种东西:一种是孔子之徒,就是儒;一种是墨子之徒,就是侠。这两种东西本来也很好,可是后来他们的思想一堕落,就慢慢地演成了'流氓'。"(注:"无赖子""壮士""三百代言"都是日语词汇,即无赖、流氓、痞子的意思。)

词源趣闻

东西

"东西"一词,含义极为丰富,用法也极为灵活,比如它本身可以指方位,与"南北"相对;要买某物品,可以说要买"东西";骂人的话也作"你这个狼心狗肺的东西"。有一则笑话说的是有位外国教授,向学生解释汉语"东西"一词时说:"中国人称物为东西,这东西,那东西,都称为东西。但人不是东西,我不是,你们不是,他们不是,我们大家都不是东西!"

"东西"是一切物体的统称,它的来源跟五行有关。我国古代把木、火、金、水、土称为"五行",分别代表东、南、西、北、中五个方位。东方属木,代表一切植物;西方属金,代表一切金属矿物;南方属火,火是一种化学现象;北方属水;中方属土。由于水、土、火是最常见的,以致被古人忽视。而木和金则受到人们的重视,被认为代表一切有用的物质，因此，人们就把代表"木"和"金"的两个方向"东""西"代表世界上所有的物体。

传说，宋朝理学家朱熹，有一次在街上碰见他的朋友盛温和提着一只篮子。朱熹问他："你干什么去？"盛温和答："去买东西。"朱熹又问："为什么不买南北？"盛温和说："东方属木，西方属金，凡金类、木类的我这篮子就装得了；南方属火，北方属水，水与火，我这篮子就不能装了。所以，只能买东西，不能买南北。"

知识链接

巧讽袁世凯

一九一四年四月，窃国大盗袁世凯篡夺了辛亥革命的胜利果实，激起国民怨愤。前清的翰林、湖南巨绅王闿运给袁世凯总统府撰写一联，以吐胸中愤懑：

民犹是也，国犹是也，何分南北；
总而言之，统而言之，不是东西！
横批是：旁观者清。

作者采取镶嵌的手法，上联嵌入"民国何分南北"，下联嵌入"总统不是东西"，这是对总统府与袁世凯的辛辣讽刺和严厉斥责。

要领

人们通常把一件事情的要点称为"要领"，这是人们的一种习惯用法，不足为奇，但若细细考究起来，"要领"怎么就和事情的要点联系起来了呢？这得从"要"和"领"字说起。

要，篆书的字形是一人双手叉腰，指示腰在人体上的部位，所以"要"是"腰"的古字。后来"要"借去表示动词、形容词，本字上加个肉字旁成了"腰"，腰是肉做的嘛。领，本是人的脖子，字形从页字旁，"页"本义是人头，所以从页字旁的都与人头有关，像颈、项、顾等都是。

人的躯体有两个最关键的部位，一是颈椎，一是腰椎，它俩都是一根独立的椎骨撑住头或身体，并且它俩都是人活动时最灵活的枢纽。舞蹈家的腰和颈动起来是最优美的。由于腰和颈是单骨头，所以它们又是人体最单薄的部位，古代有"斩首"和"腰斩"两种杀人方法，那里最薄，一刀便砍断了。劳动者也最注重这两个部位，所以人类有两种主要的负重方法，一是头顶重物，朝鲜现在还是这样；一是肩挑重物，大多数地方都这样。民间有"湖南头，湖北腰"的说法，湖南的农民总是用极长的粗布把头扎紧，大约他们的祖先是以头负重的；湖北的农民总是用极长的粗白布把腰扎紧，大约他们的祖先是以腰负重的。头的力压在颈椎上，肩的力压在腰椎上，颈和腰的重要自然是人类早已知晓的了。腰和颈这么重要，那么把它们合起来构成"要领"一词，并引申来表示"要点""基本要求"就是理所当然的了。

知识链接

不得要领的解释

　　成语"不得要领"一般用来表示说话、写文章抓不住要点或关键，其出自西汉司马迁的《史记·张骞传》："骞不得要领。"

　　汉武帝时，派张骞出使月氏，联合抗击匈奴。不料张骞途中被匈奴捉住，扣留了十多年，及至张骞逃出匈奴寻到月氏时，此时，月氏人已定居下来，享受着和平安宁的日子，不想出击匈奴。一年后，张骞起程回国。

倒霉

　　汉语里，带"霉"的字多含晦气的意思，如"霉头""霉气""走霉运"，口语里常说"倒了八辈子的霉"。"倒霉"一词也不例外，它指做事不顺利或者遇到不好的事。这个词语怎么来的呢？清代顾公《消夏闲记摘抄》中有一段讲到"倒霉"之由，其中是这么记载的：明朝时候，科举考试很难通过。从乡试开始,考生们就在自己家门前竖一根旗杆,考中了便挂上一面旗,旗上写着"捷"字,来光宗耀祖,光耀门楣。假如京试也考中了,更要换成黄色的旗和杆,大大庆贺一番。如果考不上,就要把原来竖起的旗杆放倒,自认"倒楣"。

后来,"倒楣"一词运用得更为广泛,凡人们遇到不顺心的事,都被称作"倒楣"。又经过长期的流传,"楣"字被更能代表沮丧心情的"霉"字代替,"倒霉"一词的形式从此固定下来。

关于"倒霉"的笑话

1964年,在湖北省江陵县"四清"工作人员中,流传着这样一则笑话:

在一个晴朗的日子里,马山区参加四清的工作人员集中开会。正当会议进入热潮之际,忽然从外面传来一份信件,会议主持者接过一看,只见信封上的字迹十分潦草,尤其是收信人姓名,蟹走蛇行,模糊难辨。主持人紧皱眉头,开始揣度起来:姓,像"张"字,又好像"纸";名字的第一个字,像老、考,又像志、孝;第二字,像虎、彪,又像虑、虚。联系到毛泽东关于"帝国主义和一切反动派都是纸老虎"的论断,姑且就叫他"纸—老—虎"吧!

会间休息时,主持者挥动着这封信对大家说:"谁叫纸老虎?快来拿信!"话音刚落,引起了阵阵笑声。

收信者姓张名志彪,当他接过信后,风趣地说:"想不到我这个张志彪,一下子就变成了纸老虎,实在倒霉!"

"倒霉"一词还有个笑话:从前,有一户人家过年时请人写了一条幅,原意是:"今年好,倒霉少,不得打官司。"但写字的人把字句都连着写,忽略断句,语句之间既没有标点,也没有间隔。初一,拜年的人一见条幅,忙问道:"你家遇到什么倒霉事啦?"主人快快不乐地说:"干吗一进门就说不吉利的话!"来人指着门上的条幅说:"你这儿不是写着吗?'今年好倒霉,少不得打官司'。"

贫穷

"贫穷"一词,指缺少资财,贫苦困厄。《荀子·性恶》中云:"仁义所在无贫穷,仁义所亡无富贵。"然而,在古代,贫和穷表示的意思相差甚远,怎么又当成同义合并在一起了呢?

贫,字从分从贝,贝是古代的货币,代表财富,把财富分成许多分,自然就不富了。所以,"贫"是不富的意思,是"富"的反义词,所谓"财分少也为贫"。

穷,古字形写法是,上面是穴字头,下面是弯弓射箭的样子。搭弓射箭,箭射到石穴上面,顶头了,不能再往前了,所以"穷"是到了尽头的意思,是"达"的反义词。孟子说过:"达则兼善天下,穷则独善其身。""穷"与"达"正好反义。现代汉语里的很多常用词还保留着"穷"的这个词义,像"穷尽""穷途末路""黔驴技穷"等。

人世间有三件东西厉害,一是知识,二是权力,三是金钱。知识使人信服,权力使人屈服,金钱是不高雅,但它是人人不可缺少的,因而它的号召力最大。谚语云"有钱能使鬼推磨,无钱对面不认亲",还有"一分钱难倒英雄汉"的说法。没有钱便寸步难行,没有钱的人走投无路,就像箭射到石穴上顶了头,在世上无法再通行了。正是在这个意义上,穷与贫便走到一块儿来了。连孟子那么高雅的人都为没有钱的人叹气:"鳏寡孤独,此四者,天下之穷民而无告者也。"是说老年无妻的鳏夫、老而无夫的寡妇、少而无父的儿童和老而无子的独汉经济上无着落,无路可走了。他们便是穷人。

知识链接

秀才教育儿子

从前有个年轻人,不学无术,喜欢赌钱。他的父亲是个老秀才,为教育儿子,没少花费心思。一天,儿子回家,看到桌子上有一首诗:

贝者之人不是人，只为今贝起祸根。

有朝一日分贝了，到头成为贝戎人。

儿子看了几遍，不知是什么意思，就向父亲请教。秀才说："第一句，贝者合为'赌'字，好赌的人，瞒家里人，骗外头人，只想坑人，这能算人吗？"

"第二句呢？"儿子问。

"今贝二字合为'贪'字，好赌的人，都是贪心的人，输了想赢回来，赢了还想多赢一点。人要是贪心，就埋下了祸根。"

"第三句呢？"儿子小声地问。

"分贝二字合为'贫'字。好赌的人，到头来都落得个贫困的结局。你想是不是这样？"

"那，最后一句便是贼了。"

"没钱赌，就去偷，由赌到贪、到贫、到贼，这可是危险的路哟！"

从此以后，儿子洗心革面，再不去赌博了。

桂冠

在雅典奥运的最高领奖台上，翠绿的橄榄枝桂冠成为环绕在最优秀运动员头上的光彩晕轮，而在以前，颁给竞技优胜者最早的却是月桂枝冠。"桂冠"即为用月桂树叶编的帽子。在举行各种比赛中，对一举夺魁的第一名，常常称之为赢得"桂冠"。

"桂冠"源于古希腊的一个神话故事。传说，希腊神话中的主神宙斯有一个儿子叫"阿波罗"，他是一个俊美的后生，力大无比，是专门掌管太阳的"太阳神"。有一次阿波罗看到小爱神丘比特正拿着弓箭玩，他不客气地警告丘比特："喂，弓箭是很危险的东西，小孩子不要随便拿来玩。"并说了很多轻蔑的话。丘比特听了阿波罗的话十分生气，就说："你信不信我会用我的箭射中你。"阿波罗当然不相信，于是丘比特对着天空射出了两支箭。

原来小爱神丘比特有两支十分特别的箭，凡是被他的那支用黄金做成的利箭射中的人，心中会立刻燃起爱情的火焰；要是被那支铅做的钝箭射中的人，就会十分厌恶爱情。

丘比特第一支箭射中了阿波罗，第二只箭射中了河神的女儿——一个名叫达芙妮的美丽少女，她是神界中第一美女。阿波罗一看到达芙妮就深深爱上了她，他对她的爱就像疾病一样无法控制。他如影随形地跟着达妮芙，向她展开了猛烈的爱情攻势。然而，性情孤僻、喜欢清静的达芙妮却立志过独身生活，几次回绝了阿波罗的求爱。阿波罗并不灰心。一次，他在树林里见到了达芙妮，就走过去想向她表白，可是因为丘比特的箭的作用，她不停地逃开他。阿波罗不肯罢休，立即紧紧追赶。眼看快要追上的时候，达芙妮不得不向父亲河神求救，于是河神将美丽的达芙妮变成了一棵枝叶婆娑的月桂树，开着淡黄的小花。痴情的太阳神搂住这棵美丽的月桂树，似乎听到她的心脏还在跳动，久久不忍离去。他立志永远爱她，并要使她成为最高荣誉的象征。

后来，希腊人为纪念太阳神的诚挚感情，就把用月桂树枝叶编成的冕冠赠给有名的英雄或诗人，表示对他们的尊敬。这以后，欧洲一些大学也纷纷效法，把桂冠献给最有才华的诗人，献给各种比赛和竞技的优胜者。

知识链接

古希腊的运动会的分类

据文献记载，在古希腊至少有五个系列的运动会。第一个就是奥林匹克运动会，为纪念宙斯，在奥林匹亚举行，每四年一届，优胜者被授予野生橄榄枝冠，头上抹橄榄油。第二个是皮提亚（Pythian）运动会，为纪念太阳神阿波罗，在特尔斐举行，每四年一届，优胜者被授予月桂枝冠。第三个是尼米（Nemean）运动会，每五年一届，优胜者被授予一顶欧芹冠。第四个是伊斯米亚（Isthmian）运动会，为纪念海神波赛冬，在科林斯举行，每两年一届，进行体育和音乐比赛，优胜者也被授予一顶欧芹冠（一说松枝冠）。第五种是赫拉运动会，为纪念天后赫拉，在奥林匹亚举行，每四年一届，参赛者必须是年轻女性，优胜者被授予野生橄榄枝冠。

马虎

大家都知道,"马虎"是说对工作不认真负责,敷衍了事。"马"与"虎"是两种不同的动物,二者水火不容,但它们却连在一起成为一个词,这是为什么呢?

"马虎"一词,据说来自宋代。相传,当时京城有个粗心大意的画家,非常喜欢画画,尤其喜欢画动物,但又不细心观察,有时仅凭想象信手乱画。有一次,他正在画一只斑斓猛虎,可刚画出虎头,就有人请他画马。于是,他就接着虎头画了一匹骏马的身子。那人看了莫名其妙,问他:"马乎?虎乎?"画家答:"马马虎虎!"那人见他画得不伦不类,失望地走了。这位画家却自鸣得意,把这张画挂在墙上自我欣赏。他的大儿子看见了,感到很惊讶,问他画的是什么,他回答是虎。他的二儿子问他画的是什么,他说是马。

一天,他的大儿子出外打猎,看见一匹马在树林里的草地上溜达,他以为是虎,张弓就射,将马射死了,结果不得不赔偿马主的损失。又一天,二儿子去野外玩耍,碰到一只老虎,气势汹汹地向他扑来,他以为是马,不但不躲避,反而上前要去骑,结果被老虎咬死。

事后,画家伤心不已,这才追悔莫及,痛心地将这幅画从墙上撤下来,烧掉了,并写诗自嘲:

马虎图,马虎图,似马似虎。
大儿依图射死马,二儿依图喂了虎。
草堂焚毁马虎图,奉劝诸君莫学吾。

此后,人们便把办事不认真、粗心大意的人称为"马虎先生"了。

知识链接

父子的画像

明代今苏州蒋思贤父子为人画肖像。为了展示样品,父子互相对画,画好后将画像公之于众,但所画皆失真,有人嘲之云:

父画子不像,子画父不真。

自家骨肉尚如此,何况区区陌路人。

模范

"模范"即为榜样。现在,人们一提起"模范",就会想到那些值得学习的人——模范人物,还有那些值得学习的事——模范事迹。

在我国,早在四千多年前就有了"模范"一词。可那时的"模范",既不是指人,也不是指事。

"模"和"范"是一对同义词,它们本来都与"型"字的意思相同,指的是今天的模具之类的东西。四千多年前,我国古代劳动人民就有了铸造金属器物的工具,用来冶炼青铜器。其中有两种工具:一种叫"模",一种叫"范"。"模"是根据实物的样品做的,"范"是根据"模"的样子铸造出来的铸型。人们将冶炼出来的金属溶液注入"范"内,冷却后就成了和"模"一样的金属器物。

随着社会的发展,"模"和"范"渐渐被人们引申为值得学习或仿效的榜样。在《法言·学行》中说,"师者,人之模范也"。《北史·庾信传》中说,"当时后进,竞相模范,每有一文,都下莫不传颂"。从此,"模"和"范"这两个词就合在一起使用,并且和先进连在一起了。

知识链接

兴国的传奇

兴国是全国著名的"将军县"。在1955年~1964年解放军实行军衔制十年间,兴国籍将军就有54位,与湖北的红安、安徽的金寨被誉为全国三大将军县。

兴国是全国著名的"烈士县"。在第二次国内革命战争时期,兴国只有23万人口,参军参战的就达8万余人,占青壮年的80%,为革命英勇献身的有名有姓的烈士达23179名,其中仅牺牲在长征途中的就有12038

名，几乎每一公里长征路上都铺上了一位兴国籍烈士的英魂，是全国烈士数最多的一个县。

兴国还是著名的"苏区模范县"。在1927年～1937年十年间的苏维埃运动中，兴国各项工作都成为全苏区的模范，创造了许许多多的"之最"和"第一"，是影响深远的"苏区干部好作风"的发源地。在1934年1月的中华苏维埃共和国第二次全苏大会上，毛泽东曾亲授红匾"模范兴国"，称赞"兴国的同志创造了第一等的工作"，并提出："要造成几千个长岗乡，几十个兴国县。"

抬杠

两个人争论不休，各持己见，谁也不肯服输，人们称之为"抬杠"。这里的"抬杠"还不同于斗嘴，斗嘴可能停留在互相戏谑几句后就完事了，如两口子斗斗嘴，说不准还颇有亲密的意味呢，而抬杠则是较上劲儿了，用俗语说叫动真格。不过这种嘴上功夫，最终还是要落到一个"理"字上，正如《红楼梦》里的一句话："三人抬不过一个理字去。"

"抬杠"一词来自民间的习俗。过去，民间春节闹元宵常常会有形形色色的花会，其中有一个奇特的抬杠会。有些地方叫"撞官会""甩会"、"太平颠"等。其道具是众人抬着一个巨大的杠杆，杠杆翘起的一端安着一只椅子，椅子上坐着一个身穿红袍、头戴纱帽翅的丑官。奇怪的是，这丑官没有固定的台词，而是即兴回答观众提出的各种稀奇古怪的问题，以至互相争辩、拌嘴，常常逗得人们哄堂大笑。这样，后来人们就把类似这样的对话称之为"抬杠"了。

知识链接

抬杠铺

古时候有个"抬杠铺"，互相"抬杠"赌输赢。八仙之一的张果老，骑着毛驴来到这里，觉得这事很新鲜，就掏出银子下赌注，要和掌柜的赌输赢。抬杠铺掌柜问他:"大仙整天骑着毛驴游荡,究竟是往前走呢,还是往后退?"张果老毫不犹豫地说:"当然是朝前走!"掌柜的说:"你总是倒骑毛驴,怎么能说往前走呢?"一时把张果老问得张口结舌,只好认输。过了一会儿,孔子周游列国正好路过此地,恰逢盘缠快花光了,一见赌输赢的抬杠铺,心想凭自己的学问,肯定能赚回点银子,便走了进去。掌柜的见孔子来抬杠,就问:"请问孔夫子,'四书'上有名言道:父母在家不远游,游必有方。这是否您说的?"孔子答:"正是。"掌柜的冷笑道:"那么您高堂健在而四处周游,并不是游必有方啊,这岂不违背了您自己的教条吗?"一席话把孔夫子问得哑口无言,把仅有的二两银子输光了。孔子的弟子颜回见老师愁眉不展,一问才知是怎么回事。于是,他一手拿着杀猪刀,一手拿着一杆秤,来到抬杠铺张口就说:"掌柜的!我说你这脑袋不过半斤,不信割下来称称!"说着就要动手。掌柜的忙说:"认输!认输!"这样,颜回把老师输掉的银子又捞了回来。颜回此等顽劣做法,也是民间对他的戏谑了。

六甲

古时常用"身怀六甲"来指女子怀孕,"六甲"即指孩子,可是缘何有这种说法呢?为什么不是七甲、八甲呢?

在我国古代,人们用十个"天干"和十二个"地支"纪年,从"甲子"年轮回一周,整整六十年,俗称一个"甲子"。这六十组"干支"中,"甲"字开头的有六组,即甲子、甲戌、甲申、甲午、甲辰、甲寅。

由于这六组字的笔画都较简单,且横、竖、折、勾、点、捺、撩笔画较齐全,在古代便将这六组字用作儿童练习写字的教材了,称作"六甲"。"六甲"因此同"孩子"结下了不解之缘,"身怀六甲"即是用"六甲"借代"孩子"。干支纪年只有六甲,当然不可能有七甲、八甲。

现代一些词典对"身怀六甲"是这么解释的:"传说中甲子、甲寅、甲辰、甲午、甲申、申戌六个甲日,是上天创造万物的日子,也是妇女最容易受孕的日子,故称女子怀孕为身怀六甲。"因而,"六甲"也就用来代指孩子了。

郭沫若趣解寿称

古人称六十岁为"花甲",七十岁为"古稀",八十、九十岁为"耄耋",百岁为"期颐",如果未到整数,只有七十七岁、八十八岁、九十九岁,该如何称呼呢?1978年年初,郭沫若先生在北京医院住院期间,曾和数学家华罗庚有过一次关于讨论寿称的谈话。

当时,有人把七十七岁称为"喜寿",八十八岁称为"米寿",九十九岁称为"白寿"。郭沫若说:"解决这个问题,就要求助于数学和文字学了。"他进一步解释道:"这是三则字谜,'喜寿'可猜七十七岁,因为'喜'的草体字,便是七十七三个字组成;'米寿'可猜八十八岁,因为'米'字,便是八十八三个字组成;'白寿'可猜九十九岁,因为'白'字是百里缺一。"

郭沫若解完寿谜,华罗庚说:"言之成理!"于是两人哈哈大笑起来。

门第

门第即家庭等第,古代的权贵之家称"高门",贫贱之家称"寒门",门第在封建社会是极为讲究的。

门,是房屋的门,从古字形看,是两扇对着的门板的形状;第,是住宅的称呼。门和第是怎样联合成一词而表达家庭地位高低的呢?

原来,古时小户人家是住不上大屋的,一般住的是土屋草舍,出入口很窄,装上单扇门就行了。单扇的不叫门而叫户,从古字形看,恰好是门的一边。古代一家叫一户,百家姓称"小户"就是由此而来。而豪富大族的人家住房极讲究,有深宅大院,正面要立大门,双开扇,好让车马进出。因此,古书便用"门"来指豪富人家,有"朱门、豪门、名门"的说法。

第,本义是顺序,是写书时竹简编排的顺序,称第一、第二,等等,所以第字从竹字头。后来词义引申,第可用来表示各种事物的序数。古代帝王赐给臣下的住房一般是公家造的，按一定的顺序排列着，所以称为"第"或"宅第"。这种第往往是很高级阔气的建筑，不是一般人家能住得上的，所以《汉书》中说："为列侯食邑者，皆佩之印，赐大第室。"可见，能住入第中的必是名门望族了。

"门"是大家富人才有，"第"本身就标志着一个家庭的社会地位。当然有门的和住第的人家不会都是一个层次，他们之间还有千差万别。封建社会读书、科举、婚嫁都很讲家庭的地位和文化素养，隋唐以前平民参加科举考试是有限制的，如两汉时期的征辟标准就是门第的高贵，魏晋的九品中正制的主要依据也是家庭出身。至于婚嫁，更是严格要求门当户对，贵族和庶族禁止通婚，中国历史上很多爱情悲剧都是因"门第不当"而造成的。

就这样，"门"和"第"并列成"门第"一词，专门用来衡量家庭地位的高低。

知识链接

乌衣门第的由来

乌衣门第是指世家望族。语出清代陈维崧《渡江云·扬州感旧》词："风流推宋玉，更有乌衣门第旧琅琊。珠帘璧月宾徒盛，多少繁华。"清代纳兰性德《金缕曲·赠梁汾》词也有云："德也狂生耳，偶然间缁尘京国，乌衣门第。"

解手

口语中，我们习惯把上厕所称为"解手"，这两个看起来毫不相关的词语是怎么联系在一起的呢？这里面还有一段不平凡的来历。

"解手"最早是指朋友相逢高兴地"携手"，相当于现代的握手，离别时称"解手"。宋代秦观有诗云："不堪春解手，更为客舟停。"这是说春天时朋友相逢了，高兴得不能忍受离别，竟为朋友停舟不归。可是到了明代，这个充满友情的词，词义开始发生了变化。

明太祖朱元璋死后立皇太孙朱允炆为帝，就是历史上的建文帝。哪知这下惹恼了在北京的燕王朱棣，他跟随朱元璋南征北战多年，为大明江山立下了赫赫战功，满以为皇位非他莫属，没想到太祖居然将皇位传给了乳臭未干的朱允炆，朱棣心中很是不服。于是，他暗地招兵买马发展自己的势力，伺机谋反。建文帝看到诸王的势力强大，中央难以控制，就采取了"削藩"的政策。这样一来就使朱棣找到借口，他以"清君侧"的名义在北京公开发难，号称"靖难"之师，一路从河北、河南、山东打到了南京。大战数年，军民伤亡无数，造成江北地区人烟稀少、千里无城乡的悲惨局面。

燕王即位以后，为了发展农业生产，实行移民垦田政策，决定把山西地区的农民迁移到河北、河南、山东一带来。但故土难离，人们用各种方法反抗，怎么办呢？官兵就编造谎言，把百姓骗到洪洞县大槐树底下，然后强迫他们登记，实行强制移民。军队为防止移民逃跑，把他们反绑起来，再用绳子一串串穿起来，相互牵连在一起，一人要动，就会牵动别人，谁也逃不脱，就这样押解着向移民区进发。路上有人要大小便，就向官兵哀求："大人，请把我的手解开，我要大（小）便。"这样次数多了，只要说声"我解手"，就都明白是要大小便了。久而久之，"解手"就成了上厕所的代名词，并且流传至今。

知识链接

出恭的由来

上厕所还有一个雅称叫"出恭"，这一词始于明朝。

明代学子监为防学生私自外出，特设一面牌子，出则领牌，入则交牌，方便考核。牌子上书有"出恭入敬"四字。考试时，场内亦设此牌，士子欲离席入厕，需领得此牌方可。久而久之，就称之为"领出恭牌"。再后来，就直称如厕叫"出恭"了。

吃醋

在爱情生活中，如果有第三者介入，往往会发生争风吃醋的现象，人们以"醋味十足""醋坛子打翻了"形容。醋是酸的，这就把她（他）心里那种酸溜溜的感觉传神地描述了出来，难怪会有"吃醋"的说法了。

关于"吃醋"一词的得来，有这么一个传说：建唐初期，房玄龄是唐太宗李世民身边的一位大臣，曾经为建立唐朝立下了汗马功劳。因为他功勋卓著，唐太宗亲封他为梁国公，并且想送给他几名美女为妾。谁想到房玄龄听说要赏赐美女给他，吓得脸色骤变，连声拒绝。原来房玄龄夫人悍泼无比，房玄龄顺从为常，不要说纳妾，就连婢女也不敢多瞧一眼，哪里还敢接受皇上赏赐的美女！唐太宗问清原因后，让皇后去房府劝说，可是无论皇后怎样说，房夫人都不同意。于是，唐太宗便派人带了一壶"酒"（醋）向房夫人传话："如果再不同意，请喝毒酒自杀。"房夫人听了毫无惧色，端过毒酒一饮而尽。可是，她并没有死，因为壶里装的并不是毒酒，而是浓醋。

从此，"吃醋"一词便流传下来，成为男女间"嫉妒心"的代名词。

知识链接

赠给丈夫的醋诗

相传明代有位男子，不顾妻子再三规劝，坚持纳妾。妻子十分抱怨，赠给丈夫一首诗：

恭喜郎君又有她，侬今洗手不理家。

开门诸事都交付，柴米油盐酱与茶。

常言道：每日开门七件事，柴米油盐酱醋茶。妻对妾交给了七件事中的六件，唯有"醋"没提，并非粗心忘却，而是将醋留给自己，意为"吃醋"，以此发泄对丈夫纳妾的不满情绪。

看上去似是"恭喜"，实则心中又怨又恨，满腹牢骚，全身上下皆充满了"醋意"二字。此诗构思巧妙，读来颇有人间之"醋"味。

浅解地名

北京

北京是六朝古都之一，在古代叫法各不相同。

北京地区上古时称幽陵，夏朝时称冀州，周朝时称蓟，春秋战国时是燕国的都城，故称燕京。秦置广阳、渔阳，西汉设幽州，东汉为广阳、蓟县，北魏称燕都，隋改涿郡，京杭大运河的北端就从这里开始。唐改称范阳，安史之乱时，安禄山就是从范阳起兵的。唐以后又一度称幽州。辽建都在上京，把这里作为陪都，称幽都，也称南京，因此地在上京之南。金朝建都于此，称中都，并对其进行了扩建。这是北京800余年建都史的开始。

元朝时称大都，这时的北京城已是一个相当繁华的大都市了，并由此开始作为全国的政治中心。马可·波罗在他的游记中曾对大都做过详细描述。明朝建立后，朱元璋将首都定在南京。后朱棣从他侄儿建文帝手中夺得政权后，将首都从南京迁到北京。明朝时，还一度称北京为京师。清朝也建都北京，并沿用了明朝的名称。民国建立之后仍称北京。1928年改称北平。

1949年，新中国成立，又将北平改为北京。

知识链接

关于北京的城门

北京的城门有句俗话，叫"内九外七皇城四，九门八点一口钟"。其中，"内九"指的是内城东面的东直门、朝阳门，西面的西直门和阜成门；北面的德胜门、安定门，以及南面的崇文门、正阳门（前门）和宣武门。"外七"是指明朝嘉靖三十二年（1553）为了抵御外敌而增修的外城城门，包括北边的东便门和西便门，东西两边的广渠门和广安门，南边的左安门、右安门和直通正阳门的永定门。"皇城四"按东南西北顺序分别有东安门、天安门、西安门、地安门。"九门八点一口钟"说的是当时只有崇文门挂的是钟,其他八门挂的是云牌,云牌打出来的叫"点",所以就有了这么一句老话。

香港

香港,顾名思义,就是芳香的海港。关于这一美丽名称的由来,历来有不同的说法。一般认为最可靠的说法,是这里过去曾是运香、贩香的港口,因而得名香港。在明朝时,香港及广东东莞、宝安、深圳一带盛产莞香,此香香味奇特,颇受人们的喜爱,故而远销江浙,饮誉全国。由于当时贩香商人们一般都是在港岛北岸石排湾港将莞香船运往广州或江浙等省,所以人们将这个港口称为香港,意为贩香运香之港,将港口旁边的村庄称为香港村。另有一种说法是1841年英国侵略军在港岛南部赤柱登陆后,由一名叫陈群的当地居民带路向北走,经过香港村时,英军询问该处地名,陈群用当地土话答称"香港",英军即以陈群的地方口音HongKong记之,并用以称呼全岛。在1842年签订的《南京条约》中,香港作为全岛的名称被正式确定下来。1856年签订《中英北京条约》和1898年签订《展拓香港界址专条》之后,香港又进而成为整个地区的称谓。

知识链接

香港区旗表示的含义

香港特别行政区区旗以红色作底色,红白两色象征一国两制,中央有一朵五星花蕊的白色洋紫荆花图案。洋紫荆是香港的象征,盛放的洋紫荆象征着香港的繁荣,红色的背景象征着香港永远背靠祖国。

澳门

据词典解释,澳是指海边弯弯曲曲可以停船的地方。珠江口一带这类海湾甚多，澳门是众澳中地理环境比较好的一个澳。

澳门之"门"又作何解释呢？原来澳门南面有四个岛，四岛分离对峙，海水纵横分割而成十字，古人将此水域称为"十字门"。于是将"门"与"澳"糅合起来而成"澳门"。

另有一种解释认为，澳门北有莲峰山，南有妈阁山，两山对峙如"门"，上下海域为"澳"，合二为一称"澳门"。

两种说法都有道理，得到公认。澳门还有一个名字叫"莲岛"，此名既优雅大方，又通俗形象，作为别称可谓恰到好处。

知识链接

澳门博彩业的发展

澳门的博彩业于1847年在葡萄牙的管治之下开始合法化，自此以后，澳门以"东方蒙地卡罗"之名广为世界所知。博彩业是澳门经济的重要组成部分，其规模渐与美国拉斯维加斯博彩业相仿。

西安

西安，陕西省的省会，位于我国西北地区，是中国六大中心城市之一，世界著名的历史文化名城。西安又是历史古都，历史上曾有13个王朝在此建都，从周至唐，先后有西周、秦、西汉、新、东汉献帝、西晋愍帝、前赵、前秦、后秦、西魏、北周、隋、唐等13个王朝，历时近1100年。

西安，在西周时称为"丰镐"。"丰镐"，是周文王和周武王分别修建的丰京和镐京的合称。武王灭商建立周王朝后，以丰镐为都，是西安作为都城之始。

至西汉初年，刘邦定都关中，取当地长安乡之含意，立名"长安"，意即"长治久安"。

丝绸之路开通后，长安成为东方文明的中心，史称"西有罗马，东有长安"。隋时，隋文帝杨坚曾被周明帝封为"大兴都公"，因而将新都命名为"大兴城",长安隋时也被称为"大兴城"。唐朝时,又恢复长安之名。元代,易名为"奉元城"。

明洪武二年(1369年),明政府改奉元路为西安府,取义"安定西北"。西安之名由此而来。

知识链接

教授教汉语

美国某大学有位汉语教授,负责中文教学。在一堂文字学课上,他对同学们说:"中国的文字始于象形。"一边说一边板书了一个宝盖头,接着告诉大家,这个"宀"在汉字中用来表示房屋;随之又在下面写了个"女"字,说这代表女人。然后提问道:"屋子里有个女人,会得到什么?"

学生齐声回答:"麻烦!"

教授微笑着说:"如果房子里是个中国女人,那就会得到平安。所以汉字的'安'字就是宝盖头下边加上一个女字。"

武汉

武汉市是湖北省省会,我国历史文化名城,华中地区和长江中游的经济、文化、信息中心,素有九省通衢之称。它是武昌、汉阳、汉口即"武汉三镇"的合称。武汉成为统一的大城市,经历了漫长的历史过程。

汉阳一名的来历与汉水密切相关,古语"水北为阳,山南为阳"。古时汉阳在汉水之北,龟山之南,又因得日照多的地方也称阳,故名汉阳。

隋唐年间,汉阳得名并逐渐发展。汉阳,尤其鹦鹉洲一带,历来是长江中游商船集散的地方。唐宋元明各朝代,商业手工业很是繁华,佛教名寺"归元寺"更是著名的游览胜地。

而汉口在历史上,与汉阳有相当长的一段时间是同步发展的。直至明代成化年间汉水改道从龟山北麓入江以后,汉口才独立发展,仅有500多年的历史。不过后来者居上,独立出来的汉口之后迅速发展为一座新兴商埠，名声和发展速度也远远超过了历史更为悠久的武昌和汉阳。

武昌得名于东汉末三国初。孙权为了与刘备夺荆州，于公元221年把都城从建业（今南京）迁至鄂县，并更名"武昌"，取"以武治国而昌"之意。武昌之名是与今鄂州市互换的，从考古发掘来看，武昌的水果湖放鹰台和南湖老人桥、洪山区花山乡的许家墩和棋子墩等处，在新石器时代就是古人栖居之地。

武汉又被称为江城。唐代大诗人李白的诗《与史郎中饮听黄鹤楼上吹笛》中云："黄鹤楼上吹玉笛，江城五月落梅花。"所谓江城，乃指武昌，后沿称武汉为江城。

武汉三镇在历史上形成的时序为江北（汉阳）先于江南（武昌），而汉口在明代以前，不过是毗连汉阳的一个水曲荒洲，因此，明代以前，所谓"武汉"，乃是武昌、汉阳两地的合称。元代武昌、汉阳均属湖广行省，鄂（武昌）、汉（汉阳）并称，是为双城。元代诗人余阙在诗中把武昌、汉阳称为"双城"，显示了武昌、汉阳由单称到合称的趋势。

明成化年间汉水改道，遂逐渐形成了江北有汉口、汉阳，江南为武昌的三镇鼎立的格局。1926年12月，国民党中央执行委员、国民政府委员临时联席会议确定"确立国都，以武昌、汉口、汉阳三城为一大区域作为'京兆区'，定名武汉"。1927年4月16日，成立武汉市政委员会，这是统一建市的开始。随后分分合合，直到1949年，武汉市人民政府正式成立，"武汉市"的名称也就一直保留了下来。

知识链接

"抱冰堂" 名称趣谈

"抱冰堂"是湖北的一大名胜，地处武昌蛇山南腰首义公园内。清光绪三十三年（1907年），湖广总督张之洞调任军机大臣离鄂，其在鄂门生、僚属建此堂以存纪念。因张之洞晚年自号"抱冰老人"，取《吴越春秋》"冬常抱冰，夏还握火"语意以自励，故取是名。

张家界

张家界是湖南省内的一处旅游风景胜地,它早先并不叫张家界,而是叫青岩山。关于它名字的由来,流传着这样一个传说:

相传,汉高祖刘邦平定天下后,滥杀功臣,留侯张良想到韩信死前讲的那句话:"狡兔死,走狗烹;飞鸟尽,良弓藏;敌国破,谋臣亡。"为保存性命,他辞官隐匿江湖,沿着赤松子的足迹,来到上古时代舜帝流放欢兜的地方,后又辗转登上了青岩山。此处风景优美,别有一番天地,正是张良所要寻找的"世外仙境"。从此,他就在这里隐居下来,修仙学道,并留下了一脉张氏子孙。为了保护青岩山风水,张良在青岩山南侧植了七棵银杏树。这七棵银杏树长得又高又大,撑在半山腰像七个巨人守护着青岩山。

许多年后,有个叫张万冲的朝廷官员上青岩山游玩,看中了青岩山,便以这七棵银杏树为界,在每棵银杏树上各刻一字,刻了"指挥使张万冲界"七字,霸占了青岩山,害得原来住在青岩山上的张氏后代被迫携儿带女远走他乡,流离失所。

有一天,猎户张家雄进山打猎,看到七棵银杏树都在流着黄水,如泪人一般。张家雄十分惊奇,后来看到树身上的"指挥使张万冲界"七个大字,才恍然大悟,顿时火冒三丈,拔刀将"万冲"二字改为"家雄"。

张家雄的举动惹恼了张万冲,他调来三百亲兵围住青岩山,要捉拿张家雄,并把原来住在山寨的居民赶到银杏树下,声称如果捉不到张家雄,就要拿七个童子的血染红那七个大字。危急时刻,已成仙的张良突然现身,他施法从银杏树干上喷出七股黄水,霎时狂涛巨浪把张万冲和他的三百兵马一齐卷到金鞭溪去了。然后,张良又将手中的拂尘往七棵银杏树上一指,只见树上立刻就出现了"人间仙境张家界"七个金灿灿的大字。后人因此山是张良仙人赐名,从此就把青岩山叫做"张家界"。

知识链接

张家界简介

张家界原名大庸,是古庸国所在地,秦时属黔中郡慈姑县。1369年明朝设置大庸县。清雍正十三年(公元1735年)设永定县。1988年5月,经国务院批准,组建省辖地级市大庸市。1994年4月,地级大庸市更名为张家界市。张家界市因张家界国家森林公园而在国内外闻名遐迩。

拉萨

拉萨,藏文意为"圣地"或"佛地"。它是西藏自治区的首府,海拔3650米,是世界上海拔最高的城市。它的名字是怎么得来的呢?

史籍上"拉萨"二字第一次见于公元806年藏王赤德松赞所立《噶琼寺碑》,其中有言:"神圣赞普先祖松赞之世,始于圆觉正法,建拉萨大昭寺。"

相传1300多年前,吐蕃赞普松赞干布娶得大唐文成公主入藏,为了庆祝此事,决心要好好建设王都。但当时的吐蕃王都,还是一片荒草沙滩之地。

文成公主精通天象地理,善观五行风水,她观察拉萨的地形,发现其好像一个仰卧的罗刹女(即母夜叉),认为选拉萨作为国都实在是于国不利。于是公主建议在拉萨外围建立四个寺庙,以镇住女魔的四肢。她又算出拉萨中心的卧马湖是母夜叉的心脏,湖水便是母夜叉的血液,也应想办法镇住。于是,公主根据五行之说,主张用白羊背土填湖。藏王松赞干布听从了公主的意见,就在卧马湖动工,填湖造寺,建成了著名的大昭寺。拉萨原称"山羊地",便是由此得名。

大昭寺建成后,藏王便把文成公主由长安带来的释迦牟尼佛像供在庙内,从此各地善男信女纷纷前来朝拜。久而久之,这块神圣的"逻娑"(山羊地)因音似,便被称为"拉萨"了。

 知识链接

达赖、班禅和活佛转世制度

达赖、班禅是藏传佛教格鲁派（黄教）的两大活佛系统。西藏佛教界认为，达赖是"欣然僧佛"即观世音菩萨的化身；班禅是"月巴墨佛"即无量光佛的化身。

活佛转世制度是西藏宗教的重要特点之一，是以灵魂转世说为根据，为解决宗教首领继承问题而产生的宗教制度。它初创于藏传佛教噶举派的噶玛噶举派。该支派的首领都松钦巴1193年逝世时，遗嘱弟子"将转世再来"。弟子们认定噶玛拔希为其师的转世灵童，经寺庙10年培养，正式以该派首领身份活动，成为西藏第一位转世活佛。

香格里拉

"香格里拉"的意思是"美丽的、遥远的、神圣的地方"。在藏语里，"香格里拉"即为"心中的日月"，英文写作Shangrila。该词最早出现于美籍英国作家詹姆斯·希尔顿的长篇小说《失去的地平线》。

该书描述了在20世纪30年代初，南亚次大陆某地发生暴乱，英国领事康威一行四人乘飞机撤离。途中飞机被一个神秘的东方劫机者劫持到一个山谷。飞行员临死前说此处是中国藏区，附近有个地方名叫"香格里拉"。一个熟悉英语的老人告诉他们此处是蓝月山谷，是进入"香格里拉"的唯一通道，而他们所看到的山谷前端如金字塔般高耸入云的山峰是充满神奇魔力的卡拉卡尔雪山（即梅里雪山）。后来，老人将他们带到了香格里拉，这里居住着以藏族为主的数千居民，各种宗教和平共存，四处遍布着基督教堂、佛教寺庙、道观和儒教祠堂。人们遵从着"适度"的美德，对任何事情都保持一种适度的原则，即使对待欢乐也不例外。书中所描写的香格里拉是一个自然景色和财富的荟萃地，这里人神共融、天地合一、宁静祥和，宛如世外桃源。

《失去的地平线》发表于1933年，当时立即传遍欧洲，并很快畅销

到美、日等国，跃居畅销书排行榜首位，还荣获英国了"霍桑登文学奖"。次年，独具慧眼的好莱坞制片公司投资250万美元将其摄制成电影，影片风靡全球，主题歌"香格里拉"唱遍世界。

《不列颠文学家辞典》在评述《消失的地平线》时指出：小说的最大贡献在于创造出英语新词"世外桃源"，而詹姆斯·希尔顿的伟大之处在于"在创作中发现了香格里拉"。

1971年，"香格里拉"一词被香港郭氏家族买断，成为酒店的商号，进而风靡世界，成为世界酒店品牌的至高象征之一，这从侧面印证了《消失的地平线》在人文学上的伟大意义，它为西方的文化价值观念，植入了人间乐土的意境。《消失的地平线》成了西方人的《桃花源记》。从此，这片想象中的人间乐土就成了"伊甸园""世外桃源""乌托邦"的代名词。

知识链接

香格里拉的传说

"香格里拉"一词，又说源于藏经中的香巴拉王国，在藏传佛教的发展史上，其一直作为"净王"的最高境界而被广泛提及，在现代词汇中它又是"伊甸园、理想国、世外桃源、乌托邦"的代名词。传说中的香格里拉中具有最高智慧的圣人，他们身材高大，拥有自然力量，至今仍从人们看不到的地方借助于高度发达的文明，通过一种名为"地之肚脐"的隐秘通道与世界进行沟通和联系，并牢牢地控制着世界。事实上，长期以来，这条"地之肚脐"的神秘通道，一直作为到达香格里拉王国的唯一途径而成为寻找香格里拉的关键。

趣解三字

戴高帽

高帽即为很高的帽子。古时皇帝、高官们戴的帽子是高帽，且依身份、官职大小的不同，帽子的样式也不尽相同，因而古代人若说给他人戴高帽，是表示将其视若帝王般高贵。时至今日，也有不少人喜欢起高帽来了。他们不但乐意接受人们奉送的高帽，还不时也给别人献上几顶。所谓"戴高帽"，即指那些吹捧、恭维别人的话语。

"戴高帽"一词源于唐代李延寿所著《北史·熊安生传》中的一个故事：北齐有一个叫宗道晖的人，平时喜欢戴一顶很高的帽子，脚穿一双很大的木屐。每当有上级官员到来，他都以这身打扮去谒见。见到官员时，他又总是向上仰着头，举着双手，然后跪拜，一直把头叩到木屐上，极尽阿谀奉承之能事。后来，人们把这种做法叫"戴高帽"。

知识链接

只剩九十九顶

清代俞樾《一笑》中讲了一个很有讽刺意味的笑话：有一个将去外地做官的人，临行前去拜见他的老师。老师嘱咐说："外官不易当，你要小心谨慎。"这人说："没关系，我已经准备了一百顶'高帽'，逢人就送，自然无事。"老师听了很生气，说："我们应以正直待人，怎能这样呢？"这人说："唉！天下人能像老师这样不喜欢戴'高帽'的，能有几人呢？"老师高兴地说："是啊，你说的也不是没有道理。"这人告别了老师，出来对人说："我那一百顶'高帽'，现在只剩下九十九顶了！"

鬼门关

"鬼门关"意指凶险的地方，如某人得了一场大病，好不容易医治好了，就会感叹说："哎，真是上鬼门关闯了一回啊！"

此词有两个来源：一个是存在于神话中的地名，另一个是实际存在的地方。《西游记》第十一回写唐太宗游"地府"时，"忽见一座城，城门上挂着一面大牌，上写着'幽冥地府鬼门关'七个大金字……"。他就从这"鬼门关"进入了"森罗殿"，会见了阴间诸王，并到"一十八层地狱"等处，后来又"还魂"回到世间。另外，在古代的地理著作《山海经》里所保留的神话传说中也有"鬼门":"沧海之中,有度朔(地名)之山,山有大桃木(树),其屈蟠(枝杈盘曲)三千里,其枝间东北曰'鬼门',万鬼所出入也。"在这些传说中的"鬼门关"或"鬼门",是指通往阴间的门。

而实际存在的"鬼门关"据《旧唐书·地理志四》记载,是一个古关的名称,在今广西玉林北流西县交界的山口上。这里两边山峰对峙,中间形成一个天然的关隘,地势甚是险恶,是古代通往广西南部、雷州半岛和海南岛以及越南的通道,气候湿热,在茂密的山林中常有毒害人的瘴气。古代文人官僚获罪迁谪蛮荒,多经由此地,而死者甚多,罕有生还,所以有"鬼门关,十人去,九不还"的谚语。后来经过历代的开发,从明朝就已改名"天门关"。

知识链接

天门关的历史

天门关历史悠久,东汉伏波将军马援于建武十七年(公元41年)率兵两万余人征林邑,经过此关曾立碑,唐代诗人温庭筠有赞马援诗:"汉令班南海,蛮兵避玉林,天崖柱分界,徼外贡输金,坐失奸臣意,谁明报国心,一棺忠勇骨,漂泊瘴烟深。"

宋代苏东坡被贬岭南和得赦归朝,经过此关,并做《次韵王玉林》一诗:"晚途流落不堪舍,海上春泥手自翻;汉使节空余白,故侯瓜在有颓坦。平生多难非天命,此去残年尽主恩;误辱使君多文拭,宁闻老鹤更新轩。"

明代徐霞客在《粤西游日记》中写道:"北流县西十里为鬼门关,东十里为勾漏山,二石山分支耸秀,东西对列,而鬼门颠崖邃谷,双峰夹立,路过其中,胜与勾漏实相伯仲。予自横林北望即奇之,不知为鬼门也,至县始悟已从东南越入之过,以不及经其下为恨。"

黄粱梦

"黄粱梦"是用来比喻想得到的好事落得一场空。此外,我们还可以见到有"黄粱一梦""一枕黄粱""邯郸梦"等提法。此词源自唐代传奇小说《枕中记》。

故事记载，唐朝开元年间，有个叫卢生的书生进京赶考，路过邯郸，在旅店里结识了一个会神仙术的道士吕翁。言谈间，卢生连连叹息自己贫困境遇，时时流露出不甘寂寞、向往荣华富贵的心情。吕翁觉察后，便从自己的行囊中取出一个青瓷枕头送给卢生，并说："小伙子，今晚你枕着这个枕头好好睡一觉，就可以得到你所向往的东西了。"

当晚，卢生枕着这个青瓷枕头睡下后就做了一个美梦：恍惚中，他梦见自己回家后，娶了本县名门望族崔家的漂亮千金为妻。第二年，又考中了进士，后来由县尉步步高升，青云直上，从节度使、御史大夫，最后官至宰相。期间，他还统率大军，出征外族，开疆辟土，立下赫赫奇功。所生的5个儿子，个个聪明过人，功成名就。后来，自己又被弹劾贬谪，历尽曲折，终于获得皇帝察知冤情，从此更受皇上宠信。为官几十年来，享尽人间荣华富贵，一直活到80多岁才寿终正寝。

正当卢生沉浸于纸醉金迷的生活时，突然一觉醒来了，只见自己仍躺在旅店里，一切都是原样，就连店主人在他睡觉前所蒸的黄粱米饭都还未熟。卢生这才猛然明白，人生的荣华富贵，只不过是短暂的一枕黄粱梦。

以后，人们就把"黄粱梦"喻作不可能实现的虚幻欲望，只是一场空欢喜而已。

知识链接

黄粱梦镇的传说

如今，在邯郸市北10公里处有个黄粱梦镇，相传就是卢生遇吕仙做黄粱美梦的故地。

当地有一处景点叫卢生殿，展现了卢生一枕而觉，一觉而梦，"富贵声华终幻因，黄粱一梦了终身"的意境。殿前回廊中有邯郸进士王韵泉所绘梅花和题诗"梦醒黄粱方悟道，心同明月可寻梅"，颇受游人的赞赏。

闭门羹

众所周知,"闭门羹"是拒客的意思。但羹本是煮成浓液状汤、粥之类食物的泛称,如鸡蛋羹、莲子羹等,"闭门"则是关起门来拒绝客人进入,二者是怎样联系在一起的呢?这里有一段趣闻。

据唐代冯贽《云仙杂记》记载,相传在唐代,宣城(在今安徽境内)秦楼楚馆生意兴隆,出了一个轰动一时、令人倾倒的名妓,名叫史凤,她有闭月羞花之貌,并且琴棋书画无所不能,吹拉弹唱无所不精。她那迷人的歌喉、动人的舞姿,更使一些纨绔子弟、风流才子神魂颠倒。许多年轻男子纷纷慕名而来,不惜花重金,以求见佳人一面。

但这史凤虽身陷青楼,却不乱来。她有个倔犟脾气,不是任何人都能求见的。如对寻花问柳的嫖客,或因名誉地位,或因人品相貌,或因才学文采,分成三六九等,"最下者不相见,以闭门羹待之"。这就是说,她不中意的人来了,就闭门不见。为了顾全面子,使嫖客不失体面,她会客气地款待一碗菜羹之类的粥喝。这样,时间长了,一些嫖客见菜羹摆上,就意识到史凤不愿接待,也就知趣地走开了。

由此可见,"闭门羹"隐指主人不愿意接待时所采用的一种婉转客气的拒绝方式。流传至今,"闭门羹"就成了拒客人于门外,不与相见的口头语。当然,现在拒绝来客,只有闭门而没有吃羹的待遇了。

知识链接

写诗拒客

新中国成立前,作家端木蕻良在桂林,门口贴有一诗:
女儿心上想情郎,
日写花笺十万行。
月上枝头方得息,
梦魂又教到西厢。
此诗看似诉儿女私情,实则"谢绝来访"的告示。它暗含的意思是:

主人忙于写作,请勿登门打扰。这种谢客方式委婉含蓄,确实高明。

孺子牛

鲁迅先生有诗云:"横眉冷对千夫指,俯首甘为孺子牛。"如今,"孺子牛"已是人们耳熟能详的一个词了,它是指那些为人民大众谋福利、甘作奉献的人。不过,它在古代原意并非如此,所指的却是父亲溺爱儿子,甘愿给儿子当牛骑。

此语典故出自《左传·哀公六年》。"孺子"指的是春秋时齐景公小儿子晏孺子,他是景公宠妾芮姬之子,原名姜荼,景公对荼非常宠爱,不论荼想玩什么,景公都会想方设法地要满足他的要求。

一天,荼要扮牧童牵牛玩。景公想:如果让儿子牵真牛玩,可能出事,不放心。于是景公便蹲下身子自己装作牛,口里衔着"牛绳"的一端,在地上爬着;荼握着"牛绳"的另一端,在前面牵着。荼牵着"牛",指挥着一会儿向东,一会儿向西。玩得正开心的时候,荼不小心摔了一跤,手中的"牛绳"又忘了放松,这样,景公的门牙一下子就被"牛绳"拉掉了。

齐景公给儿子当牛骑的事,很快就传开了。后来,人们就把甘心为儿子作"牛"的父亲称为"孺子牛"。再后来,人们把此词语引申来比喻心甘情愿地为别人服务的人。

知识链接

家里的日本女人

鲁迅在1924年曾署过"宴之敖"的笔名,这是利用汉字的结构特点和家事造词寓意的。先生曾说:"宴从门(家)、从日、从女;敖从出、从放(《说文》:敖,游也,从出,从放)。我是被家里的日本女人逐出来的。"

据鲁迅先生的夫人许广平说,1919年8月,鲁迅购了北京公用库八道湾的房子,与他弟弟周作人一起迁入。1923年8月,由于周作人妻子羽太信子（日本人）的原因而迁居了。

根据一些比较可靠的资料记载，周作人的这位日本太太挥霍无度，鲁迅几乎将全部薪用交给家里，然而这位弟媳还不满意，她恶语相加，甚至诋毁鲁迅，一会儿说鲁迅偷听他们卧室里的墙根儿，一会儿说鲁迅调戏她，惹得周作人勃然大怒。于是，在一个下午，当鲁迅回家拿东西时，周作人与妻子突然跳出来破口大骂，并对其进行殴打，据说周作人还拿起一尺高的狮形铜香炉向鲁迅头上打去，幸好被旁人接住，才没有击中。

可叹周氏兄弟就此决裂，此后再无团聚，每次对话只在报刊上各执一词。

风凉话

人们常把那些打消别人积极性的嘲讽话称为"风凉话"，不过，这一词最初并非这个意思，而是指去热凉快的俏皮话，关于它的来源可以追溯到唐朝。

据《旧唐书》记载，唐文宗开成二年（公元837年）的盛夏，骄阳似火，酷暑难耐。这天，文宗召来几位词臣，在宫中吟诗作对，以此消夏。

"人皆苦炎热，我爱夏日长。"文宗首先吟出两句。

"薰风自南来，殿阁生微凉。"柳公权紧跟在皇帝后面，续上了自己的两句。

接着，几位词臣纷纷吟诵，做诗附和。文宗对柳公权的那两句诗赞道："这两句用词清丽，意蕴也十分佳妙，实在是不可多得的绝妙好诗。"

然而，在后世的评论者眼中，这两句诗到底是好是坏，却各有说辞。宋代苏轼认为柳公权的这两句诗"美而无箴"，言下之意是说，诗句本身也许称得上一个"好"字，但全无一点身为人臣讽谏劝谕的自觉。为此，苏轼续了四句：一为居所移，苦乐永相忘。愿言均此施，清阴分四方。

的确，在唐文宗享受薰风徐来的时候，无数百姓还在烈日下辛苦劳作，忍受着太阳的暴晒。身为皇帝不关心百姓，别人酷热难当，你却在阴凉地里"我爱夏日长"，岂有一丝半毫的同情之心？而作为臣子，只是在旁一味附和取悦皇上，并无一颗忧天下百姓之心，不去体恤百姓。难怪苏轼会责怪柳公权身份地位变了，便忘却了儒家达则兼济天下的思想。

别人处于苦热中，你偏说凉快；别人正辛勤劳作，你却吟诗享受，如此不负责的冷言冷语，难怪乎称为"风凉话"了。

知识链接

报馆妙改标题

国民党亲日派军阀何应钦在任湖南省代省长时，某年清明节，他去岳麓山给母亲扫墓。根据官方指令，湖南省及长沙市各报均要刊登这一"新闻"，并按规定，这则"新闻"的标题为《何省长昨日去岳麓山扫其母之墓》。

第二天，湖南省及长沙市各家报纸均刊登了这一"新闻"。不过，有十家进步报纸在刊登这则"新闻"时，将标题中的"其母之"改为"他妈的"，于是这则"新闻"的标题便变成了《何省长昨日去岳麓山扫他妈的墓》。

何应钦看到这则新闻标题时气急败坏，差一点封了报馆，而老百姓却拍手称快。

咏絮才

古人常用"才高八斗，学富五车"来形容一个人有非凡的文学才华，还专门用"咏絮才"这样一个词代指有才气的女子。此语的典故出自《世说新语·咏雪》。

谢道韫是我国东晋时的一位才女，她的叔父谢安是东晋有名的政治家、军事家，曾经指挥了历史上著名的"淝水之战"，创造了以少胜多、以弱胜强的范例。谢安也擅长诗文，经常指导孩子们写诗著文。谢道韫在叔父的指导、启发和熏陶下，诗写得越来越好。

一个严寒的冬日，谢安把几个侄儿侄女叫到一起，给他们评讲诗词。这时屋外下起了大雪，雪花漫天飞舞，远近银装素裹。谢安望着窗外的景色，突然想考一考几个孩子的诗才，就指着飘飞的大雪问："白雪纷飞何所似?"谢安的侄儿谢朗说:"撒盐空中差可拟。"谢安听了连连摇头说:"不妥,不妥。"

这时,谢道韫望着眼前的飞雪,一下子就想到了春天的柳絮,于是脱口而出:"未若柳絮因风起。""好一个绝妙的比喻。"谢安不由得连连夸奖,脸上露出了满意的笑容。

一个富有诗意的比喻显示了谢道韫的才华。后来人们说起女子有才,总喜欢用"咏絮才女"来形容。

知识链接

叹 "咏絮才"

宋代词人苏轼曾承用咏絮才的典故,在其《谢人见和雪后书台壁二首》之一有诗云:"渔蓑句好应须画,柳絮才高不道盐。"清朝曹雪芹的《红楼梦》第五回中有一句判词"可叹停机德,堪怜咏絮才","咏絮才"是指黛玉,意思是说如此聪明有才华的女子,她的命运是值得同情的。

座右铭

现在,很多人喜欢用一些名言警句来作为自己的座右铭,以不断地激励、鞭策自己。

"座右铭"一词始于东汉崔瑗。崔瑗是东汉著名的书法家,据《文选·崔瑗〈座右铭〉》吕延济题注:"瑗兄璋为人所杀,瑗遂手刃其仇,亡命,蒙赦而出,作此铭以自戒,尝置座右,'故曰座右铭'。"当然,"座右铭"并非一定要置之座右。

后来,就有不少人仿效着写"座右铭"。比如唐朝著名的诗人杜甫,为了督促自己改正嗜酒的毛病,他写了这样的诗句:"忍断杯中物,只看座右铭。"

"座右铭"有时也可以用来警戒他人。例如,南北朝时有一位高僧,他见到寺里的和尚偷懒怕苦,就写了座右铭来激励他们:"勤之勤之,至道非弥。"意思就是说要勤奋些、再勤奋些,领悟真理的时间就不会远了。

清道光元年（1821），东阳令陈海楼曾在北京得到岳飞的一方端砚，砚呈紫色，体方而长，背镌"坚持守白，不磷不溜"八字，字为行书。此砚后为文天祥所得，文天祥又刻上铭文："砚虽非铁磨难穿，心虽非石如铁坚，守之勿失道自全。"岳飞和文天祥就是以这一铭文作为自己立身处世的准则。

座右铭也常被写成条幅挂在书房内和自己经常休息的地方，如林则徐手书"制怒"二字就是。

知识链接

鲁迅的座右铭

鲁迅先生12岁时，就读于故乡绍兴的"三味书屋"。一次，因为帮母亲做事，上学迟到了，严厉的寿镜吾老师狠狠地责备了他。为了牢记教训，从严要求自己，他用刀在书桌的右下角，方方正正地刻了一个字作为自己的座右铭——"早"。

马大哈

"马大哈"是指马马虎虎、大大咧咧、嘻嘻哈哈全无所谓，草率办事之人，其实这个词是20世纪50年代由天津市的相声界艺人创造的趣语。

20世纪50年代那段《买猴子》的相声，曾风靡全国。故事说有个叫"马大哈"的人，不负责任，马虎出名。他出了个公告，本来要通知"到（天津市）东北角，买猴牌肥皂五十箱"，可是他却写成了"到东北买猴儿五十只"了。

结果，马大哈的领导们也是官僚主义，看也不看内容就批准了，马大哈的同事和下属又盲从惯了，问也不问，纷纷出差执行任务，闹出了一连串令人捧腹不已的大笑话。先是跑遍了大半个中国去采购猴子，虽然觉得"采购单很离奇"，但是仍到处买猴子交货，最后把猴子都运回来了，群猴出笼大闹百货公司。

这段相声使"马大哈"一词由此诞生，迅速传遍全国。

知识链接

马大哈的行事风格

"马大哈"式的人物在生活中很常见,他们往往天真、率性,对日常生活中的小事马马虎虎,甚至经常丢三落四。这种人很少责备自己,却把"失误"当做人生最大的乐趣,他们大多都有积极的生活态度,懂得享受生活。

破天荒

天荒,本是指亘古混沌未开化的原始状态。人们形容从来没有过的事情,或者第一次出现的事物时,总会用到一个词:破天荒。

据五代王定保《摭言》和宋朝孙光宪《北梦琐言》等载:唐朝年间,湖北的荆州南部地区,虽然文士书生很多,但是约有四五十年的时间,每次进京应考的举人不少,却从没有一个中过进士。因此,人们称荆南地区为"天荒",把那里选送的考生称作"天荒解",用以讥笑那里几十年却没人能考中进士。

唐宣宗大中四年(1850),荆南送考的举人中,有一个叫刘蜕的考中了进士,这才终于破了"天荒"。当时魏国公崔铉镇守荆南一带,得知刘蜕考中进士,便写信表示祝贺,并赠给他70万"破天荒"钱。刘蜕不肯接受所赐之钱,回书谢道:"五十年来,自是人废;一千里外,岂曰天荒。"此事流传开后,"破天荒"一语逐渐成为民间流行的口头语,现在要形容头一次出现的新鲜事或创举,我们常说作"破天荒第一次"。

知识链接

破天荒的历史记录

宋代曾敏行在《独醒杂志》有一段类似的记载:宋初,江西士人没有考中过状元。直到宋哲宗圣绍年间，江西何昌言赴京应考，得了第一。有个名叫谢民师的，写了一首诗寄给何昌言，向他祝贺，其中有两句道："万里一时开骥足，百年今始破天荒。"

苏轼也有诗道："沧海何曾断地狱，宋崖从此破天荒。"周必大诗："绛帷幸得天荒破，日日当为问道人。"元人柳贯诗："会见天荒破，端令士气粗。"都含有突然得志扬名的意思。

臭老九

以前，曾有人把知识分子贬称为"臭老九"，批孔时也把孔子喊作"孔老二"，孔老二好理解，从孔子的字"仲尼"中就可以得知，孔子在家排行老二。可"臭老九"这一说是怎么得来的呢？

梁漱溟曾写过一首诗《咏臭老九》，诗云："九儒十丐古已有，而今又名臭老九。古之老九犹如人，今之老九不如狗。专政全凭知识无，反动皆因文化有。假若马列生今世，也要揪出满街走。"最后一句中的"满街走"，典出当时的童谣："臭老九，颤悠悠，背着粪篓满街走。臭！臭！臭！"此诗的第一句"九儒十丐古已有"，说明了臭老九的历史来源。

元朝时，蒙古族入主中原后，依据和蒙古人亲疏关系的远近及当亡国奴的"资历"，把帝国臣民分为四等：第一等是蒙古人；第二等是色目人（中亚细亚人）；第三等是"汉人"，即金帝国所属的中国人；第四等是"南人"，即南宋帝国所属的中国人。元政府又依据职业的性质，把帝国臣民更细致地划分为十个等级：一等官（政府官员），二等吏（不能擢升为官员的政府雇员），三等僧（佛教僧侣），四等道（道教道士），五等医（医生），六等工（高级工程技术人员），七等匠（低级手工技术人员），八等娼（妓女），九等儒（知识分子），十等丐（乞丐），即所谓的十色人等。知识分子名列第九等人，所以是老九了。

"文革"时期，极"左"势力把封建残渣弄出来，诬蔑知识分子为"臭老九"，把知识分子列在地（主）、富（农）、反（革命）、坏（分子）、右（派）、叛徒、特务、走资派之后，位居第九，和元朝"儒士"

的排位不谋而合。这种侮辱性的称呼不仅伤害了知识分子，而且极大地阻碍了科学文化的发展。

知识链接

对"四人帮"的愤懑

"文革"之后，大文豪郭沫若在悼念被迫害致死的作家阿英同志时，写了"咏臭老九"的打油诗："你是'臭老九'，我是'臭老九'。两个'臭老九'，天长又地久。"发泄了对"四人帮"残害知识分子的愤懑之情。

老好人

"老好人"是指那些随和厚道，不愿得罪人，缺乏原则性的人。关于它的来源，传说来自这样一个故事。

东汉时期，有个名叫司马徽的人，很善于识别人才。但由于当时政治斗争十分尖锐复杂，他就装糊涂，别人无论和他讲什么，他都回答"好"。人们送给他一个雅号——"好好先生"。这天，"好好先生"正在家习字作画，家奴来报："刘员外来见！"司马徽一听，高兴地说了句："好！"

刘员外一进门就哭丧着脸，司马徽问："刘员外，今天可好呀？"

刘员外的儿子因在外面胡作非为，杀了人，被官府抓住，押进死牢，就等秋后问斩了。他听说司马徽为人不错，朋友也多，让他给想想办法，于是对司马徽说："我儿不孝，犯了王法。"

司马徽没听完话就接口说："好。"

刘员外一听，强压怒火继续说："现在被押在死牢，秋后问斩。"

司马徽说："大好。"刘员外气得转身就走。

这时，司马夫人上前劝道："别的事说好无妨，人家儿子要死了，怎可说好？"

司马徽一拍大腿："夫人，你这话说得更好不过了。"

知识链接

两种老好人的区别

　　第一种老好人，生性随和，淡泊功名，与世无争，随遇而安；只求独善其身，不求兼济天下；既不得罪权贵，也不欺凌弱小；他对损害他人利益的坏人坏事无动于衷，个人利益受到了侵犯也是一味委曲求全、得过且过。

　　第二种老好人表面像弥勒佛，大肚能容，笑口常开，心里却常有一杆秤，时刻权衡着利弊得失。事情再大，只要与他无关，他都能退避三舍，作壁上观；事情再小，一旦涉及他的利益，他就会小肚鸡肠、斤斤计较。

一字师

　　孔子曰："三人行，必有我师焉。"它是告诉人们：学无常师，以能者为师、善者为师。后来还有"一字师"的说法，是指改动一个字，并且恰如其分，让人觉得可以称师了。此语源于南宋计有功的《唐诗纪事》，亦见于宋陶岳的《五代史补》卷三。

　　相传唐代诗人郑谷的诗文写得非常好，尤其《鹧鸪诗》写得更是超群出众，因此，人们称他为"郑鹧鸪"。他的朋友齐已是个和尚，也很喜欢写诗著文。有一次，齐已带了自己写好的一首《早梅》前去请教郑谷，当郑谷看到"前村深雪里，昨夜数枝开"的时候，总觉得有些不妥，经过仔细琢磨、反复推敲，改来改去还觉得不形象，最后认为把"数枝"改为"一枝"更能体现出梅花的早开来。齐已听后非常佩服郑谷的匠心独运，深深地向郑谷表示谢意。当时写诗作文的人，都佩服郑谷把齐已的诗只改换了一个字，就使整首诗显得确切生动，于是"人以郑谷为一字师"。

　　后来，人们便用"一字之师"来指在一个字上能对自己有帮助的人，也泛指诗文的改正者。

知识链接

妙改"一字师"

抗日战争时期,重庆排演郭沫若编剧的《屈原》,张瑞芳饰演剧中的婵娟,有一句台词为"宋玉,你这无耻的小人",原著中的"这"本为"是",张瑞芳觉得改动后才能充分表达婵娟的愤怒心情,郭沫若对张瑞芳的改动大为赞赏,便称张瑞芳为"一字师"。郭沫若这种虚怀若谷的精神在文艺界一直被传为佳话。

另还有半字师之说。据说清乾隆年间,东海一位大家闺秀写了一首《咏菊》诗,请"勤读书、常翻书"的一代鸿儒龚炜修改,诗中有这样两句话:"为爱南山青翠色,东篱别染一枝花。"龚炜觉得"别"字太硬,不如"另"字恰当,就作了修改。后来,人们便戏称其为"半字师"。

拍马屁

生活中,我们常把那些趋炎附势、阿谀奉承的行为称之为"拍马屁"。有趣的是,在古代,"拍马屁"却是一种礼节风俗。

"拍马屁"源于魏晋时期北方游牧民族地区,当时西北山道狭窄,人们多是骑马,马在那里是主要的交通工具。据元史记载,人们平时骑马相遇,或是迎送宾客时,都要互相拍对方的马屁股称赞一番:"好马!好马!"久而久之,"拍马屁"便成了人们相见时的一种习俗。

那么,"拍马屁"这种礼节风俗又是怎样演变成为那些阿谀奉承行为的代名词呢?这还得从魏忠贤说起。

明朝末年,魏忠贤掌权,奸臣当道,倒行逆施,百姓苦不堪言。

一天,闲得发慌的熹宗听从魏忠贤的奏请,下令京城的武官都到西校场赛马。

是日,三声炮响之后,比赛开始了。只见几百匹骏马宛若离弦的箭,直往前奔,马背上的武官,个个精神抖擞,不断高举马鞭抽打,而在赛马的行列中,只有魏忠贤与众不同。他不用马鞭抽马,只是在马屁股上拍三下，马便四蹄腾空，快如闪电，不一会儿便遥遥领先，继而夺得了第一名。

熹宗对此非常疑惑，好奇地问："你这马不用马鞭抽，反而跑得更快，难道这是一匹神马吗？"

魏忠贤赶紧双膝下跪，奏道："皇上，奴才的马并非神马，之所以能遥遥领先，是因为奴才识得马性。要马跑得快，千万不能强行抽打，而是要顺着它的性子，只需在马的屁股上轻拍三下，马就躁痒难耐，必然会奋力向前奔跑。所以，我的妙法说穿了，就在'拍马屁'这三个字上。"

熹宗听后，拍掌大笑，并下令从此以后，朝廷内外，事无大小，俱由魏忠贤掌管，魏忠贤大喜过望，连忙跪下接旨，拜谢龙恩。

自此，魏忠贤愈加飞扬跋扈，朝廷内外更是被他搞得乌烟瘴气，百姓气愤难平，便借这个故事讽刺说："魏阉能有这样的地位，都是拍马屁得来的。""拍马屁"的说法也就这么流传了下来。

知识链接

书生出联

从前有一位书生，一次去一个风景优美的寺庙游览。刚踏进庙里，正好撞见当家和尚在偷吃鱼。那和尚听得有人声，立即把鱼藏入磬石之中。书生见了，不觉暗暗生气，心想这和尚吃鱼破戒也就罢了，居然还一个人吃，见客人来了还给藏起来，定要叫他拿鱼来吃，便心生一计。

书生与和尚寒暄过后，借势说道："学生有一对联不明，听说大师才学高深，特来请教。"当家和尚受了这一记马屁之后，非常高兴，连忙问是什么对联。那书生思忖了一会儿，说："向阳门第春常在"。

书生说他只记得这上联，下联记不清了，请大师指教。

和尚觉得这是一个普通的问题，便放松了对书生的警惕，随口便道："这下句不是'积善人家庆有余'吗？"书生这才诧异地说道："大师，既然你说磬里有鱼，为什么不拿出来一起吃呢？这才公平嘛。"

和尚一听，知道自己上当了。既然事情败露，也不必再装下去了，只得从磬里把鱼拿出来，与书生一同吃。

吹牛皮

"吹牛皮"一词是人们生活中常见的口头禅，如某人爱说大话，我们就嘲讽他在"吹牛"或"吹牛皮"，为什么这么说呢？

相传，我国西北地区是古黄河的流经之地，此处水急浪高，难以行船。为解决这一安全问题，早在古代就有人想出了一个好办法：用皮筏代替木船作为水上的交通工具。皮筏大多用牛皮袋子联结起来制作而成。因那时没有打气筒，皮袋子只能用嘴吹胀。因此，吹皮筏时，人们俗称为"吹牛皮"。久而久之，"吹牛皮"流传下来成了口头语。又因为"吹牛皮"时十分费劲，经常吹得脸腮鼓起，面红耳赤，极像争强好胜的样子。所以，人们逐渐用"吹牛皮"来形容爱说大话、夸大其词、好大喜功。

知识链接

两个吹牛人

从前，有两个人，素爱吹牛皮，彼此还互不服气。一次两人在桥头撞见了。

甲说："我家里有一大鼓，每次击鼓时，方圆百里都能听到鼓声。"

乙说："我家有头牛，站在江南岸喝水，头能一直伸到江北。"

甲连连摇头说："哪里会有这么大的牛？"

乙说："没有这头牛，哪有大牛皮去蒙你的那面大鼓？"

眼中钉

看到标题中的这个词，可以想象一下眼睛中如果有钉子是一种什么样的感觉？恐怕不只是眼睛会疼痛无比，心里的难受劲儿也不是用言语能表达的吧？可见，人们用"眼中钉"来比喻心目中极为痛恨仇视的人是多么的形象与生动！

据《新五代史·赵在礼传》记载，五代后唐有一个官吏，名叫赵在礼，在宋州（今河南商丘南）任节度使。他在任期间，依仗权势搜刮民财、鱼肉百姓，使得当地百姓吃尽苦头，民不聊生。人们怨声载道，民愤滔天，对赵极其痛恨，视他为眼中之钉、肉中之刺。

俗语说"恶有恶报"，赵在礼最终被朝廷罢了官。消息传来，人们奔走相告，拍手称快："眼中拔钉，岂不乐哉！"（意思是"拔掉我们眼中的钉子，多么高兴呀！"）从此，"眼中钉"的说法就一直流传下来。

关于"眼中钉"的由来，还有一个说法。据传，北宋真宗时，宰相丁谓把持朝政，朝纲不正、吏治腐败。他也同赵在礼一样，受到百姓的痛恨，当时老宰相寇准尚在朝中，丁谓深知寇准刚正不阿，处事公正，生怕自己所做的坏事被他抓住把柄，便千方百计在皇上面前说寇准的坏话，慢慢把寇准排挤出了京城。

丁谓的无耻行径遭到百姓的唾骂，不久，一首民谣慢慢流传开来，歌中唱道："欲得天下宁，须拔眼中丁；欲得天下好，莫如召寇老。"歌中的"丁"，即指丁谓。于是，"眼中丁"的说法逐渐流传开来，到后来，"丁"又慢慢演变成了"钉"。

知识链接

塞北风高不住楼

相传，北宋大臣、史学家薛居正，早年清苦、穷困潦倒。他有位姓娄的同窗。花巨资在江南买了一个七品县令。薛居正听说后，便跋山涉水来到江南姓娄的同窗那里，希望他能念在昔日同窗的面子上予以一定的资助。可姓娄的同窗一听说薛居正衣衫破烂，前来求助自己，怕有损自己的面子和身份，就避而不见。只写了一句话，让人转交给薛居正。薛居正打开一看，心中十分气恼，便沿路乞讨而回。原来，那句话是：

江南春暖难存雪（薛）

意思是这位同窗不愿相见，别再来找他。

薛居正自此更加努力读书，文才精进。后来赴考，竟连续三次考得第一，中了进士及第，在北方做了大官。而那位姓娄的同窗因为贪赃枉法，欺压百姓，被当地百姓视为"眼中钉"，最后被革职抄家，变成了乞丐。一听薛居正当了大官，便来投奔。薛居正早听说了姓娄的事，又想起当年的事来，心中很是气恼，但又不好不见。只得一日三顿好酒好菜来招待姓娄的，准备给点路资，让他离开。可是姓娄的贪心不足，居然向薛居正求官。面对如此贪心的人，薛居正只是笑而不语，在一张纸上写了七个字：

塞北风高不住楼（娄）

这位姓娄的同窗一看，便想起当年之事。面对这似曾相识的"逐客令"，羞愧难当，只得起身离开了薛府。

敲竹杠

"敲竹杠"一词是指利用别人的弱点或某种借口抬高价钱或是向别人敲诈钱财的行为。时下，人们一遇到好事就会想到让当事者请客，有时候我们也会把这样的行为戏称"敲竹杠"。"敲竹杠"这个词语是怎么得来的呢？

清朝末年，一些外国商船纷纷将鸦片输入中国，他们从中牟取暴利，毒害中国人民的健康，林则徐倡议"严禁鸦片进口"，提出施行禁烟运动，取得了当时清政府的同意。清朝官船就在中国领海上往来巡逻，查禁鸦片。

有一次，官船堵截了一艘走私船。一个官员抽着旱烟走上船来，监督手下搜查鸦片，他无意中把旱烟头在船篙上磕烟灰，这举动却吓坏了旁边的走私商人。原来，为了想方设法躲避海关官员的搜查，继续把鸦片偷运到中国，他们耍了种种花招，其中之一，就是把船头篙头从头到尾打通，然后把鸦片藏在船篙里面。当时，走私商人以为官员发现了船篙里的秘密，吓得面如土色。过了一会儿，他稍稍缓过神来，便强装笑脸，点头哈腰，趁人不注意，将白花花的银子塞在官员手里，进行贿赂。这个贪心的官员当下心领神会，收下银子，招呼手下人员离开，放走了这条走私船。从此，"敲竹杠"的说法就传开了。

知识链接

林则徐作对

林则徐是禁烟运动的倡导者,他以虎门销烟名留千古。

林则徐少年时,一年中秋,林则徐的父亲邀私塾先生一起过节,吃饼赏月。先生仰望银河织女,心生感慨:

织女点灯偷看刀人赏月

林则徐听闻远处更鼓之声不绝,忽来灵感,随即吟曰:

牛郎击鼓明邀百姓观天

一日,先生带林则徐登山游玩。二人登上峰顶,眼望江水浩浩千里,先生便出了上联:

奔海天边作岸

林则徐稍思片刻便有了下联:

登山顶我为峰

这下联出语非凡,也显示出林则徐气度非同一般。后来在先生的精心培育下,林则徐终于成为中国近代有名的人物,受命于国家危难之际,忠义不变,一生坎坷辛酸,却始终志坚不渝。他有这样一副对联,概括了自己的一生:

苟利国家生死以

岂因祸福避趋之

文化艺术

图书

图书,顾名思义,即有图之书。书中有插图,这在古代早已有之。清人叶德辉在《书林清话》中说:"古人以图书并称,凡有书必有图……《隋书经籍志·礼类》有《周宫礼图》十四卷。"可见,当时虽未发明印刷术，但已经开始在书籍中插入图画。在甘肃敦煌石窟发现的《金刚经》是唐代咸通九年（868年）所刊，卷首就有一幅十分精美的佛说法图。宋末以后，绘图书籍更为广泛，水平更高。如《三国演义》，附图达240幅之多，清代的《避暑山庄图咏》等书多为图文并茂。这样，世代相传，书籍就被称为图书了。

知识链接

世界图书和版权日的起源

　　世界图书和版权日始于1995年，目的是推广阅读和写作，宣扬跟阅读关系密切的版权意识。4月23日对于世界文学领域是一个特殊的日子，因为塞万提斯、莎士比亚和加尔西拉索·德·拉·维加都在1616年的这一天去世。此外，4月23日也是另一些著名作家出生或去世的日子，如莫里斯·德律恩、拉克斯内斯、佛拉吉米尔·纳博科夫、约瑟·普拉和曼努埃尔·梅希亚·巴列霍。因此，1995年在巴黎召开的联合国教科文组织大会选择这一天，向全世界的作者表示敬意；鼓励每个人，尤其是年轻人，去发现阅读的快乐，并再度对那些为促进人类的社会和文化进步做出重大贡献的人表示尊敬。1995年11月，联合国教科文组织第二十八次大会通过决议，宣布每年4月23日为世界图书和版权日。

书店

　　"书店"一词最早叫做"书肆"，稍晚些又改为"书局"。"书肆"之名，最早始于汉代。西汉末年，扬雄《法言》就有"书肆"的记载。到了唐代中期，因刻版印刷术已兴起，在今四川、安徽、江苏、浙江和洛阳等地，都设有"书肆"。唐代以后，书商设肆刻书更为普遍。

　　还有叫"书林""书堂""书铺""书棚""书籍铺"等名的，既刻书又卖书。有的书商本身是藏书家、出版家，同时兼事编纂刻印，有的仅接受委托、刻印和售卖书籍。古时也有直称字号的，如："富文堂""养正斋""鸿运楼""崇文阁"，等等。这些名号宋代以后也统称为"书坊"。"书肆""书坊"便是"书店"的前身。"书店"这一名称，最早见于清乾隆年间，距今已有两百多年历史了。

知识链接

网上书店的由来与发展

世界上第一家网上书店是1991年在美国联机公司AOL采购网络上建立的"阅读美国书店"，目前，最负盛名的是美国西雅图亚马逊图书公司的亚马逊网上书店。英国网上书店较著名的有Internet书店，德国的网上书店主要有图书在线网上书店。

中国最早的网上书店是1997年在杭州新华书店诞生的，而进入1998年后，作为中国书业传统经营力量的新华书店，正式宣布进入网络领域，先是在第九届全国书市首次开通书店网站，1998年12月30日上海书城成为国内首家正规的网上书店。

文学

"文学"是以语言为手段塑造形象来反映社会生活，表达作者思想感情的一种艺术，但这一词最早是以官职的名称出现的。

西汉时期，学校的负责人不叫校长或教官，而是称"文学"，即负责人称为张文学、李文学等。

汉武帝为选拔人才，特设"贤良文学"科目，由各郡国每年举荐人才上京考试，被举考者便叫"贤良文学"。"贤良"是指品德端正、道德高尚之人；"文学"则指精通儒家经典的人。

魏晋后期，"文学"一词成为语言艺术的专用名词。史书上记载的曹丕"好文学，以著述为务"，即是现今所指的文学含义。

> 知识链接

文学的起源

文学起源于人类的生产劳动。最早出现的是口头文学,一般是与音乐联结为可以演唱的抒情诗歌。我国最早形成书面文学的是《诗经》。先秦时期,将以文字写成的作品都统称为文学,魏晋以后才逐渐将文学作品单独列出。现代通常将文学分为诗歌、小说、散文、戏剧四大类别。

哲学

哲学是什么?很难回答。哲学的实际范畴与定义至今仍没有一个确定的答案。若非要解释它的话,从宏观上看哲学是关于世界观的一种学说,是人们对于整个自然界和思维的根本观点和体系。

"哲"字在中国很早就被提及,如"孔门十哲""古圣先哲"等词,"哲"或"哲人",专指那些善于思辨,学问精深者,而"哲学"一词,是从古希腊语"爱智慧"翻译过来的。古希腊有一个叫苏格拉底的人,他学识渊博、才智过人,大家都称他为"智者"。但是苏格拉底很谦虚,他说:"我不是什么'智者',而只是'智慧的爱好者'。"从此,"爱智慧"就广为流传了。

在汉语中,"哲"字是"智慧"的意思,它和"学"字合在一起,就是"使人明智的学问"。

> 知识链接

伽利略说服父亲

科学家伽利略年轻时对哲学产生了浓厚的兴趣,立志学习哲学,可他父亲不同意。

一次，伽利略又为这事去找父亲。

"爸爸，有件事我一直不明白，那就是你为什么要和妈妈结婚？"伽利略问。

"因为我喜欢她。"父亲答道。

"那你没娶过别的女人？"伽利略又问。

父亲赶紧加以纠正："孩子，绝对没有这种事，我敢对天发誓，我只喜欢你母亲一个人，我痴痴地追求着她，要知道你母亲从前是一位非常美丽的姑娘……"

听完父亲的话，伽利略趁机说："我相信你说的这些话。要知道，现在我也面临同样的处境。哲学是我唯一的需要，除了哲学以外，我不可能选择别的职业，我对它的爱犹如你对母亲的爱。"

父亲被他说服了，终于同意了他的要求。

红学

"红学"是我国近代学术史上出现的一门研究《红楼梦》的学问。这一词是怎么产生的呢？

《红楼梦》一书问世以后，在民间广为流传。据清朝李放所著的《八旗画录》说："光绪初，京朝士大夫尤喜读之，自相矜为'红学'云。"这是"红学"一词见诸典籍的最早记载。更为有趣的是，这一词的广泛流传和使用，还有一段逸闻。

清代嘉庆、咸丰年间，研究经学成为一种时尚。其时，松江县有个文人叫朱子美，平时不喜欢看四书、五经之类的经典，而好读小说。他曾自诩："生平所见说部有八百余种，而尤以《红楼梦》最为笃嗜。"一天，有个朋友来家拜访他，见他埋头伏案，正在用功读书，便笑问道："先生现治何经？"他幽默地答道："吾之经学与世人所读不同，系少一横三曲者。"朋友不解其意。他又笑着说道："吾所专攻者，盖'红学'也。"原来，"经"的繁体是"經"，去掉一横三曲（巠），便是"红"字。这个有趣的故事不胫而走，迅速传开。后来，"红学"一词便被广泛使用，成为研究《红楼梦》的专用名称。

> 知识链接

设灯谜

20世纪40年代初期,广西桂林汇聚着众多中国文化界的著名人物,那里的文化气息十分浓厚。

这年,有家川菜馆开张,大门上贴了一张大大的红纸,上面写着:"本店开张志禧,主人设灯谜候教,猜中者奉送川菜一桌,以资雅兴。"灯谜高悬于菜馆堂中:

文(打《红楼梦》一人物)

灯谜下面还有一行附言:"猜中者还可获得灯谜作者亲笔赠诗一首。"

许多人纷至沓来,专为解开此谜,这也为菜馆招徕了生意,遗憾的是,没有一个顾客猜出了谜底。这谜最终让陈开瑞给猜中了,谜底是"晴雯",晴即无雨,无雨之"雯"自然是文。陈开瑞后来也果真得到了灯谜作者——著名作家端木蕻良的亲笔题诗:

未到巫山已有情,空留文字想虚名。

可怜一夜潇潇雨,洒上芙蓉便是卿。

此诗也是写晴雯的,可谓与谜语相得益彰。而这个设谜又赠诗的故事,也成为当时桂林文化界的一段佳话。

学校

大约在公元前3000年左右已有"图书文字"和"象形文字"了。有了文字自然会有专门传授和学习的机构,当时称为"成均",这就是学校的萌芽。

到了夏代,出现了正式以教为主的学校,称为"校"。孟子说:"夏日校,教也。"还有"序",又分"东序""西序"。前者为大学,在国都王宫之东,是贵族子弟入学之地;后者为小学,在国都西郊,是平民学习之所。商代生产力日益发展,因之学校又有增加,称为"学"与"瞽宗"。"学"又有"左学""右学"之别,前者专为"国老"而创,后者专为"庶老"而设。国庶之界在于贵族与平民。"学"以明人伦为主,"瞽宗"以习乐为宗。

西周是奴隶社会鼎盛时期,当时分为国学与乡学两种。国学专为贵族子弟而设,按学生入学年龄与教育程度分为大学、小学两级。乡学主要按照当时地方行政区域而定。因地方区域大小不同,又有塾、庠、序、校之别。一般情况下,塾中优秀者,可升入乡学而学于庠、序、校;庠、序、校中的优秀者可升入国学而学于大学。国学为中央直属学校,乡学是地方学校。

后来,人们专用塾称呼私人设立的学校,叫私塾。庠、序成了乡学之名。学则和校合并,成为教育机构的通称,一直沿用至今。

知识链接

私塾的教学方法

私塾,是我国古代私人所设立的教学场所,也就是古时候的学校。它至今已有两千多年的悠久历史了。

在蒙童教育阶段,私塾的教育原则十分注重蒙童的教养教育,强调蒙童养成良好的道德品质和生活习惯。

在教学方法上,先生完全采用注入式。学生必须将先生要求朗读的书目全部背诵下来。此外,私塾中体罚盛行,遇上粗心或调皮的学生,先生经常会打手心或者揪学生的脸皮和耳朵等。

黄梅戏

黄梅戏是安徽省的主要地方戏曲剧种,它原名"黄梅调",是十八世纪后期在皖、鄂、赣三省毗邻地区形成的一种民间小戏。在剧目方面,黄梅戏号称"大戏三十六本,小戏七十二折"。

关于黄梅戏起源何处目前尚有争议,陆洪非先生在《黄梅戏源流》一书中,对黄梅戏的源头列举了几种传说。

传说之一:安徽桐城是黄梅戏的源头。

传说之二："黄梅戏是在'怀宁腔'的基础上发展起来的。……每当春种秋收之时，农民们惯唱'怀调山歌'来歌颂自己劳动的丰收。这种民间优美抒情的山歌小调，统称为'怀宁调'。"

传说之三："……黄梅戏起源于安徽安庆地区。从前每逢黄梅季节，常常洪水成灾，四乡农民为了祈求丰年，就在这个时候举办迎神赛会。会上出现各种歌舞演唱，在这种歌舞演唱形式的基础上产生的一种戏曲形式，因与黄梅季节有关，故名曰'黄梅调'。"

传说之四：黄梅戏源于湖北黄梅县的民歌小调即黄梅采茶调。

知识链接

黄梅戏的迅速发展

黄梅戏在中华人民共和国成立后，迅速发展，从流行安庆一隅的民间小戏，一跃而成为安徽的地方大戏。1953年成立安徽省黄梅戏剧团后，在老艺人和新文艺工作者的合作下，先后整理、改编了《打猪草》《夫妻观灯》《推车赶会》《天仙配》《女驸马》《罗帕记》《赵桂英》《三搜国舅府》等传统剧目。编演了神话剧《牛郎织女》和现代戏《春暖花开》《小店春早》等。其中《天仙配》《女驸马》《牛郎织女》《小店春早》已拍摄成影片。这一时期，严凤英、王少舫、潘景俐等著名演员都为黄梅戏表演艺术做出了极大贡献并取得了成就。现在黄梅戏专业剧团共有50个，马兰、吴琼、黄新德、杨俊、韩再芬、蒋建国、周源源等新一代演员逐步成长起来，为黄梅戏表演艺术注入新鲜血液。

京剧

京剧作为中国的"国粹"已有200年历史了，它以其高超的表演艺术和深厚的文化内涵著称于世。

京剧的前身是安徽的徽剧，俗称"皮黄戏"。自清朝乾隆五十五年（1790年）起，原在南方演出的三庆、四喜、春台、和春四大徽班相继进入北京演出,他们把汉调、秦腔、昆曲的曲调及表演方式融入了徽剧,并将其演变成一种更为美妙的声腔,称为"京调"。清末民初,京班掌控着上海的全部戏院,于是"京调"正式被称为"京戏"。

京剧音乐属于板腔体,唱腔以徽调的二黄和汉调的西皮为主,称为"皮黄"。经过无数艺人的长期舞台实践,京剧在文学、表演、音乐、唱腔、锣鼓、化妆、脸谱等各个方面,形成了一套规范的程式。京剧在表演上歌舞并重,融合武术技巧,多用虚拟动作,节奏感强,技艺高超,唱腔悠扬委婉,念白也带有音乐性,形成了中国戏曲"唱念做打"有机结合的表演艺术体系。

知识链接

京剧 "四大名旦"

京剧的角色,根据男女老少、俊丑正邪,分为生、旦、净、丑四大行当。1927年,北京《顺天时报》举办评选"首届京剧旦角最佳演员"活动,梅兰芳、程砚秋、尚小云、荀慧生当选,被誉为京剧"四大名旦"。

相声

相声,中国北方曲种。它是一种源于民间的以语言为主要表演手段的喜剧性曲艺艺术。含有相声艺术因素的文学形式,可以追溯到先秦时的俳优,后来经过复杂曲折的发展历程,吸收了其他表演艺术的积极因素,如魏晋时的笑语、唐代参军戏以及宋金杂剧里滑稽含讽的表演等。到了明代,隔壁戏与笑话艺术统称为"相声",这两种艺术形式的普及与发展,为相声艺术的产生奠定了基础。兼备说、学、逗、唱艺术形式的相声形成于18世纪中叶(清乾隆时期)之前。咸丰年间,北京有一朱绍文先生(别号"穷不怕"),是最早说相声的人。

知识链接

相声的表演类别

相声的表演形式有单口、对口、群口三种。单口相声由一个演员表演，讲述笑话；对口相声由两个演员一捧一逗，通常又有"一头沉"和"子母哏"两类；群口相声又叫"群活"，由三个以上演员表演。

小品

每年的春节联欢晚会中，各种形式不一的小品总是惹得观众捧腹大笑。"小品"一词最早始于晋代，本属于佛教用语。《世语新说·文学》"殷中军读小品"句下刘孝标注："释氏《辨空经》有详者焉，有略者焉。详者为大品，略者为小品。"鸠摩罗什翻译《摩诃般若波罗蜜经》，将较详的二十七卷本称作《大品般若》，较加重的十卷本称作《小品般若》。可见，"小品"与"大品"相对，指佛经的节本，因其篇幅短小、语言简约便于诵读和传播而受到人们的青睐。20世纪80年代初喜剧小品这种艺术形式被搬上荧幕，它集取了话剧、相声、二人转、小戏等剧目的优点。

知识链接

小品是一种文学体裁

小品是介于散文与诗之间的一种文学体裁。它以短小隽永见长，长者不过千把字，短者仅一二百字，往往寥寥几笔，意在言外，有尺竹千仞之势，无捉襟见肘之窘。

双簧

电视中，我们经常看见一人在前面表演，另一人躲在椅子后面说，这种形式的艺术就叫做"双簧"。

"双簧戏"主要流行于北方各地。它起源于清朝末年。据说，慈禧太后当权时，常常把外面的著名戏剧、杂曲演员找到宫里为她演唱。唱单弦的艺人黄辅臣是众名角之一，慈禧太后很喜欢他演唱的滑稽戏。有一次，慈禧太后传黄辅臣速到内廷，恰逢黄辅臣喉咙痛，本不能去，但又不能抗旨，于是他带了儿子一起进宫。上场时，老黄弹弦子做面，小黄藏在椅子后面演唱做里，谁知给慈禧太后看穿了，黄辅臣父子吓得不敢抬头。不料慈禧太后见他父子俩的配合天衣无缝、妙趣横生，不但没有怪罪，反而开玩笑道："你俩这叫双黄啊！"

从此"双黄"（以后写成"双簧"）就成了一门独立的曲艺形式。

知识链接

双簧的装扮

演双簧必须有场面桌和椅子，其道具除说相声用的醒木、手绢、折扇之外，还有一个演双簧专用的头饰：套在头上的小辫，一般都用绳圈拴一个小圆托，上连一根冲天杵独辫。

二人转

二人转是诞生于东北劳动人民中间的一种土色土香的综合艺术，它作为东北独有的地方戏种，已受到全国人民的关注和喜爱。

二人转已有近300余年的历史，艺人师承关系可上溯到清朝嘉庆末年。史称小秧歌、双玩艺、蹦蹦，又称过口、双条边曲、风柳、春歌、半班戏、东北地方戏等。二人转属走唱类曲艺，流行于辽宁、吉林、黑龙江三省和内蒙东部三盟一市。

二人转这个名字最早见于伪满康德二年（1934年）四月二十七日《泰东日报》第七版"……本城（阿城）三道街某茶馆，迩来未识由某乡邀来演二人转者，一起数人，即乡间蹦蹦，美其名曰'莲花落'，每日装扮各种角色，表演唱曲……"

1953年4月，在北京举行的第一届全国民间音乐舞蹈大会上，东北代表团的二人转节目正式参加演出，"二人转"这个名字首次得到全国文艺界的承认，并叫得越来越响。

如今，二人转已深入东北农民的心里。东北民间有句话叫"宁舍一顿饭，不舍二人转"。当地人也比喻说："二人转好比车轱辘菜。"形容它长在乡间的泥土里，踩不死，压不败，深深扎根在老百姓的心坎上。今天，不但在东北的广大农村和城镇中流传着，在河北、内蒙的部分地区，也有二人转的演出活动。

知识链接

二人转的表演特点

二人转是在东北大秧歌的基础上，吸取了河北的莲花落，并增加了舞蹈、身段、走场等演变而成。二人转并非只是两个人转。它一树多枝，一类唱腔，却有多种演出形式，大体可分"单""双""群""戏"四类。

"单"：指"单出头"，一个人一台戏，一人演多角。也有一戏一角一人演的，类似"独角戏"。

"双"：指"双玩艺"。这是名副其实的二人转，二人演多角，叙事兼代言，跳出跳入，载歌载舞。

"群"：过去把"拉场戏"也叫"群活儿"。现在是指群唱、坐唱或群舞。

"戏"：指"拉场戏"。这是以小旦和小丑为主的东北民间小戏，其中由两个人扮演角色的也叫"二人戏"。

二人转的唱腔，素有"九腔十八调七十二嗨嗨"之称，共三百多个。唢呐、板胡是二人转的主奏乐器。击节乐器，除用竹板（两块大板和五块节子板）外，还用玉子板，也叫手玉子（四块竹板，一手打两块）。二人转的表演，有"四功一绝"：四功是指"唱、说、做（或扮）、舞"；"一绝"是指手绢、扇子、大板、玉子板等"绝技"。

梨园

梨园是对中国戏曲界的称呼，旧时常将戏曲行当叫做"梨园行"，将戏曲艺人称为"梨园子弟",将几代人从事戏曲艺术的家庭称为"梨园世家",一直沿用至今。

梨园,原是唐代都城长安的一个地名,因唐玄宗李隆基在此地教演艺术,后来就与戏曲艺术联系在一起,成为艺术组织和艺术的代名词。据传说,早年唐玄宗李隆基是戏曲、音乐的爱好者,他自己不仅爱听、懂欣赏,还能唱上两口,玩玩乐器,指挥排练。他最爱大型歌舞,于是,这位皇帝主持选拔了三千名乐师,常亲自光临指导,将艺人集中于皇宫中的梨园演练。后来,人们用皇上提供的演练场地"梨园"指代戏曲音乐行当。

知识链接

戏曲界别称 "菊部"

除了"梨园"之外,还有人称戏曲界为"菊部",那是来自另一位皇帝的故事。北宋的徽宗、钦宗被金人俘虏之后,北宋灭亡。徽宗第九子高宗赵构称帝,重建宋朝,即史称南宋的首任皇帝。国难深重,宋高宗赵构的压力颇大,内宫有位菊夫人能歌善舞、精通音律,常为高宗演出歌舞消遣,宫中称此女子为"菊部头"。所以,戏曲行当也有"菊部"的特别称谓。

梨园界对戏曲还有"雅部"和"花部"之称,这是始于乾隆年间的叫法。"雅部"指当时被认为是雅乐的昆腔,"花部"指昆腔之外的地方戏曲,后来这两部通指戏曲了。

马头琴

马头琴是蒙古族的乐器,距今已有1300多年的历史。它产生于东胡的奚部,因此被叫做"奚琴"或"奚胡"。北宋欧阳修有"奚琴本出奚人乐"的诗句,其中的"奚琴"就是马头琴。清代称之为"潮尔"。

马头琴的由来还有这样一段故事:赛马会上,王爷因嫉恨赛手苏和的小白马赢得了冠军,所以害死了小白马。苏和十分想念心爱的小白马,于是用木头依照小白马的样子雕出了马头琴杆，用马尾作琴弦，制作了马头琴。粗犷深沉的琴声杂糅着他失去小白马后的哀思之情以及对王爷的愤恨。苏和的遭遇得到了牧民们的怜悯，一人唱万人和，马头琴很快就在草原上盛行起来。随着历史和文化的传承，蒙古族同胞对马头琴愈加热爱。

知识链接

吉他的来源

"吉他"是英文"Guitar"的译音，因为它有六根琴弦，故又称为"六弦琴"。

据说，吉他的远祖应该是公元前1400年前生活在小亚细亚和叙利亚北部的古赫梯人城门遗址上的"赫梯吉他"。这是考古学家找到的最古老的类似现代吉他（一样具有内弯的琴体）的乐器。吉他最早出现在13世纪的西班牙。16世纪的西班牙吉他只有五根弦。18世纪，由法国人加上了第6根弦，琴身也变为了8字形。19世纪是吉他发展的黄金时代。

冬不拉

冬不拉是哈萨克族的弦乐器。关于冬不拉的由来，民间流传着这样一个浪漫的爱情故事。从前，草原上有一个叫康木巴尔的青年，爱上了一位美丽勤劳的姑娘。当他向这位姑娘求婚时，姑娘想考考这位青年的才智，于是指着她身边的一棵古松树说："假如你能让松树替你求婚，我就答应嫁给你。"这下可难住了这位草原青年，他绞尽脑汁思考到太阳下山也没想出办法。康木巴尔决定先填饱肚子养好精神后再想办法。他杀了一只羊，把羊肠挂在这棵古松树上，架起篝火烤羊肉，吃饱后就入睡了。

睡梦中，一阵美妙悦耳的声音唤醒了小伙子，他发现这优美的音乐是从古松树上发出来的。这古松树上有一个洞，微风一吹，风干了的羊肠轻轻抖动，便发出悠扬悦耳的声音。

康木巴尔如梦初醒。他锯下一块松树木,在上面也挖了一个洞,再绷上两根干羊肠,用手一拨,果然发出悦耳的声音。到了约定的日子,康木巴尔轻轻弹拨着这把自制的乐器,用这美妙的琴声向美丽的姑娘表达他真挚的爱情,一对恋人终于结成幸福的伴侣。从此,这种乐器便在哈萨克人中盛行起来。

知识链接

二胡的来源

二胡又名南胡,为胡琴的一种,是中国民族乐器中历史悠久、流行普遍并具有代表性的拉弦乐器。早在唐朝,其前身以竹片为弓,称为嵇琴,有"竹引嵇琴人,花邀戴酒过"的记载。宋朝的《乐书》称之为奚琴,有"奚琴本胡乐也"的记载。而我们从唐代所绘的画卷里便可以看到,当时的奚琴与今天的二胡构造已经基本一致了。沈括在《梦溪笔谈》中所说的"马尾胡琴随汉车,曲中犹自怨单于",是以马尾为弓的胡琴。

明清时,随着民间音乐和地方戏曲的发展,胡琴在各种不同的音乐风格中,逐渐形成了二胡、板胡、京胡、坠胡、粤胡等拉弦乐器。五四时期杰出的作曲家、演奏家和革新家刘天华先生,设计了新规格的二胡,固定了定弦法则,首次创作出十二首二胡独奏曲和四十七首练习曲等作品,把处于民间状态的二胡趋于规范化,并使之进入高等学府的课堂,开创了二胡演奏艺术发展的新阶段。

古筝

相传,早在2000多年前,秦国就已经有筝了。那么筝又是怎么来的呢?这儿可有一段有趣的传说:当时,秦国有一种乐器叫瑟。有个叫宛无义的人,弹瑟的技艺非常高,他的两个女儿也非常喜欢弹瑟。有一天,姐妹俩都争着到父亲那里学习弹瑟,姐姐跑得快,先把瑟拿到了手里,爱撒娇的妹妹哪里肯让,赶忙跑过去,双手抱住了姐姐手中的瑟。两人你拉我扯,互不相让。忽然,"咔嚓"一声,瑟被掰成了两半。

父亲闻声急忙赶过来，不由得愣住了。只见姐姐手中的一半是十三弦，妹妹手中的一半是十二弦。他又急又气，忙把两个女儿手中的瑟拿过来，唉声叹气地左摸摸、右看看，用手指把弦一拨，让他吃惊的是，半边瑟竟发出了更好听的声音。

宛无义早忘了责备女儿，他把半边瑟分别做了些修缮，结果这半边瑟比原来好弹，声音也更好听了！他欣喜万分，就把这"二女相争，引破为二"的瑟，叫做"筝"。从此以后，"筝"就在秦国流传开了。

知识链接

唢呐的来源

"唢呐"两个字，其实就是波斯乐器的音译（Surna）。唢呐又名喇叭，在台湾民间称为鼓吹，在西晋时期开凿于新疆克孜尔石窟寺第三十八窟的壁画中就已经出现了演奏唢呐的绘画，在北魏时期开凿的云冈石窟中也有唢呐的雕刻形象。据山东嘉祥史料记载，现存于武氏祠和于1977年出土的汉画像石印证，早在1800多年前，山东西南一带就有了比较完整的鼓吹乐队。唢呐不但用于独奏，也用于戏曲、歌舞伴奏，在古时民间的婚丧喜庆是少不了它的，在现在的国乐团、民族乐队中它也是很重要的乐器。

皮影戏

皮影戏最早诞生在两千年前的西汉，发祥于中国陕西，成熟于唐宋时代的秦晋豫，盛兴于清代的河北。

皮影戏，俗称"影子戏""灯影戏"或"土影戏"，有的地区还叫"皮猴戏""纸影戏"等。它是用灯光照射兽皮或纸版雕刻成的人物剪影以表演故事的戏剧。其剧目、唱腔多汲取地方戏曲营养，由艺人一边操纵一边演唱，并配以器乐伴奏。

沿袭传统戏曲的习惯，皮影戏的人物也划分为生、旦、净、末、丑五个类别，更为特别的是，每个人物都由头、上身、下身、两腿、两上臂、两下臂和两手十一件连缀组成，表演者通过控制人物脖领前的一根主杆和在两手端处的两根耍杆来使人物作出各式各样的动作。皮影戏的内容，多为传统的历史戏、神话剧等。

知识链接

关于皮影戏的道具——皮影

演出皮影戏的主要道具是皮影；皮影多用兽皮或纸板制作而成。考虑到其坚固性和透明性，又以牛皮和驴皮为最佳。上色时主要使用红、黄、青、绿、黑等五种纯色的透明颜料。正是由于这些特殊的材质，使得皮影人物和道具在后背光照耀下投影到布幕上的影子显得瑰丽而晶莹剔透，具有独特的美感。制作皮影需要有高超的手工技艺。如今，国外不少工艺美术爱好者把皮影作为壁饰或橱窗装饰。河北滦县一带的驴皮影和西北的牛皮影较为著名。虽然各地制作皮影的风格不同，但精工雕刻、造型概括洗练、装饰纹样夸张、具有艺术韵味的特点，却是共通的。

关于皮影的传统雕刻技法和过程，艺人们有这样的顺口溜："先刻头帽后刻脸，再刻眉眼鼻子尖，服装发须一身全，最后整装把身安，刻成以后再上色，整个制作就算完。"

因此，皮影不仅具有使用价值和欣赏价值，而且还具有很高的艺术价值和收藏价值。

人物头衔

皇帝

中国古代最早所称的"皇帝"是对"三皇五帝"的统称。三皇指天皇、地皇和人皇，是传说中的三个古代帝王。"帝"原指宇宙万物至高无上的主宰者——天帝，后来许多国家混战，各自称帝，出现西帝、东帝、中帝、北帝等，使天上的"帝"来到人间，成为超越"王"的人间尊号

（也有说是部落时期的黄帝、炎帝、蚩尤等）。

公元前221年，秦王嬴政统率秦军灭掉战国七雄中的最后一个国家齐，实现全国统一，结束了中国历史上长期分裂割据的局面，建立了第一个统一的中央集权的封建帝国。他自认为"德兼三皇，功高五帝"，将"皇""帝"两个称呼结合起来，作为自己的帝号，从此，统一天下的帝王就称为皇帝。

知识链接

历代帝王

历代帝王中，寿命最长的是乾隆皇帝，享年89岁。

历代帝王中，寿命最短的帝王是东汉殇帝刘隆，2岁即亡。

历代帝王中，即位时年龄最大的是武则天，时年已67岁。

历代帝王中，即位时年龄最小的是东汉殇帝刘隆，出生仅百余日。

历代帝王中，在位时间最长的是康熙帝，在位61年。

历代帝王中，在位时间最短的是金朝末帝完颜承麟，在位仅半日。

将军

在和平年代的今天，"将军"一词并不多见。在部队里，把将军分为三级：上将、中将、下将。不过，古时作为军事统帅的将军却很常见，如我们熟悉的诗句"但使龙城飞将在，不教胡马度阴山"，描写的就是汉代飞将军李广。

"将军"一词源于春秋时代。

在春秋之前没有将军这个称谓，掌管军事的官职叫司马。那时国家军队数量并不多，天子只有六军（每军2500人），诸侯最多不超过三军。各军的统帅叫卿，卿以下叫大夫（师），大夫以下叫士。春秋时，诸侯为了扩大势力范围，不断增加兵力，大国诸侯常常拥有三军以上的兵力，而在编制上只能有三军，只能设三卿。于是，就把扩充军的统帅称为"将军"，意即率领一军的意思。作战时军队得由一人统一指挥，因此，在将军中选拔出大将军或上将军来指挥全军。到了汉代，军队数量更多，单设一位大将军管不过来，于是又出现了骠骑将军、车骑将军、卫将军等级别。以后，各朝的将军虽不尽相同，但将军这一官阶仍然分成若干级别。

知识链接

象棋术语

将军，象棋术语。也称"照将"，简称"将"。比赛时，一方下一步棋要吃对方将（帅）时的称谓。如走动一步棋可使两个棋子去吃对方的将（帅），则称"双照将"。被"将军"的一方采取保卫着法，称为应将。无法应将者称为"被将死"。

陛下

皇帝或国王常被尊称为陛下，这是为何呢？陛，是指宫殿下的台阶。陛下，表示人臣奏事，必须请在陛下的近臣转呈，不敢直接惊动皇帝，以示对皇帝的尊敬。

同样，对于居住在宫殿内的其他皇族，如太子、公主等，皆称为殿下，以示尊崇（对皇后也可称陛下）。

陛下的称呼起于秦始皇。到了唐代，因为高级官员的官署往往称"阁"，如东阁、龙图阁等，所以又对高级官员尊称为阁下。

今天，这些称呼，我们只在外事活动中采用。一般对外宾中的国王、王后称陛下，对王室成员称殿下，对总统、总理等贵宾称阁下。

知识链接

戴安娜王妃简介

戴安娜王妃，被世人誉为英伦不凋的玫瑰，在1981年与查尔斯王子举行了万人瞩目的世纪婚礼。然而，婚后两人感情不和，于1996年宣布离婚，戴安娜王妃即被取消了"陛下"这一头衔。后来，戴安娜王妃在1997年死于意外车祸。

宰相

宰相是中国古代最高行政长官的通称。宰相一称始见于《韩非子·显学》："故明主之吏，宰相必起于州部，猛将必发于卒伍。"宰是主宰之意，相是辅助之意。宰相的主要职责是辅佐皇帝，总揽政务。宰相的正式官名随着朝代的更替而不断变化，先后出现过丞相、相国、大司徒、中书令、尚书令、参知政事、内阁大学士、军机大臣，等等。

据史料记载，早在商周时代就已经有太宰、尹、大师的官职，这些官职都起着辅佐皇帝管理国家的作用，但并不具备后来宰相的权势。到了春秋战国时代，相的名称开始出现。在秦国就设置了丞相之职。秦国由于变法彻底，发展迅速，是战国时代的第一个设立郡县制的国家，并于秦武王二年（公元前309年）任命樗里疾、甘茂为左右丞相。由此产生了丞相之名。秦始皇统一六国后，宰相作为官制被确定下来。

在宋、元、明、清几个朝代，宰相的名称变化不一，但宰相的职责始终没有变化。

公元1380年，明太祖朱元璋宣布废除宰相，但当时的内阁大学士实际上就是宰相。

清朝时期，权力集中于军机处，军机大臣实际上也就是宰相。

知识链接

刚正不阿的狄仁杰

狄仁杰是武则天时期的著名宰相。他生于官宦之家，祖父狄孝绪任贞观朝尚书左丞，父亲狄知逊任夔州长史。狄仁杰执法刚正廉明，以身护法，甚至敢于犯颜直谏，力劝武则天立唐嗣。他很有知人之明，也常以举贤为意，凡举之臣，皆为唐朝中兴之臣。他先后举荐了张柬之、桓彦范、敬晖、窦怀贞、姚崇等数十位干练的官员，朝中政风为之一变。有人对他说："天下桃李，悉在公门矣。"狄仁杰回答道："举贤为国，非为私也。"

沙皇

"沙皇"是俄国历代君主的统称，是权力与尊严的象征。

"沙"有什么寓意，为什么会和"皇"连在一起？

这得从恺撒大帝说起。恺撒（公元前110年—公元前44年）是古罗马政坛上叱咤风云的人物。他虽相貌丑陋，但出身贵族，并且才智过人。公元前60年，他与庞培、克拉苏等结成"前三头"，出任财务官、检察官、祭司长、大法官等要职。公元前61年，恺撒任执政官和高卢总督。他在任内征服高卢全境，远征不列颠岛，实力猛增。后来，恺撒夺取政权，对古罗马实行军事独裁统治。他给自己设计许多官衔，诸如，执政官、保民官、独裁官等。因其骄横、不可一世，贵族群起反抗，后被以布鲁图为首的元老派贵族谋杀。恺撒一生英勇善战，又首创大独裁者的形象，成为西方历代君主所崇拜的人物。

"沙"是恺撒的俄文音译，俄国伊凡四世皇帝将恺撒作为榜样，建立大俄帝国，推行强权政策。他于1547年正式使用"沙皇"的称号。到了1721年，彼得一世觉得"沙"的寓意"太凶相毕露"，于是决定改称皇帝，但臣属们仍称他为沙皇，历代沿用。1917年2月资产阶级革命爆发，沙皇制度被彻底推翻，"沙皇"的名称也被民众送进了历史博物馆。

知识链接

"血腥的尼古拉"——尼古拉二世

"血腥的尼古拉"是指俄国最后一个沙皇（执政期为1894—1917年）尼古拉二世，因为他的双手沾满了国内外人民的鲜血，所以得此绰号。他心胸狭窄、顽固不化，并且极端残忍。1905年1月9日，他以"工人想摧毁冬宫、杀害沙皇"为由，下令向彼得堡请愿的工人群众开枪，当场惨死的有一千多人，受伤者在两千人以上，其中包括许多妇女和儿童，彼得堡街头洒满了工人们的鲜血，这就是世界著名的"流血的星期日"。这一血腥暴行成为1905年俄国革命的导火索，而这次革命也如晴天霹雳般打破了资本主义世界绅士们的酣梦，宣告了帝国主义时期革命风暴的来临。

总统

有趣的是，有人曾将当美国总统与玩股票、游澳门并列为最危险的事。回首美国历史上有四位总统被暗杀，如林肯、肯尼迪等，有五位总统被刺但幸免于难，如杜鲁门、里根等，难怪有人会拿此作比较。总统是共和制国家的最高行政元首；由于党派、政见的不同，因而美国历史上时有总统遇刺的消息传出。

总统制起源于美国。1787年，刚获得独立的美利坚合众国13个州的代表55人，在费城独立厅召开制宪会议，制定了《联邦宪法》。宪法规定：国家行政大权赋予总统，总统任期4年，从各州选举的总统候选人中选出；总统是最高的行政元首，又是武装部队的总司令；总统经参议院同意，有权任命部长、外交使节、最高法院法官以及政府其他官员；总统还有权批准或否决国会通过的法案。1789年1月，美国根据《宪法》举行了历史上第一次大选，选举独立战争的杰出领导华盛顿为美利坚合众国第一任总统，也是世界上第一位总统。

知识链接

总统纪念日的浅解

总统纪念日（有些州称华盛顿诞辰纪念日），作为美国10个法定节日中的一个，定在每年2月份的第三个星期一。

该纪念日最初是为了纪念华盛顿而设立的，华盛顿的生日是2月22日。1968年，美国国会通过一项"星期一节日法案"，将华盛顿诞辰纪念日定为2月份的第三个星期一。当时有个提案要将这个节日改为总统纪念日，但遭到林肯总统的否决。1971年，当"星期一节日法案"生效的时候，时任总统的尼克松宣布这一天为总统日，以纪念美国历史上所有的总统。可是，美国国会并未对此予以授权。所以，这个节日的正式名称仍然是"华盛顿诞辰纪念日"。

由于"星期一节日法案"是联邦法律，各州不必强制执行。所以，美国的12个州在这一天纪念美国历史上所有的总统，其他州则只纪念华盛顿总统。

主席

"主席"一词随处可见，大至国家主席，小至工会主席，会议的负责人也称为主席。"主席"一词怎么得来的呢？这得先从"席"字说起。

古代没有桌椅，人们席地而坐。席地而坐也颇有讲究，先铺上房间大小的席子叫"筵"，每个人坐的小垫子叫"席"。现在大家常说的"酒席""筵席""酒筵"意思相近，是从大小不同的筵、席来定名酒宴的。古人进屋，先脱鞋，走过筵，再坐在席上。入席时，客人有客座，主人中的长辈独自坐在正位或主家席位，叫做主席。这个称谓因此叫开，慢慢演变成现在的会议主持人，或是国家、团体、公司领导人的职位名衔。

"主席"一词由中国人发明并流传到世界各地。不过，在西方较早时期有凳子和椅子，他们没有席地而坐的习俗，把"主席"翻译成外文，便是坐在主家席位，被译为"椅上人"（Chairman）了。这也符合外国古代习惯，他们古时宴请或开会，主持人坐高背大椅，其他客人坐长凳，同中国的主席、客席吻合。

知识链接

毛主席的巧妙回答

国共重庆谈判期间，毛主席的一首《沁园春·雪》，以其大气磅礴的笔触、宏伟壮观的意境，在山城重庆的文艺界引起轰动。当时文艺界的名流，借谈判的空隙，邀请毛主席做了一次演讲。演讲结束后，有人问道："假如这次谈判失败，国共全面开战，毛先生有没有信心战胜蒋先生？"

毛主席认真地说："国共两党的矛盾，是代表两种不同利益的矛盾。至于我和蒋先生嘛……"他故意拖了拖腔，又接着说："蒋先生的'蒋'字，是将军的'将'字头上加一棵草，他不过是一个草头将军而已。"说着，便情不自禁地发出了爽朗的笑声。

"那毛——"不待有人问完，毛主席就接着说："我的毛字，可不是毛手毛脚的'毛'，而是一个反'手'。"意思就是：代表大多数中国人民根本利益的中国共产党，要战胜代表少数人利益的国民党——易如反掌。

首相

首相是"首席宰相"的缩写，它是君主制国家政府首脑的中文通称。首相的产生各国规定不一。在君主立宪制国家，首相多为国会多数党的党魁或多数派的首领；在君主独裁制国家，首相通常由君主任命，替君主执行命令的内阁最高官员；在议会制国家，首相是政府的首脑，而国家元首（国王或总统）只有仪式上的职能。

"首相"一词产生的时间并不长。

18世纪初，由于英王乔治一世对英国事务不感兴趣，也不懂英语，不能参与内阁讨论，于是，财政大臣罗伯特·沃尔波尔就负责管理国家的政治事务。在罗伯特·沃尔波尔之前，英国君主自己行使首相的职责，根据自己的意愿选择与组织政府。从罗伯特·沃尔波尔之后，君主的影响力衰退，首相的职务逐渐由议会中多数党的领导人担任。

"首相"最初被用来形容专制君主的首席大臣，也用来指国王的走狗。像罗伯特·沃尔波尔、乔治·格林委拉和诺斯伯爵都强烈抗议自己被称为首相。1937年，议会通过《国王的大臣法》后，"首相"这个称谓被正式定下来，同时，首相兼任第一财政大臣的职务。但是很长一段时间内，人们习惯用第一财政大臣的称号胜于首相的称号。

知识链接

俾斯麦的"铁血政策"

普鲁士首相俾斯麦,其当上首相的第一周,在邦议会上首次演说时激动地说道:"当代的重大政治问题不是用说空话和多数派决议所能决定的,而必须用铁和血来解决。德国所指望的不是普鲁士的自由主义,而是武力!"他在位期间,奉行"铁血政策",发展经济,强化军事,为德意志的振兴与统一打下了基础。

东道主

2008年奥运会,中国作为东道主盛情款待来自世界各地的参赛运动员和观众朋友。"东道主",顾名思义,就是指邀请或接待客人的一方,也即地主之意,如人们口头上常说的"略尽地主之谊"。"东道主"出自这样一个历史典故:

据《左传》记载,晋文公重耳难忘以前流亡郑国时所遭受的冷淡,鲁僖公三十年(公元前630年),联合秦国攻打郑国。郑国是个小国,难以招架两个大国的进攻,形势告急。

当时,郑国有一老臣叫烛之武,此人能说会道,在郑国享有盛名。大臣佚之狐向郑文公献策:"如果让烛之武去说服秦穆公退兵,必能解围救郑。"郑文公派遣大夫烛之武去离间秦晋联盟。

是夜,乘着夜深人静,烛之武用绳子系好自己,从城墙上吊下去,偷偷到秦军营中拜见秦穆公。当时,晋国和秦国之间本不和谐,常常明争暗斗。烛之武巧妙利用两国的矛盾,他首先承认郑国处在危亡境地,接着说:"如果郑国灭亡有益于秦国的话,那就请吧。但是,事实上,我们郑国的国土和你们秦国的国土并不相连接。我们在东,你们在西,而晋国却在中间。因此,这样一来,即使我们郑国灭亡了,却只能使晋国的版图扩大,而秦国得不到什么好处。晋国强大了,对你们也不利呀!"秦穆公听了,觉得言之有理,于是烛之武进一步说道:"但是,如果您让郑国存在下去，让我们郑国作为东道上的主人，那么，贵国的使者到远方经过郑国，如果缺吃少用，我们愿意在东方道上提供一切方便，这对贵国有何不好？"

秦穆公终于被说服了，他单方面跟郑国签订了和约，并留几名大将同郑国一道守卫都城。这样，晋文公也只得退兵了。

秦国在西，郑国在东，所以郑国对秦国来说自称"东道主"。后来，人们就把主人都泛称为"东道主"。现在，还习惯把请客称为"做东"，称房屋的主人为"房东"。

知识链接

中国的奥运史

自 1896 年在雅典举办了第 1 届奥运会以来，奥运会已历时 30 届，中国北京作为第 29 届奥运会东道主承办了该盛会。中国于 1932 年第一次参加在美国洛杉矶举办的第 10 届世界奥运会，刘长春以我国第一位参加奥运会的选手而留名于中国奥运会史。中国第一块奥运会金牌是由许海峰在 1984 年第 23 届洛杉矶奥运会上获得的。中国代表团历届奥运会的最好成绩是 2008 年北京奥运会，以 51 枚金牌排在第一。

同志

据报道，一些省市下发了文件，要求对担任党内职务的所有人员一律称"同志"，不称职务，党内行文或报送书面材料也是这样。这里的"同志"即指同一个政党内志同道合，为共同的理想、事业而奋斗的人。这一文件说得好，用"同志"更能体现民主，称职务的话则官僚化意味明显。

而在古代，"同志"却是朋友之间的称呼，它跟先生、长者、君等词的含义一样。据春秋时期左丘明在《国语·晋语四》中的记载，秦穆公把晋公子重耳从楚国接去，要将女儿嫁给他，重耳想拒绝，司空季子劝重耳道："同德则同心，同心则同志。"《后汉书·刘陶传》中也有语曰："所与交友，必也同志。"

现在，我们也常听到"同志"的叫法，比如："同志，请让一下。""同志，请问到××怎么走？"这里的"同志"就是人们口语化的称呼，而非某一个特指。

知识链接

嘲讽"同志"

"同志"这个词，在民国时期曾被人拿来活用，以嘲讽那些革命意志不坚定的人。

孙中山先生在其《总理遗嘱》中有一副有名的对联：

革命尚未成功

同志仍须努力

后来，有些"同志"背叛了孙先生的"民族、民生、民权"三民主义，将革命当做自己升官发财的途径。于是，有人将孙先生的对联改变动了词序，来讽刺这些人：

同志尚未成功

革命仍须努力

当革命处于困难时期，有些"同志"还是只顾打自己的小算盘，于是，有人又改了一下加以讽刺：

革命尚未努力

同志仍须成功

足下

以前，给朋友写信，人们常常把朋友称为"足下"，以示尊敬和亲密。足下，顾名思义，是"脚"的底下，把朋友踩在脚底下还恭敬吗？

据说，"足下"这个词产生于春秋时期。当时晋国君主晋献公昏庸无道，他的儿子重耳被迫在国外流亡19年，重耳和他的随从在逃亡的路上历尽艰辛。有一次，一连几天找不到住处，饥渴难忍，忠于重耳的臣子介子推，把自己大腿上的肉割下来煮汤给重耳吃，使他振作精神逃到齐国。后来,在齐桓公的支持下,重耳终于回到晋国当上了国君,史称晋文公。晋文公即位后,大加封赏随他逃亡的有功之臣,轮到介子推时,他坚决不肯受封。介子推是个有名的孝子,他母亲曾对他说过:"君主患难时,你应该忠心侍奉他;君主得势时,你应该远离他。"介子推牢记母亲的话,无论晋文公怎么逼他,他都不肯做官,最后干脆躲到深山里。晋文公念念不忘"割股而食"之恩,便带人去深山寻找介子推,非让他出来做官不可,但介子推仍然避而不见。重耳以为放火烧山可以逼他出来接受封禄,谁知介子推宁死也不下山,结果抱着一棵大树被大火烧死了。重耳悲痛万分,就把介子推抱着的那棵大树烧剩的树桩砍下来,做了一双木底鞋穿在脚下,以怀念介子推的割股之功。从此,每当晋文公穿着这双木底鞋就会想起介子推,便会忍不住顿足痛呼:"悲乎!足下!"从此,称好友为"足下"流传开来。

知识链接

皇上的脚

相传,一日纪晓岚与乾隆皇帝谈及谜语,乾隆伸出一只脚,说:"人言爱卿聪慧过人,朕以此出一个谜,打一字,你能猜得出吗?"纪晓岚正色道:"微臣已猜到,不过要请万岁恕我无罪。"乾隆允诺,纪晓岚说:"是个踶字。"乾隆大怒,纪晓岚解释道:"脚者,足也。万岁,皇帝也。踶字是由足、帝二字组合而成的。故唯有万岁爷的脚,才堪称帝足矣。"乾隆皇帝觉得确实有理,只好不予追究。

连襟

在我国民间,人们把姐妹们的丈夫俗称为"一担挑",在西北地区民间又称"担子",而在书面语里则雅称为"连襟",也作"连袂"。提起"连襟",我们很自然就会想到孙中山先生和蒋介石,蒋宋联姻在当时传为佳话。

相传,"连襟"这个俗称与杜甫有关。杜甫晚年居于川东,结识了当地一位姓李的老头，细究起来，两家还是远房亲戚。两人很合得来，交往甚密。后来杜甫要出峡东，写了一首《送李十五丈别》的诗，其中几句是："孤陋忝末亲，等级敢比肩？人生意气合，相与襟袂连。""襟袂连"形容了彼此关系密切。

把"连襟"一词移用作姐妹的丈夫的称谓的人，是北宋末年的洪迈。当时，洪迈有个堂兄在泉州做幕宾，在官场中不甚得意。其妻的姐夫在江淮一带做节度使，知道此事后，便委托京城好友，推荐洪迈的堂兄去京城供职。事成之后，洪迈的堂兄非常感激，托洪迈替他写了一份谢启，寄给妻子的姐夫。里边有这样几句："襟袂相连，凤愧末宗之孤陋；云泥悬望，分无通贵之哀怜。"这里的"襟袂相连"，就是用来形容姐妹的丈夫之间的密切关系。后来，人们又将"襟袂相连"简化为"连襟"，成为姐妹的丈夫间的专用称谓。

知识链接

乾隆巧题菜名

传说乾隆年间，一饭庄老板有两个女儿，分别嫁给了本饭庄两位厨艺高超的师傅。一次乾隆皇帝下江南微服私访，路过此地，便进去用餐。老板见来人气宇不凡，心想定是达官贵人临门，便嘱咐两个女婿一定要把菜做好。连襟二人左思右想，最后用鸡汤煨了一勺透亮的鱼翅盖在"玉菜"上。此菜端上桌，乾隆一见洁白晶莹的通天鱼翅，喜上眉梢，品尝后更是赞不绝口，便问厨师："此菜何名？"大女婿急中生智，道："白玉托银条。"乾隆曰："此名太俗！"又听说是连襟二人联手制作，便随即取名为"连襟鱼翅"。

先生

"先生"一词含义丰富，古时称老师为先生，还有风水先生、管账先生的叫法。到了近现代，一般把知识分子和有一定身份的成年男子也尊称为先生。同时，女性对自己的丈夫或别人的丈夫也称为"先生"。

"先生"这个词由来已久。《论语·为政》："有酒食，先生馔。"注解说："先生，父兄也。"意思是有酒肴，就孝敬了父兄。《孟子》："先生何为出此言也。"这里"先生"是指长辈、有学问的人。《战国策》中"先生坐，何至于此？"这里的"先生"是称呼有德行的长辈。至于第一个用"先生"称呼老师的，始见于《曲礼》："从于先生，不越礼而与人言。"

不过，先生也不一定完全指男士，德高望重的女性也有被称为先生的，比如"宋庆龄先生"。

知识链接

学生对对讽先生

相传，古时有一位私塾先生，在给学生讲课时，看到一位生了疥疮的学生用手抓挠不止，弄得两手都沾上了血，但还没有停下来的意思。

私塾先生越看越恶心，但是不好直说让学生停止抓挠，于是便出了一句上联，让抓痒的学生对，说对不上就要到室外去罚站。先生说道：

抓抓痒痒，痒痒抓抓，不痒不抓，不抓不痒，越痒越抓，越抓越痒

学生见先生用对联来取笑他，答不上还要受罚，越想越气，于是对道：

死死生生，生生死死，好生好死，好死好生，先生先死，先死先生

太太

汉语里，对妻子的称呼有很多。古时称"糟糠""堂客""娘子"，还有的谦称为"拙荆""贱内"；现在人们习惯称"老婆""媳妇"、"爱人"。正式的场合称"夫人""太太"。"太太"一词既可用于自称，也可用于他称。

《辞海》对"太"是这样注解的：太为尊者，含义为至高无上。如"太上皇""太祖母"等。生活中也经常见到，如对某人、某物赞美之词无以复加、不可言状，也可以用"太"字来加以强调，如"太好了"

"太幸福了",等等。

据考证,汉哀帝时,"太太"原为尊称老一辈的皇室夫人。后来,汉室又称皇太后为皇太太后。太太的称谓,在汉代贵族妇女中逐渐推广开来。在明代,"太太"这一称谓有了限制条件:"凡士大夫妻,年来三十即呼太太。"即中丞以上的官员的妻子才配称太太。清朝的人,则喜欢叫家庭主妇为太太,不过却以奴仆称呼女主人的居多。

到了北洋政府和民国时期,太太的称呼开始泛滥,所有官僚的妻子都称"太太"。"太太"的称谓到处都是,不过严格考究起来,这其中多少还有些限制,是在有知识阶层之上。

"五四"运动后,打破了中国封建社会的男尊女卑制度,妇女地位得到提高,丈夫为了尊重妻子,便称自己的妻子为"太太"了。

改革开放后,随着港澳台和大量华裔、侨胞的回归故里,"太太"的称谓同小姐、先生一样又时髦起来,成为人们对已婚女子的敬称,而且从广泛性来说已经没有什么官职的味道,变得平民化了。

这样一来,所有的已婚妇女都可以被人尊称为"太太"。

知识链接

"夫人"与"妻"的解释

夫人,源于《礼记·曲礼》:"天子之妃曰后,诸侯曰夫人。"先秦时,诸侯的妻子、帝王的妃子均称夫人。由于夫人之称含有尊贵之意,故现泛用对已婚女性的专称。

"妻",最早见于《易·系辞》:"入于其宫,不见其妻。"但"妻"在古代不是指所有男子的配偶。那时的"妻"只是平民百姓的配偶。后来,才逐渐成为所有男人配偶的通称。

新郎

众所周知,"新郎"是对新婚男士的称呼,"新"意即新婚之喜,而"郎"在古代有多种用法。首先是指青年男子,也作为一般男子的尊称。

李白《横江词》:"郎今欲度缘何事,如此风波不可行。"

"郎"又是女子对丈夫或所爱男子的称呼。古乐府《子夜歌》:"天下夺人愿,故使侬见郎。""郎"在古代还是一种对高级官员的称呼。汉朝时,中央官署里的侍从官通称为"郎"。到了唐朝,六品以下的官员通称为"郎"。在官贵民贱的封建社会,百姓尊称这些"郎"为"郎官"或"郎君"。自从唐朝开科取士,凡中了进士的人就有做官的资格,他们被分到中央官署里任校书郎、秘书郎等"郎"职。所以,人们称呼新科进士为"新郎官"。

在封建社会,男子娶妻有"小登科"的美称,故人们都喜欢借用"新郎官"这一称呼来美称娶妻的男子。随着历史的变迁,"新郎"便从"新郎官"中逐步简化了出来,并且成为新婚男士的专用名称。

知识链接

"新郎"和"新娘"的由来

关于"新郎"一词的由来,民间有这样一个传说。

从前,有个年轻的后生叫新朗,他饱读诗书,聪明过人,年过二十,尚未成家。因喜欢邻村一个叫星娘的聪慧女子,特叫媒婆去提亲。

媒婆上门后,星娘想考考新朗的真才实学,便对媒婆说:"要我答应这门亲事并不难,但是要准备一间新房,这个新房要与众不同,请婆婆仔细听好——不用门来不用窗,无柱无瓦无上梁,上上下下不见土,四面八方石头墙。"媒婆一头雾水,回去后照原话转告了新朗。新朗听后哈哈大笑,称自有妙法。

第二天,新朗将媒婆带到屋后向阳的山坡上,指着一个大山洞说:"那就是我准备的新房。"说罢,领着媒人走进山洞,只见里面:一张石床摆中央,罗帐锦被铺满床,无柱无梁,无门无窗,四周皆石墙。媒婆见了赞不绝口,连夸道:"好房!好房!正符合星娘的要求。"

后来,新朗和星娘在此成亲,夫妻恩爱,白头到老,传为佳话。又因为"郎"与"朗""星"与"新"皆系谐音,故此民间称新结婚的男女为"新郎""新娘",沿袭至今。

服饰饮食

衣裳

古时"衣裳"是独立的两个词,上衣为"衣",下衣为"裳"。《诗经·邶风·绿衣》:"绿衣黄裳。"《毛传》:"上曰衣,下曰裳。"古人最早下身穿的是一种类似于裙子的"裳"。"裳"字也写作"常"。《说文》:"常,下帬也。""帬"是裙的古体字。《释名》:"裳,障也,所以自障蔽也。""障"是保护的意思,"蔽"有遮羞的意思。由于古代纺织工具简陋,布的幅面很窄,所以一件下裳就得用几块狭幅布横拼起来,样子像腰围。这种古老的服饰,直到周代还作为礼服的一部分保留着,在祭祀和朝会时穿着。后来,衣裳泛指衣服。

知识链接

衣服的发展历史

最初的衣服是由树叶与兽皮连在一起的"围裙"。后来传说黄帝创上衣下裳,即上下连在一起的服饰。

到有文字记载的时代,我国的服装样式早已形成。如殷商时上衣下裳连在一起的"深衣式"服装。到春秋战国时,这种上衣下裳开始变化,女子的"裳"(裙)已比男子的"裳"长了一些,就是说这一时期男女都穿裙子。《诗经》中多处提及有"麻"(衣领)的新式服装,以及"袍"(一种行军者日以当衣,夜以做被的长式衣服)、"裯""衮"等儿童褓衣和皮衣。可见,当时人们的衣着已十分可观了。

旗袍

旗袍,是一种内与外和谐统一的典型民族服装,同唐装一起被誉为中华服饰文化的代表。顾名思义，旗袍和满族旗人有关。旗袍始于清代，清兵入关后，原来设立的红、蓝、黄、白四正旗，又增添了镶黄、镶红、镶蓝、镶白四种，以此来区分、统驭所属军民，称为"八旗"。八旗所属臣民的妇女习惯穿长袍，当时只是筒子，是满族妇女的民族服装，旗袍之名由此得来。后来妇女们缀以绣花、领巾、袖口镶花边，右开大襟，两侧开衩。据说这样便于骑马和劳动。只要把下摆撩起，卷系腰间，便行动自如。平时又可把长列的扣绊扣到腿部当裙子，不减妇女的绰约风姿。

知识链接

旗袍的优点

旗袍是中国妇女的传统服装。中国年轻女性的身材较之西方年轻女性更显纤细、秀丽，而线条简洁流畅、风格单纯又雍容华贵的旗袍，其最大优点正在于它能恰如其分地展现这种中国女性身体的曲线美。

裙子

远古时期，人们在冬天用兽皮取暖、保护身体，夏天则用树叶遮羞。最初，人类先用毛皮围于腹、膝部，后来才遮掩后面。骨针发明后，人类将前后两片连接起来，形成了下裳，也就是后来的裙子。

有了布帛之后，形成了上衣下裳、上黑下黄的习惯，这起源于对天地的崇拜。黄帝元妃嫘祖教民养蚕，制成丝织品，服装原料就丰富起来了。

周朝时，妇女礼服上下相连，且颜色相同，表示感情专一。

东汉献帝年间，女子喜爱长裙，而上衣甚短。赵飞燕时，还产生了垒出皱纹的"留仙裙"。

唐朝时，裙子更长，"行即裙裾扫落梅"。唐宋时，裙色以红、紫、黄、绿、青为多。红如石榴花者尤为流行，"红裙妒杀石榴花"。杨玉环特别喜爱黄裙，此裙有郁金香味，"折腰多舞郁金香"。青裙为年龄较大或田野农妇所穿。

元末，裙色一概以淡素为主。明朝，大抵雅淡朴素。清朝，穿旗袍，流行连衫裙。

知识链接

苏格兰方格裙的来源

苏格兰方格裙起源于一种叫"基尔特"的古老服装。这是一种从腰部到膝盖的短裙，用花呢制作，布面有连续的大方格，而且方格要鲜明地展现出来。在苏格兰人看来，"基尔特"不仅是他们爱穿的民族服装，而且是苏格兰民族文化的标志。1707年，苏格兰与英格兰合并后，"基尔特"作为苏格兰的民族服装被保留下来。苏格兰人穿着这种裙服表示他们对英格兰人统治的反抗和要求民族独立的强烈愿望。

项链

项链作为一种饰物受到人们的广泛喜爱。佩戴项链没有性别、年龄的限制，随处可见。它与衣服相互辉映，起到了很好的装饰作用。

最早出现的项链并不是只用于装饰。远古时期的人将自己猎捕的猛兽的牙齿或骨头用皮绳穿起来挂在脖子上，用来显示自己的力量和勇气。

项链作为配饰源于远古"抢婚"习俗的演化。随着原始社会母系氏族向父系氏族转变，人类生存逐渐以狩猎和种植为主，男子在经济上已处于支配地位，女子从氏族核心地位退下来，成为男子的附庸。在氏族或部落战争中，男子往往把对方部落的女子当成战利品掳来，作为自己的妻子。为防止她们逃走，男子常用一根链子或绳子捆住她们的脖子和手。后来，便逐渐演变成一些地方的习俗，即在男女正式成婚时，以"抢"的方式把女方接到男方处，同时以金属饰物套在女子脖子上或手上，以示束缚。

如今抢婚早已不复存在，但为了防止女人逃跑的链子却演变成了用金、银、珠宝制成的装饰品,成为今天的项链(项圈)和手镯(手链)。今天,男子向他的未婚妻赠送项链和手链时,是为了拴住她的心,使之对己永远忠诚,十分文明、高雅。

知识链接

怎样佩戴项链

项链大致可分为金属项链和珠宝项链两大系列。佩戴项链应和自己的年龄及体型协调。如脖子细长的女士佩戴仿丝链,更显玲珑娇美;马鞭链粗实成熟,适合年龄较大的妇女佩戴。佩戴项链也应和服装相呼应。身着柔软、飘逸的丝绸衣衫裙时,宜佩戴精致、细巧的项链,显得妩媚动人;穿单色或素色服装时,宜佩戴色泽鲜明的项链。

西装

西装最早起源于欧洲,它是欧洲人穿的传统服装。西装的上衣原是渔民的特殊服饰,由于他们终年在海上谋生,穿敞领少扣的衣服在海上捕鱼更加方便。燕尾服也是西装的一款,原是中世纪欧洲车夫的装束,为了骑马方便,就在上装的后面开了一条衩。西装硬领是由古代军人防护咽喉中箭的甲胄演变而来的。西装衣袖沿上的三颗纽扣,传说与拿破仑有关。西装裤原是西欧水手服的样式,它便于水手将裤腿捋起来干活。后来随着社会的发展,这些原始的服饰,逐渐演变成现在的西装。

西服传入中国,大约在清代晚期。据说第一个穿西服的是清末大思想家严复的大公子,他曾做过一个法国外交官的翻译。光绪以后,出洋留学者越来越多,西服首先在这些人中间盛行,他们回国后继续穿着。1919年后,西服作为新文化的象征冲击传统的长袍马褂,才渐渐得以流行。到二十世纪二三十年代,以上海、广州、天津等沿海发达城市为中心,在上流社会和学校的青年学生、教师、公司洋行及各机关的办事员中掀起穿西服的热潮。

知识链接

红帮裁缝

中国第一套国产西装诞生于清末,是"红帮裁缝"为知名民主革命家徐锡麟制作的。徐锡麟于1903年在日本大阪结识了在日本学习西装工艺的宁波裁缝王睿谟,第二年,徐锡麟回国,在上海王睿谟开设的王荣泰西服店定做西服,王睿谟花了三天三夜时间,全部用手工缝制出了中国第一套国产西装,虽然在当时,其工艺比不上西方国家的制作水平,但已充分显示出"红帮裁缝"的高超技艺,令"红帮裁缝"成为中国西装跻身于世界之林的先行者。

领带

据记载,公元1660年为法国国王路易十四服役的克罗特亚雇佣军普遍使用一种红布披肩。这种披肩是今天领带的雏形,其肩幅很宽,有纱织花边,系戴时在胸前打结。最初人们称它为"克罗瓦达"(crovata),后来又叫它"克尔巴达"(corbata)。

当时法国军官看后争相仿效。巴黎街头追求时髦的贵族和公子们也纷纷系起围巾来。一次,一位大臣上朝时,也按流行方式在颈上围了一条白围巾,并在前面打了一个漂亮的结。国王路易十四见了这种新奇饰物,大为赏识。于是宣布以领巾作为高贵的标记,下令凡尔赛的上流人士都这样打扮。领带的前身——领巾就这样诞生了。

1692年,在比利时的斯腾哥尔克的城郊,英军偷袭了法国兵营。慌乱之中,法军军官无暇按照礼节系扎领带,只是顺手往脖子上一绕。结果,法军击溃了英军。于是贵族时装中又增加了斯腾哥尔克式领带。

进入18世纪50年代,这时"浪漫"式领带出现了:这是一种方形白洋纱,它先对角折,然后再折几下在胸前打结。领带的系法十分讲究,被誉为真正的艺术。1795~1799年在法国又兴起了新的领带浪潮。人们系起白色和黑色的领带,甚至在盥洗时也系着马德拉斯布领带。领结比以前系得更紧了。

19世纪的领带高高地遮掩了脖子。后来出现了"硬胸"式领带,是用大头针别着的。它由各种料子制成,如绸缎、天鹅绒等。五颜六色的领带都时兴起来了。到19世纪70年代,首次推出了自结花结领带。第二帝国时代(1852~1870年)素有领带的发明时代之称。20世纪20年代出现了领带夹子,30年代出现了编结领带,但最主要的变化是领带的大众化,它已成为各种年龄、各行各业的男子服装不可或缺的组成部分。

知识链接

领带图案代表的意义

1. 斜纹代表勇敢。
2. 方格代表热情。
3. 碎花代表体贴。
4. 垂直线代表安逸。
5. 横线显得平稳。
6. 波纹线代表活泼、跳跃。
7. 圆形代表饱满成熟。

中山装

中山装是中国现代服装中的一个大类。其上衣的左右上下各有一个带盖子和扣子的口袋,下身是西裤,它是在辛亥革命这一社会剧变中诞生的,因伟大的革命先行者孙中山做临时大总统时穿用而流行于世,故称中山装。毛泽东也很喜欢"中山装",他一直坚持穿中山装,因而国外朋友又称中山装为"毛式制服"。在民国18年制定国民党宪法时,曾规定一定等级的文官宣誓就职时一律穿中山装,以表示遵奉先生之法。

据说,孙中山先生在广州任革命政府大元帅时,于1902年,到越南河内筹组兴中会,偶入广东人黄隆生开设的洋服店,为了节省开支,并能体现中国国情而授意黄隆生设计一种美观、简易又实用的中国服装。

黄参考了西欧和日本服装式样,并结合当时南洋华侨中流行的"企领"文装上衣和学生装而设计缝制成后来的"中山装"。

知识链接

中国第一套中山装简介

中国第一套中山装是1905年在日本知名的"红帮裁缝"张方诚为孙中山先生制作的,这套被赋予了先进思想和文化内涵,反映中国人民精神风貌的中山装,经孙大总统一穿,穿出了国格,穿出了国威,穿出了光彩,成为中国革命的象征而风靡全国,且经久不衰。"红帮裁缝"创制的中山装,为中国服装史增添了光辉的一页。

燕尾服

燕尾服是一种用呢料制成的前襟齐腹、后襟至膝关节的礼服。因后身下端开衩像燕尾而得名。燕尾服起源于英国。18世纪初,英国骑兵骑马时,因长衣不便,于是把长衣下摆向后卷起,并把它别住,露出里面的彩色衬里,没想到这种样式却显得十分美观大方。这样,许多其他兵种相继仿效。到18世纪中叶时,官吏和平民纷纷穿起这种剪短前摆的服装,并成为一种时尚,燕尾服应运而生了,并且很快遍及全英国。到了18世纪末,燕尾服已经在欧美大部分国家风靡起来了。

燕尾服最初是硬翻领,领下是披肩,随着不断的改进,逐渐发展为两种样式。其一为英国式。英国式主要为宽折高翻领,且是对称的三角形,扣上扣时为对襟形状。它一般与白色的短外裤配套穿,如果穿紧身裤,就应以黑皮靴相配。其二是法国式。法国式的主要特点是带有较长的前摆,若与黑天鹅绒短裤相配,会显得无比英俊潇洒。

后来,燕尾服成为某种高雅的象征。特别是19世纪30年代,燕尾服独占欧洲男子时装市场鳌头。它已不再是原来的对襟了,而是时兴单排扣和不剪下摆的样式,也可不必再与靴子配套。在当时,许多典礼或欢庆场合都可见到燕尾服的身影,尤其黑色燕尾服成为众多欧洲男子的宠儿。从20世纪50年代起，燕尾服才慢慢淡出人们的视线，为西服所取代，燕尾服则仅在隆重的场合穿着。后来，随着制式燕尾服的兴起，促使燕尾服再次流行。

知识链接

通古斯人的燕尾服

埃文克人的传统"巴尔卡"是用整块鹿皮裁出来，缝制得非常贴身，下摆不对称，腰部束着驼鹿皮带。这种漂亮的紧身衣从后面看很像燕尾服，所以俄罗斯旅游者称其为"通古斯人的燕尾服"。

拉链

1893年，一个叫贾德森的美国工程师，研制了一个"滑动锁紧装置"，并获得了专利，这是拉链最初的雏形。这个装置的出现，曾对在高筒靴上使用的纽扣造成了影响。但这一发明并没有很快流行起来，主要原因是这种早期的锁紧装置质量不过关，容易在不恰当的时间和地点松开，使人难堪。

1913年，瑞典人桑德巴克改进了这种粗糙的锁紧装置，使其变成一种可靠的商品。他采用的办法是把金属锁齿附在一个灵活的轴上。这种拉链的工作原理是：每一个齿都是一个小型的钩，能与挨着而相对的另一条带子上的一个小齿下面的孔眼匹配。这种拉链很牢固，只有滑动器滑动使齿张开时才能拉开。

拉链最先用于军装。第一次世界大战时，美国军队首次订购了大批的拉链给士兵做服装。但拉链在民间的推广则比较晚，直到1930年才被妇女们接受，用来代替服装的纽扣。

1926年，一位叫弗朗科的小说家，在推广拉链样品的一次工商界的午餐会上说："一拉，它就开了！再一拉，它就关了！""拉链"这个词由此得名。

如今，拉链的品种不断增多，其应用也不仅限于日用品，已进入科研、医疗、军事等诸多领域，被人们誉为20世纪科技界的十大发明之一。

> 知识链接

拉链的使用推广

1923年,一家公司把拉链用在胶鞋上,使拉链获得迅速发展。1925年,瑞典人森德巴克移居加拿大并成了安大略闪光纽扣公司的老板。直到这时,拉链才开始面向世界销售。1933年,拉链开展了新的商业攻势:加拿大商人哈瑞·霍顿出资1万美元,让女裁缝埃尔萨·复帕充利在她做的衣服上使用拉链,这时男子裤子的开裆处仍用纽扣,顽固地不用拉链。碰巧有一天,霍顿看到一张威尔斯亲王的照片,他灵机一动,在报纸上散布一条绝妙的消息:"王子选择拉链了!"于是,男子抗拒拉链的问题就迎刃而解。

裤子

裤子,原写成"绔""袴"。从出土文物及传世文献来看,早在春秋时期,人们的下体已穿着裤子,不过那时的裤子不分男女,都只有两只裤管,其形制和后世的套裤相似,无腰无裆,穿时套在胫上(即膝盖以下的小腿部分),所以这种裤子又被称为"胫衣"。公开提倡穿裤子的应该是赵武灵王。由于赵国地处中国北方,常要和胡人兵戎相见。赵国人穿深衣,只能坐战车。胡人穿着类似今天有裆的长裤,骑射十分方便。赵武灵王便萌生了想法:咱们也穿裤子。但遭到众人反对,认为满裆的长裤是"胡服",穿夷狄的服装并非小事,双方争执激烈。最后,还是赵武灵王的主张胜了。穿上裤子后的赵国人,战胜了胡人。但是,真正推广及令全国人民都接受胡人满裆裤,却是在赵武灵王以后的六七百年。

> 知识链接

赵武灵王简介

赵武灵王(约前340年~前295年),名雍,战国时期赵国国君,杰出的政治家、军事家、军事改革家。他是一位奋发有为的国君，为了抵御北方胡人的侵略，赵武灵王推行"胡服骑射"的军事改革。改革的中心内容是穿胡人的服装，学习胡人骑马射箭的作战方法。其服上褶下绔，有貂、蝉为饰的武冠，金钩为饰的具带，足上穿靴，便是骑射。为此，他力排众议，带头穿胡服，习骑马，练射箭，亲自训练士兵，使赵国军事力量日益强大，西退胡人，北灭中山国，成为"战国七雄"之一。

鸡尾酒

鸡尾酒已经走进了我们的生活，闲暇时在酒吧喝点鸡尾酒，逐渐成为一种时尚。此酒口感新奇，色彩缤纷。关于它的名称由来，在民间流传着这样两个故事：

其一，19世纪，美国人克里福德在哈德逊河边经营一间酒店。他有三样引以为豪的宝贝，即一只能争好斗的大公鸡，一些珍藏多年的美酒以及美若天仙的女儿。有个年轻船员叫阿普鲁恩，他爱上了克里福德的宝贝女儿，克里福德说："等你当上船长，我就把女儿嫁给你。"几年后，阿普鲁恩果真当上了船长，于是再次来提亲。克里福德很高兴地拿出了珍藏的美酒，在精心调制后把雄鸡尾巴上的漂亮羽毛插入酒杯以做装饰。因此，这种被称为鸡尾酒的新品种逐渐流行开来。

其二，也是大家熟知的传说：很久以前，一艘英国船只驶入墨西哥尤卡里半岛的坎佩切港，船只停靠后水手们来到一家酒吧喝酒。水手们看到酒吧的酒保手拿一根漂亮的鸡尾形无皮树枝正在调制一种混合饮料。好奇心促使水手们向酒保询问这种饮料的名字，酒保却以为他们在问树枝的名称，便随口答道"考拉德·嘎窖"，就是西班牙语中的"公鸡尾"。于是弄巧成拙，鸡尾酒的名称就这样流传下来了。

知识链接

酒保的别出新意

从前，有一个人开了一间酒铺。他为招揽生意，特意在铺前挂了一块大招牌，上面写着：

月挂半边天，嫦娥伴子眠，酉时天下雨，读书不必言。

自从招牌挂出以后，顾客络绎不绝，买卖兴隆。原来招牌上的四句话是隐含四个字的谜语：有好酒卖。真可谓匠心独具、别有新意。

白兰地

白兰地是英文 brandy 的音译，它源于拉丁语 Aguavitae，意思是："生命之水"。用它作为酒的命名有两种传说：

一种传说是：大约在 15 世纪时，荷兰有个船长往家乡运送葡萄酒，因路途遥远，船载重量有限，他用将葡萄酒蒸馏浓缩的方法使液体减少一半，原打算到达目的地后再兑水，这样就可多运一倍的酒。出乎意料的是，经过浓缩后的葡萄酒味道更为醇美。

当地人把这种经过蒸馏的葡萄酒叫白兰地，荷兰语的意思是：再浓缩过的葡萄酒。16 世纪前后，荷兰就开始用葡萄酒再蒸馏的办法生产白兰地了。

另一种传说是：15 世纪在意大利有个卫士叫霍夫曼，他把自制的葡萄酒储存在木桶里。有一年发生战争，他赶紧把酒桶藏入地窖内，战争中卫士被敌军击毙，酒就无人知晓了。10 年后，有人无意中发现了地窖中的这桶酒，由于时间已久，酒蒸发了许多，剩下一半左右为金色、酒味醇厚的酒。人们为了纪念死去的卫士，为酒取名为"白兰地"，意思是"生命之水"。

当今法国生产的白兰地最负盛名，夏德朗省人用当地产的葡萄酒酿制而成的科涅克白兰地被公认为最佳品种。

知识链接

三星白兰地的下联

相传，民国初年，重庆有一酒家，在门口放一瓶"三星牌"白兰地，并出一上联征对：

三星白兰地

对者非常多，最后中奖的是一位青年的下联：

五月黄梅天

这是一副绝妙无情对。上联与下联毫不相干，但字面上字字绝对。五六月间为梅雨季节，叫"黄梅天"。

有好事者将这副对联上下颠倒，联尾停顿，各加一字，成为如下一联：

五月黄梅天，湿

三星白兰地，干

以"干"对"湿"，反义词相对。同时，"干"字双关，又是"干杯"的意思。

老婆饼

老婆饼是潮汕地区的风味名小食。该饼皮酥脆醇香，馅软嫩香甜。关于它的由来，民间流传着两个说法：

其一，很久以前，有一对夫妻感情甚好，为了给家翁治病，媳妇甘愿卖身为奴。丈夫不仅没被生活的磨难击倒，还用心研制出一种味道独特、口感奇佳的饼，最终用卖饼挣来的钱赎回了妻子，小两口重新过上了幸福的生活。从此，老婆饼便流传开来。

其二，源于广州名店莲香茶楼。清朝末年，莲香茶楼的潮州师傅带了点心回家探亲。岂料他妻子吃完莲香茶楼的点心后十分不快："这点心还不如我炸的冬瓜角呢！"点心师父听完妻子的话很不服气，就让妻子把冬瓜角拿出来跟他的点心一较高下。

次日，妻子用冬瓜茸、白糖做馅儿，再用面粉包成小角，然后下锅炸成金黄色。点心师父尝过后称赞道："果然味道奇佳！"后来，师傅将冬瓜角带回了莲香茶楼给大家品尝，老板吃过后也赞不绝口，忙问："这好吃的点心叫什么名字？"点心师傅一时想不出来，另一位师傅就接着说："这是潮州师傅的老婆做的，就叫潮州老婆饼吧！"

如今，老婆饼仍然深受人们的喜爱。

> 知识链接

老公饼

　　福建点心中和老婆饼相对应的还有老公饼。老公饼形状比老婆饼稍微大一些，味道不同于老婆饼的细腻，而是有些像面包的感觉，大大咧咧的，有点像个大男人。

东坡肉

　　在浙江有一道家喻户晓并与宋代大文豪苏轼有关的名菜，叫"东坡肉"，已流传近千年，其来自一段有趣的传说。

　　相传，北宋文学家苏东坡在杭州做刺史时，曾为民排忧解难，做了许多有益于老百姓的事，尤其是他曾发动20万大军疏浚西湖，将挖掘出来的湖中淤泥筑成贯通南北的长堤——苏堤，从而大大改善了交通。更重要的是使西湖增加了蓄水量，消除了水灾，并利用湖中水灌溉良田，使杭州地区年年获得丰收，这一带的老百姓都十分感激他。人们私下相议，用什么来报答自己的恩人呢？后来有人打听到，太守喜欢吃猪肉，他还写了一首关于猪肉的诗呢！于是人们为了报答苏东坡，每逢农历过年时，各地老百姓都抬着猪肉给他拜年。这样一来，苏东坡每年都收到许多猪肉。面对如此多的猪肉该怎么办呢？他叫人将所有的肉切成方块并烧得红酥软烂，按参加疏浚西湖的民工花名册给每家发送一份。当地老百姓都感激不尽，便将这种肉称为"东坡肉"。有位饭店老板一眼看到了商机，便挂出"东坡肉"的牌子专卖红烧肉，生意顿时兴旺起来。后来"东坡肉"就成了杭州的名菜。

> 知识链接

东坡肉的特点

　　"东坡肉"风味特点：薄皮嫩肉，色泽红亮，味醇汁浓，酥烂而形不碎,香糯而不腻口。1956年浙江省把其列为36种杭州名菜之一。

叫化鸡

"叫化鸡"又称黄泥煨鸡,是江苏常熟的传统名菜,也是闻名四海的佳肴。关于它的由来,民间流传着这样一个故事。

相传,明末清初,江苏常熟的虞山一带有个叫花子,平时到处行乞,一天,一位好心肠的老太太送给他一只老母鸡,他高兴得手舞足蹈。但他是个叫花子,除了手中的破碗,没有别的,怎样才能把这只鸡做熟呢?他想了好久,也没有想出好办法。突然,他灵机一动,计上心来。于是,他就近找了一户人家,向主人借了把刀,将鸡宰杀,除去内脏,到山上挖了些黄泥涂于鸡的表面,取来枯树枝叶点起火,将包好的鸡放在火堆中焖烧,待泥烧干,他估计鸡也熟了,就用棍子敲去泥壳,鸡毛也随泥脱落,顿时香气四溢。

叫花子十分惊喜,遂抱起鸡狼吞虎咽地吃起来。正当叫花子吃得起劲时,明朝大学士钱牧斋散步路过此处,闻到鸡的香味,并老远看到叫花子吃鸡的情景,便差人上前打听叫花子是如何做出这样美味的鸡的。差人打听了一番,并取了一小块鸡肉给钱牧斋,钱牧斋品尝后,觉得味道确实很好。回到家中,他令家厨按叫花子所说的方法制作,并在鸡肚子里加进肉丁、火腿、虾仁及香料等各种调味品,用荷叶包着,涂上黄泥,在火中烘烤,并取名"叫化鸡"。

知识链接

"叫化鸡" 与 "富贵鸡"

"叫化鸡",又名"富贵鸡",这个截然相反的名字的得来据说与乾隆有关。相传,一次清乾隆皇帝微服出访江南,落得个流落街头的下场,一叫花子看他可怜,就把自认为美味的"叫化鸡"送给他吃。乾隆困饿交加,觉得这鸡异常好吃,便急问其名。叫花子不好意说"叫化鸡",便胡吹说是"富贵鸡"。乾隆听后,大赞"富贵鸡"好吃。

"富贵鸡"一名由此而来。

月饼

月饼，又称胡饼、宫饼、小饼、月团、团圆饼等，是古人中秋祭拜月神的供品，在我国有着悠久的历史。

据史料记载，早在殷周时期，江浙一带就有一种纪念太师闻仲的边薄心厚的"太师饼"，此乃我国月饼的"始祖"。汉代张骞从西域引进芝麻、胡桃，丰富了月饼的馅料，继而出现了以胡桃仁为馅的圆形饼，名曰"胡饼"。唐代，民间已有从事生产胡饼的饼师，京城长安也开始出现糕饼铺。据说，有一年中秋之夜，唐玄宗和杨贵妃赏月吃胡饼时，唐玄宗嫌"胡饼"之名不雅，杨贵妃见皓月当空，十分陶醉，随口而出"月饼"，从此，"月饼"的名称便流传开来。

知识链接

月饼的不同种类

我国月饼品种繁多，按地分有：苏式、广式、京式、宁式、潮式、滇式等；就口味而言，有甜味、咸味、咸甜味、麻辣味等；从馅心分，有五仁、豆沙、冰糖、芝麻、火腿等；按饼皮分，则有浆皮、混糖皮、酥皮三大类；就造型而论，又有光面月饼、花边月饼、老寿星月饼等。

腊八粥

北京有句谚语说："送信的腊八粥，要命的关东糖。"意思是说吃了腊月初八的腊八粥，就该准备还赊清欠，而吃了腊月二十三祭灶的关东糖，年近岁末，债主就要上门讨债了。

腊八粥历史悠久，腊月初八是佛教始祖释迦牟尼成道的佛日，据说古代印度佛教僧徒，鉴于佛祖未成道前，六年的苦行修持每天只吃一麻一表，佛弟子为了永志佛祖成道前一麻一表的苦厄，所以每年腊月初八用豆果黍米熬粥供佛永矢弗忘，而且说喝了佛粥，可以上邀佛祖庇佑。自从佛教传入中土，各大禅林寺院都在腊月初八那天拂晓熬粥供佛。

中国民间喝腊八粥的习俗始于汉朝，到了盛唐，因为唐太宗崇信佛法，并且有玄奘法师西去天竺求取真经，于是过腊月初八吃腊八粥的风气更加盛行。清朝也是信仰佛教的，康熙年间太平已久，有一年皇帝一高兴，把大内供佛的腊八粥赏赐给有功的臣僚，从此成为常例。

知识链接

腊八面

我国北方一些不产或少产大米的地方，人们腊月初八不吃腊八粥，而是吃腊八面。这种腊八面是用各种果、蔬做成臊子，拌在面条里擀制而成。

年糕

吃年糕是春节的习俗之一。年糕又称"年年糕"，与"年年高"谐音，意寓人们步步高升，生活一年比一年好。

在我国，年糕作为一种食品，由来已久。1974年，考古工作者在浙江余姚河姆渡母系氏族社会遗址中发现了稻种，这说明早在7000年前，我们的祖先就已经开始种植稻谷。汉朝人对米糕就有"稻饼""饵""糍"等称呼。古人还记录了从米粒糕到粉糕的发展过程。

明崇祯年间刊刻的《帝京景物略》一文中记载了当时的北京人"正月元旦，啖黍糕，曰黏黏糕"。不难看出，"年年糕"是北方的"黏黏糕"谐音而来。

据说，年糕最早是为年夜祭神、朝供祖先所用，后来才成为春节食品。所以，年糕不仅是一种节日美食，更是人们对美好生活的一种期盼和祝愿。正如清朝的一首诗云："人心好多高，谐声制食品，义取年胜年，籍以祈岁稔。"

> 知识链接

不同地方的年糕

　　年糕的种类有很多,具有代表性的有北方的白糕、塞北农家的黄米糕、江南水乡的水磨年糕、台湾的红龟糕等。年糕有南北风味之别:北方年糕有蒸、炸两种,均为甜味;南方年糕除蒸、炸外,还有片炒和汤煮诸法,味道甜咸皆有。

元宵

　　正月十五吃元宵,这种风俗在我国流传已久。据说,元宵象征着合家团圆,吃元宵预示新的一年合家幸福、万事如意。

　　元宵,又叫"汤圆""水圆""汤团"等。宋人陈元靓写的《岁时广记》称它为"元子";《乾淳岁时记》称它为"乳糖元子";《大明一统赋》称它为"糖元";《武林旧事》称它为"团子"。尽管各地元宵种类繁多,风味各异,但都有团圆的寓意,深受人们的喜爱。

　　元宵始于宋朝,那时民间流行着一种元宵节吃的新奇食品,其做法是用各种果饵做馅,外面用糯米粉搓成球,煮熟后吃起来香甜可口,饶有风味。因为这种糯米球煮在锅里又浮又沉,所以,人们叫它们"浮元子"。

　　1912年,袁世凯篡夺革命成果,他一心想当皇帝,又恐遭到人民反对,终日忐忑不安。由于"元"和"袁","宵"和"消"同音,"袁消"有"袁世凯被消灭"之嫌,所以,在1913年元宵节前,袁世凯下令将"元宵"改为"汤圆"。袁世凯垮台后,大部分地区又恢复了元宵的叫法。

> 知识链接

五味元宵

　　元宵是用糯米粉做成的圆形食品,从种类上可分为实心和带馅的两种。带馅的又有甜、咸之分。甜馅一般有猪油豆沙、白糖芝麻、桂花什锦、枣泥、果仁、麻蓉、杏仁、白果、山楂等；咸馅一般有鲜肉丁、火腿丁、虾米等。用芥、葱、蒜、韭、姜组成的菜馅元宵，称"五味元宵"，意寓勤劳、长久、向上。

节日风俗

抓周

小儿满周岁行"抓周"礼的风俗，在民间流传已久。宋朝吴自牧《梦粱录·育子》载："其家罗列锦席于中堂，烧香秉烛，顿果儿饮食，及父祖诰敕、金银七宝玩具、文房书籍、道释经卷、秤尺刀剪、升斗戥子、彩缎花朵、官楮钱陌、女工针线、应用物件，并儿戏物，却置得周小儿于中座，观其先拈者何物，以为佳谶。"宋朝孟元老《东京梦华录·育子》谓此为"小孩之盛礼"。由于这种风俗是在小孩满周岁时进行，俗称"抓周"。

清末民初，北京民间仍然盛行这种小儿"抓周"礼。虽然，小儿周岁并不搭棚办酒席，也不下帖请客，但凡近亲们都不约而同地循例往贺，聚会一番。"抓周"的仪式一般都在吃中午那顿"长寿面"之前进行。讲究一些的富户都要在床（炕）前陈设大案，上摆：印章、儒释道三教的经书、笔、墨、纸、砚、算盘、钱币、账册、首饰、花朵、胭脂、吃食、玩具，如是女孩"抓周"还要加摆：铲子、勺子（炊具）、剪子、尺子（缝纫用具）、绣线、花样子（刺绣用具），等等。一般人家，限于经济条件，多予简化。由大人将小孩抱来，令其端坐，不予任何诱导，任其挑选，视其先抓何物，后抓何物。以此来推测其志趣、前途和将来从事的职业。

如果小孩先抓了印章，便意味着孩子长大以后，必乘天恩祖德，官运亨通；如果先抓了文具，则谓长大以后必写得一手好文章，终能三元及第；如是小孩先抓算盘，则谓将来长大善于理财，必成陶朱事业。如是女孩先抓剪、尺之类的缝纫用具或铲子、勺子之类的炊事用具，则谓长大后善于料理家务。反之，小孩先抓了吃食、玩具，也不能当场就斥之为"好吃""贪玩"，也要说成"孩子长大之后，必有口道福儿，善于'及时行乐'"。总之，这是长辈对小孩的一种祝愿。

知识链接

长寿面的来源

民间有生日吃寿面的习俗，"长寿面"一词来源于西汉年间。相传，汉武帝崇信鬼神，又相信看相术。一天与众大臣聊天，说到人的寿命长短时，汉武帝说："《相书》上讲，人的人中长，寿命就长，若人中1寸长，就可以活到100岁。"坐在汉武帝身边的大臣东方朔听后就大笑了起来，众大臣莫名其妙，都怪他对皇帝无礼。汉武帝问他笑什么，东方朔解释说："我不是笑陛下，而是笑彭祖。人活100岁，人中1寸长，彭祖活了800岁，他的人中就长8寸，那他的脸有多长啊！"

众人闻之也不禁莞尔，看来想长寿，靠脸长长是不可能的，但可以想个变通的办法表达一下自己长寿的愿望。脸即面，那"脸长即面长"，于是人们就借用长长的面条来祝福长寿。渐渐地，这种做法又演化为生日吃面条的习惯，称之为吃"长寿面"。这一习俗一直沿袭至今。

生肖

十二生肖最早见于世界上第一部诗歌总集《诗经》。《诗经·小雅·车攻》曰："吉日庚午，既差我马。"我国在春秋战国时期就开始使用十二生肖了。

十二生肖也被称为十二年兽。在中国的历法上有十二只年兽依次轮流当值，所以中国年就有以鼠、牛、虎、兔、龙、蛇、马、羊、猴、鸡、狗和猪应用在历法上。

那么，为什么用这十二种动物为属相呢？

一说十二生肖的选用与排列，是根据动物每天的活动时间确定的。

子时（夜里十一点钟到一点钟）：据说老鼠是深夜里最活跃的动物，所以子时属鼠。

丑时（夜里一点钟到三点钟）：据说牛是最早耕地的家畜，所以丑时属牛。

寅时（夜里三点钟到五点钟）："寅"字解释为害怕的意思，古人最怕的动物是老虎，所以寅时属虎。

卯时（早晨五点钟到七点钟）：据说此时为"太阴"（即月亮）的时间，传说月亮上有玉兔，所以卯时属兔。

辰时（早晨七点钟到九点钟）：传说此时是群龙行雨的时候，所以辰时属龙。

巳时（上午九点钟到十一点钟）：据说蛇最爱在此时利用青草作掩护，所以巳时属蛇。

午时（上午十一点钟到下午一点钟）：午时阳气到顶，阴气始生，正是骏马驰骋的时候，所以午时属马。

未时（下午一点钟到三点钟）：传说羊在未时吃过的草，草根再生力很强，所以未时属羊。

申时（下午三点钟到五点钟）：天快晚了，猴要呻叫，所以申时属猴。

酉时（下午五点钟到七点钟）：此时正当日没月出之际，古有"太阳金鸡"的传说，所以酉时属鸡。

戌时（晚上七点钟到九点钟）：是夜的开始，由犬守夜，所以戌时属犬。

亥时（夜间九点钟到十一点钟）：据说此时天地最混沌，而猪爱睡觉，混沌不清，所以亥时属猪。

另有一种说法是，十二生肖是古代华夏族的纪年法与少数民族纪年法融合的结果。据史籍记载，居于中原的华夏族从传说中的尧舜时代就开始使用甲、乙、丙、丁等10个天干符号与子、丑、寅、卯等12个地支符号相配而成的"干支纪年法"。而我国西北部的少数民族，因长期过着游牧生活，便创造了一种动物纪年的方法。后来，当匈奴单于呼韩邪归附汉朝，入居中原与汉族人一起生活时，中原地区与少数民族的文化相融合，由此产生了十二生肖。

知识链接

猫鼠之间的争斗

相传，极乐世界的佛祖，有一次忽然心血来潮，指定十二种动物守卫由地上通往天空的道路，按年轮流值班，各负其责。这十二种动物中，原来有猫，没有老鼠。

一天，有一位名叫大势至的菩萨受佛祖之命，发出请帖，邀请入选的动物欢聚一堂，听佛祖训话。大势至将这些动物的排列顺序安排妥当后，便去请佛祖。

猫武术高强，为百兽之师，被公推为第一把交椅：在恭候佛祖光临的时候，猫忽然感到肚子难受，便请站在旁边看热闹的老鼠帮它暂时看守一下位置，自己匆匆上厕所去了：就在这关键时刻，佛祖驾到。佛祖刚一点名，便发现猫不在，心中不悦：老鼠趁机挑拨："猫狂妄自大，亵渎神明，不愿当守卫，已擅自离开。"佛祖听后，非常生气，便让老鼠填补了猫的位置。

待猫从厕所返回，大势已定，无可挽回。猫一怒之下，决意与狡诈的老鼠为敌，终日寻找机会报仇。老鼠十分害怕，白日躲着，只在晚上才出来窥探动静。

婚姻

什么是婚姻？借用一句流行歌词那就是："我能想到最浪漫的事，就是和你一起慢慢变老。"有一则笑话，讲的是一小女孩缠着爸爸问什么是婚姻，爸爸干脆把结婚相册和婚礼录像拿给女儿看，希望直观的视觉效果能有所帮助。等女儿看完，爸爸问道："现在你明白了吗？""也许是吧，"小女孩笑道："妈妈就是从那个时候开始来我们家干活的吗？"

当然，上面只是一个笑话，不过倒也诠释了婚姻的一层含义，即男女是为了共同的生活走到一起的。不过古时，"婚"和"姻"是有不同含义的。据《尔雅》记载:"婿之父为姻,妇之父为婚……妇之父母、婿之父母相谓为婚姻。"由此可知,妇之父母和婿之父母互称"婚姻",俗语就叫做"亲家"。婚姻一词在这里的意义,指的就是姻亲的关系。它反映了我国婚姻史上青年男女的终身大事由双方父母包办的情况。

"婚姻"在古代常写成"昏姻"。"婚"和"昏"这两个字为什么可以通用呢?

原来,在2700多年前的周朝,人们迎亲、举行婚礼,并不是像现在这样在白天,而是在昏暗的夜间进行。《白虎通》中的"嫁娶"一节这样写道:"昏时行礼,故谓之婚也。"意思是说:嫁娶的仪式是在昏暗的夜间举行的,所以叫做"婚"。按着我国的阴阳五行之说法,男人为阳,女人为阴;白天谓阳,黑夜谓阴。因此,男人于黑夜往女家迎亲,即寓阳往而阴来之意。

特别有趣的是,为了使迎亲的气氛与黑夜的背景相融合,新郎必须身着黑衣、头戴黑帽、足踏黑鞋,双方迎送的亲友也都一律身着黑衣衫裤,就连新娘乘坐的花轿也是黑色的。但是,男婚女嫁乃人生之大事,在晚上举行总让人感到不舒服,而且这种结婚仪式在黑夜里操办,也有很多不方便之处。所以,到了唐代,这一风俗习惯便不再为人们所遵循,婚礼便改在白天举行了。而"昏姻"一词,则作为习俗沿革的例证留在古籍中了。

知识链接

婚姻周年的定名

根据结婚年限的不同,婚姻周年分别定名为:

1年纸婚;2年棉婚;3年皮革婚;4年水果婚;5年木婚;6年铁婚;7年铜婚;8年陶婚;9年柳婚;10年铝婚;11年钢婚;12年丝婚;13年花边婚;14年象牙婚;15年水晶婚;20年瓷婚;25年银婚;30年珍珠婚;35年珊瑚婚;40年红宝石婚;45年蓝宝石婚;50年金婚;55年绿宝石婚;60年钻石婚;70年白金婚。

蜜月

人们把如胶似漆的新婚燕尔，即婚后的第一个月称为"蜜月"，有的新郎新娘还外出旅游度蜜月。那么"蜜月"是怎样来的呢？

"蜜月"一词产生于公元前500年的英国。当时的英格兰还处于较落后的蛮荒社会。在多顿族中流行"抢婚"，即任何一个多顿青年男子都可以抢一个自己中意的姑娘为妻。为了避免这种尴尬，于是不少男子一将妻子抢到手，就迫不及待地携新人外逃，过段隐居生活后再回来。然而很多外逃夫妻游荡于荒山野岭之间，食宿都无着落，能够活着返回家乡的很少。

后来，有人认识了蜂蜜可食。当时的英国野蜂窝随处可见，蜂蜜唾手可得，旅途中的人们纷纷吸食蜜汁来充饥。这一发现逐渐被流传开来，抢婚外逃进入山野的新婚夫妇，便纷纷以蜂蜜充当食物，得以婚后厮守终生。

到了公元前4世纪左右，多顿人"抢婚"的习俗扰乱了社会秩序，迫使多顿首领不得不作出规定：凡成婚30天以上者，不得卷入抢婚之列，并发给新婚对牌，以备查验。此后，外逃的新婚夫妇多在30天以后自动重返家乡，过上幸福的家庭生活。因他们在外面度过靠吸食蜜汁为生的30天，久而久之就被人们称为"度蜜月"。后来演变成了新婚度假的代称。

知识链接

喝交杯酒的来源

据传，这一习俗源于先秦时期。《礼记》载："新郎、新娘各执一片一剖为二的瓢饮酒。其意是象征一对新人自此合二为一，夫妻间享有平等的地位，婚后相亲相爱，和谐美满。"到了唐代，除了沿用瓢当做酒器外，亦可以杯替代。到了宋代，新婚夫妇喝交杯酒时用的是两个酒杯，先饮一半后再换杯共饮，饮完后则将酒杯一正一反掷于床下，以示婚后百年好合。清末，交杯酒仪式已发展成为"合卺""交杯""攥金钱"三个部分。今天的婚礼中，"安杯于床下"之礼已被革除，"攥金钱"则为"掷纸花"所代替，唯有"交杯酒"之礼仪仍然实行，为婚礼增添了更多喜庆的气氛。

守岁

除夕之夜"熬年"，又被称为"守岁"，是我国民间的传统习俗。古时候，守岁是为了驱除百鬼，而如今，则是人们表达辞旧迎新的一种方式。

在魏晋时期，就已经有关于守岁的记载了。关于这个习俗的由来，还有这样一个传说：

老天爷每逢除夕就会向人间大散金银财宝，希望天下百姓能够生活富足。那一刻，堤上所有的石头、砖瓦都会变成金灿灿的财宝。但是有一个条件，就是不可有贪婪之心，人们必须把捡到的财宝全部放在家中，直到第二天天亮才能开门。

李家庄有对兄弟，哥哥爱财如命，吝啬鬼一个；弟弟诚恳勤劳，心地善良。这一年除夕之夜，兄弟二人便坐在屋里等着金银财宝从天而降。哥哥十分心急，心想："我得想个点子可以不费力气就能多弄些金银回来。"于是他搬了许多石头到自己的门前，等着"黄金时刻"的来临。三更时分，老天爷开始大散金银财宝。弟弟把金银放入箩筐里，背进屋子，关上了房门。而哥哥此时使出浑身力气把他预先堆好的大石头推到屋里。心想："以后我就是天下最大的财主了！"可是天迟迟不亮，他很着急，最后终于耐不住了，将家门打开。等他再回到屋里的时候，金银财宝全都变回了大石头。弟弟等到天亮才打开门，于是一箩筐的财宝闪闪发光。

后来，上天得知像哥哥这样的贪财之人越来越多了，大发雷霆，便从此不再向人间散金银财宝了。可是人们总是心存侥幸，年复一年地盼望着这一天再次到来。尽管天上再也没有下过"金银雨"，但这一天家家户户还是团聚在一起，点着蜡烛等待新年的来临，这让全家都觉得很幸福。这样，守岁的习俗就流传了下来并沿袭至今。

知识链接

守岁的起源

守岁源于何时?《秦中岁时记》载:"守岁之事三代前后典籍无文,至唐杜甫的《杜位宅守岁》诗云'守岁阿咸家,椒盘已颂花'疑自唐始。"唐诗中对守岁习俗有不少描写。白居易《客中守岁》云:"守岁尊无酒,思乡泪满巾。"孟浩然也有"续明催画烛,守岁接长筵"的诗句。到了宋朝,守岁之风遍于城乡。苏东坡的"儿童强不睡,相守夜欢哗",描述了守岁的情景。《东京梦华录》记载:"除夕……士庶之家,围炉而坐,达旦不寐,谓之守岁。"

压岁钱

除夕的晚上,很多孩子都能够得到长辈给的礼钱,叫"压岁钱"。为什么会有压岁钱呢?这里有一个传说。

传说古代有一个叫"祟"的小妖,黑身白手,他每年除夕夜里出来,专门摸熟睡的小孩的脑门。小孩被摸过后就会发高烧、说梦话,退烧后就会变成痴呆疯癫的傻子。大人们怕祟来伤害孩子,常常在除夕整夜亮灯不睡,这也叫做"守祟"。

有一户姓管的人家,夫妻老年得子,十分疼爱孩子。在这年三十晚上,为了防止祟来侵扰,这对老夫妻不睡觉,一直逗着孩子玩,他们用红纸包了几枚铜钱,包了拆,拆了包。但随着夜渐渐深了,小孩子坚持不住,先睡着了。这对老夫妻便把包好的几枚铜钱放在他的枕边。老夫妻年纪大了,也熬不住,一看都已是四更天了,想来那祟不会来伤害他们的孩子了吧!可他们刚一睡着,一阵阴风吹过,黑矮的小妖就进了屋,就在他要用手摸孩子头的时候,突然孩子枕边发出一道金光,祟尖叫着逃跑了。

很快,这件事就传扬开来,大家纷纷效仿,在大年除夕夜里用红纸包上钱给孩子,祟就不敢再来侵扰了。因而人们把这种钱叫

"压祟钱","祟"与"岁"发音相同,日久天长,就被称为"压岁钱"了。

知识链接

压岁钱的最早来源

最早的压岁钱起源于汉代,又叫"压胜钱",并不在市面流通,而是铸成钱币形式的玩赏物。钱币正面一般铸有"万岁千秋""去殃除凶"等吉祥话和龙凤、龟蛇、双鱼等吉祥图案。

剪彩

剪彩,是20世纪以来开始盛行的一种仪式。它不仅是买卖开张时要举行的仪式,而且连工程开工、落成等许多事项也要剪彩。近年来,许多知名人士、影视明星也纷纷出席隆重场合当剪彩人。

关于剪彩一词的来源有两种说法。一说,剪彩起源于西欧。古代,西欧造船业比较发达,新船下水往往吸引成千上万的观众前来观看。为了防止人群拥向新船而发生意外事故,主持人在新船下水前,在离船体较远的地方,用绳索设置一道"防线"。等新船下水典礼就绪后,主持人就剪断绳索让观众参观。后来绳索改为彩带,人们就给这个仪式起了"剪彩"的名称。

另一种传说,剪彩起源于美国。1912年,美国一家大百货商店将要开业,老板一大早就把店门打开,并在门前横系一条布带,一来图个吉利,二来可以吸引人们的目光。可是,在离开店前不久,老板的10岁小女儿的小哈巴狗从店里蹿出来,无意中弄断了这条布带。顿时,在门外久等的顾客,蜂拥而入,争相购买货物。

不久,老板又开了一家新店,他又让其女儿故意把布带弄断,果然又财源广进。于是,人们认为小女儿弄断布带的做法是一个好兆头,于是纷纷效仿,用彩带代替布带,并用剪刀剪断彩带,沿袭下来,就成了今天盛行的"剪彩"仪式。

知识链接

剪彩的基本程序

一个完整的剪彩仪式,通常应包含如下五项基本的程序:
第一项,请来宾就位。
第二项,宣布仪式正式开始。
第三项,奏国歌。
第四项,发言。
第五项,进行剪彩。

三寸金莲

裹脚缠足是中国古代的一种陋习,即把女子的双脚用布帛缠裹起来,使其变成又小又尖的"三寸金莲"。"三寸金莲"一度成为中国古代女子的时尚。古代妇女缠足始于何时,裹足小脚为什么被称为"金莲"?

据说,南唐后主李煜喜欢观看女人在"金制的莲花"上跳舞,但是金制的莲花太小,故正常大小的脚无法站在上面,舞女便用白绸将脚裹起来使脚弯曲立在上面,跳舞时就显得婀娜多姿,轻柔曼妙,这本来是一种舞蹈的装束,后来,慢慢地从后宫向上流社会流传,以后,民间女子纷纷效仿,逐渐形成"裹脚"习俗,成为一种病态的美。"裹小脚一双,流眼泪一缸。"但是那时的妇女,为了自己女儿的婚姻、前途和命运,在女儿很小的时候就开始对其双脚进行摧残了。直到近代,这种陋习才被废除。

有学者认为,小脚之所以被称为金莲,应该从佛教文化中的莲花方面加以考察。莲花出淤泥而不染,在佛门中被视为清净高洁的象征。佛教传入中国后,莲花作为一种美好、高洁、珍贵、吉祥的象征也随之传入中国,并为中国老百姓所接受。在中国人的吉祥话语和吉祥图案中,莲花占有相当高的地位也说明了这一点。故而以莲花来称妇女小脚当属一种美称是无疑的。为什么要在"莲"前加一个"金"字呢?这是中国人传统的语言习惯。中国人喜欢以"金"修饰贵重或美好事物，如"金口""金睛""金銮殿"等。在以小脚为贵的缠足时代，在"莲"字前加一"金"字而成为"金莲"，也属一种表示珍贵的美称。

知识链接

辜鸿铭酷爱三寸金莲

晚清文人辜鸿铭以"爱莲"名噪天下，此爱莲非周敦颐的"爱莲"，而是中国古时女人特有的三寸金莲。辜鸿铭的原配夫人淑姑，恰有一双长不及掌的金莲。

传说辜鸿铭写作时，遇到思路滞塞，文笔枯干，便会把淑姑喊进书房，坐在他身旁，脱下鞋袜，任凭辜鸿铭将一对小脚攥在手中摆弄，拿到嘴边嗅闻。片刻，辜鸿铭便来了精神，文思如泉涌，挥毫落纸如云烟，文章一挥而就。

辜鸿铭醉心于女人的三寸金莲，且成了他特有的一大癖好。他对此还有一番高论："女人之美，美在小脚，小脚之妙，妙在其臭。食品中有臭豆腐和臭蛋等，这种风味才勉强可与小脚比拟。所谓金莲，讲究瘦、小、尖、弯、委、软、正七字诀。前代缠足，实非虐政。淑姑的小脚，乃我的兴奋剂也。"

"年"的由来

中国民间最隆重的传统节日是"过年"，每年除夕，家家贴红对联，燃放爆竹，户户灯火通明，守更待岁。

关于"年"的由来，还有一个传说。相传在远古时期，我们的祖先曾遭受"年"这种猛兽的威胁。它捕百兽为食，到了冬天，山中食物缺乏时，还会闯入村庄，猎食人和牲畜，百姓终日惶恐不安。后来，人们从与"年"的屡次斗争中总结出，它怕三种东西：红颜色、火光、响声。于是在冬天，人们在自家门上挂上红颜色的桃木板，门口点起火堆，夜里通宵不睡，敲敲打打。夜里"年"闯进村庄，见到家家有红色和火光，还听见震天的响声，便吓得跑回深山，再也不敢出来。黑夜过去，新的一天来临，人们互相祝贺道喜，处处张灯结彩，饮酒摆宴，庆祝胜利。

为了纪念这次胜利，以后每到冬天的这个时间，家家户户都在门上贴红纸对联，挂灯笼，敲锣打鼓，燃放烟花爆竹。夜里，通宵守夜，第二天一早互相祝贺道喜。这样一代一代流传下来，就成了"过年"。

知识链接

春联

大年三十这天，家家户户都会贴春联、敬门神、挂年画，以此增加过年红红火火的气氛。

春联，也叫对联、门对、门贴。清代《燕京岁时记》上就有"春联者，即古之桃符也。自进腊八后，即有文人墨客，在市肆檐下书写春联，以图润笔，祭灶之后，则依次粘挂。千门万户，焕然一新"的记载。

清明节

我国传统的清明节大约始于周代，已有2500多年的历史。清明节，又叫踏青节，按阳历来说，它是在每年的4月4日至6日之间，清明节古时也叫三月节。

清明是一个很重要的节气。二十四节气歌编排了"春雨惊春清谷天，夏满芒夏暑相连。秋处露秋寒霜降，冬雪雪冬小大寒"的歌谣。其中清明被排在歌谣的第五位，也是农历历法中的第五个节气，古代劳动人民常在这时安排农事活动。清明一到，天气转暖，大地回春，万物复苏，一片生机盎然，正是春耕春种的大好时节，故有"清明前后，种瓜种豆"，"植树造林，莫过清明"的农谚。《岁时百问》说"万物生长此时，皆清洁而明净，故谓之清明"。

清明节是我国的传统节日，有着悠久的历史。古时即有在清明时插柳、踏青、荡秋千、拔河，还有赛龙舟的活动。清明更是最重要的祭祀节日，是祭祖和扫墓的日子。扫墓俗称上坟，是祭祀死者的一种活动，它是人们慎终追远、敦亲睦族及行孝的具体表现。汉族和一些少数民族大多是在清明节扫墓。

按照旧的习俗，扫墓时，人们常携带酒食果品、纸钱等物品到墓地，将食物供祭在亲人墓前，再将纸钱焚化，为坟墓培上新土，折几枝嫩绿的新枝插在坟上，然后叩头行礼祭拜，最后吃掉酒食回家。唐代诗人杜牧的名句"清明时节雨纷纷，路上行人欲断魂。借问酒家何处有？牧童遥指杏花村"便是清明节特殊气氛的生动写照。

直到今天，清明节祭拜祖先，悼念已逝亲人的习俗仍然盛行。

知识链接

寒食小介

寒食是指清明节前两天，由于在这期间民间要禁火：食物以稠饧、麦糕、乳饼等为主，所以称为"寒食"。寒食原为周朝旧制，究竟是哪一天，历来说法不一。到魏晋南北朝时始定为清明前一两天。唐朝沿袭此制，清明前两天禁火，第三天即清明节晚上，由宫内传火，赐予近臣。有所谓"内宫初赐清明火"。能得到皇帝赐火者只是少数达官显贵，他们得火后将传火的柳条插于门前，炫耀于世人。后来，人们争相效仿，形成了插柳的习俗。

端午节

每年农历五月初五是端午节。端午节又名端午、午日、重午、地腊、中天等。在端午节这天，人们以吃粽子表示敬祝。端午节是我国民间三大饮食节日之一。

端午节的起源有几种说法：

1. 南朝梁吴均《续齐谐记》所写的吃粽子的起源和宗懔《荆楚岁时记》所写的龙舟竞渡的起源，都认为端午节是为了纪念伟大诗人屈原。

2. 认为端午节是龙的节日。这种看法是近代才有的，是闻一多先生在《端午考》与《端午的历史教育》中提出来的，现在学术界大多沿用此说。

3. 为纪念伍员说。伍员，字子胥，春秋时期楚国人。其父、兄遭楚平王杀害后，他投奔吴国，帮助吴王阖闾成就霸业，并打进楚国，鞭楚平王尸体三百。后吴王夫差打败越国，骄傲轻敌，伍子胥力劝，太宰伯嚭进谗言，于是夫差赐"属镂"剑令伍员自刎，并将伍员尸体扔到江中。伍员含冤死后，传说变成了"波涛之神"，江浙一带百姓每逢端午节就要举行祭祀活动以悼念伍子胥。

4. 认为端午起源于夏、商、周时期的夏至节，《风土记》写道："俗重五月五日，与夏至同。"

5. 认为端午节起源于恶日。因历史上某些坏人生于五月五日，故有"不举五月子"（意为不把五月生的孩子抚养成人）之说，并导致端午的一些民间风俗都是为了镇妖避邪，这纯属封建迷信。

知识链接

粽子简介

粽子又称"角黍"，明代李时珍《本草纲目·谷部四》解释："古人以葫芦叶裹黍米煮成尖角，如棕榈叶心之形，故曰粽，曰角黍。"早在魏晋时期，周处在《风土记》中就曾记载："仲夏端午，烹鹜角黍。"这足以说明早在晋时，端午吃粽子就已成习俗了。端午节包粽子祭吊屈原，最早见于吴均所著的《续齐谐记》："屈原五月五日投汨罗江而死，楚人哀亡，每至此日，竹筒贮米，投水祭之。"

"七夕"的由来

传说，公元3世纪时，古罗马有一位暴君叫克劳多斯。这一时代，古罗马一直战事连连，暴君克劳多斯征召了大批公民前往战场，为了保证人们忠于战争，他下令禁止人们在此时结婚，甚至连已订了婚的人也必须马上解除婚约。无奈之下，许多年轻人就这样告别爱人，满怀悲愤地奔赴战场。

修士瓦伦丁对克劳多斯的行为感到十分难过。当一对情侣来到神庙向他请求帮助时，瓦伦丁在神圣的祭坛前悄悄为他们举行了婚礼。事情传开后，很多人来到这里，在瓦伦丁的帮助下结成伴侣。消息终于传到克劳多斯的耳朵里。他暴跳如雷，命令士兵们冲进神庙，将瓦伦丁从一对正在举行婚礼的新人身旁拖走，关入地牢。公元270年2月14日，瓦伦丁在地牢里受尽折磨而死。满怀悲伤的人们将他安葬于圣普拉教堂。

为了纪念瓦伦丁，人们把每年的2月14日定为"情人节"。

知识链接

中国的情人节——七夕

我国农历七月初七是人们俗称的七夕，也有人称之为"乞巧节"或"女儿节"，因是牛郎织女一年一度相会的日子，又称为中国情人节。

七月初七之所以称为乞巧，是因为民间俗信这天牛郎织女会天河，女孩们就在晚上以瓜果朝天拜，向女神乞巧，她们除了乞求针织女红的技巧，同时也乞求婚姻巧配。

中秋

中秋节由来已久，和其他传统节日一样，也是慢慢发展形成的。古代帝王有春天祭日、秋天祭月的礼制，早在《周礼》一书中，已有"中秋"一词的记载。后来贵族和文人学士也仿效起来，在中秋时节，对着天上的一轮皓月，祭拜观赏，寄托情怀。这种习俗传到民间，成为一个传统的活动。到了唐代，人们更加重视祭月的风俗，中秋节才成为固定的节日。《唐书·太宗记》记载有"八月十五中秋节"，这个节日盛行于宋朝，至明清时，已与元旦齐名，成为我国的主要节日之一。

知识链接

赏月台

中秋节赏月到唐代已十分盛行了。《开元天宝遗事》记载，唐玄宗每年农历八月十五中秋节都要和杨贵妃到太液池赏月，在他兴意正浓时，明月却沉沉西下，于是玄宗下令在太液池西岸修建一百尺高台，称"赏月台"，供他以后与贵妃赏月用。

重阳

农历九月初九，二九相重，称为重九。又因为在我国古代，六为阴数，九是阳数，因此，重九又叫重阳。

重阳节的起源，最早可以追溯到汉初。据说，在皇宫中，每年九月九日，都要佩茱萸、食蓬饵、饮菊花酒，以求长寿。

古代，民间在该日有登高的风俗，所以重阳节又叫"登高节"。相传，此风俗始于东汉。重阳节还要赏菊花、饮菊花酒，起源于陶渊明。陶渊明以隐居出名，以诗出名，以酒出名，也以爱菊出名；后人效之，遂有重阳赏菊之俗。重阳节插茱萸的风俗，在唐代就已经很普遍。古人认为在重阳节这一天插茱萸可以避难消灾；或戴带于臂，或把茱萸放在香袋里面佩带，还有插在头上的。重阳节除了佩戴茱萸，也插菊花。唐代就已经如此，历代盛行。清代，北京重阳节的习俗是把菊花枝叶贴在门窗上，宋代，还有将彩缯剪成茱萸、菊花来相赠佩戴的。

知识链接

重阳糕

重阳糕又名"花糕""发糕""菊糕"。吃重阳糕的习俗在宋代已经十分盛行了，一直沿袭至今。

山西重阳糕属面食糕点，以枣泥、银杏、松子、杏仁为馅。可做九层，有的在糕点上做两只小羊，取重阳之意。有的在糕点上插小彩旗，以图吉利。糕，谐音高，喻步步高升之意。家境好的人家在这天不仅要吃重阳糕，还要吃寿面，或者全家聚会，以祈祝家人平安、健康。

元旦

每年阳历的 1 月 1 日为元旦，是新年的开始。"元旦"是合成词，按单个字来讲，"元"是第一或开始的意思，"旦"字的原意是天亮或早晨，两字合称就是指新年的第一天。

"元旦"一词，最早出自南朝梁人萧子云《介雅》诗："四气新元旦，万寿初今朝。"宋代吴白牧《梦梁录》卷一"有正月"条目："正月朔日，谓之元旦，俗呼为新年。一岁节序，此为之首。"

元旦，古代叫法各不相同。《书·舜典》中叫"元日"，汉代崔瑗《三子钗铭》中叫"元正"，晋代庾阐《扬都赋》中称作"元辰"，北齐时的一篇《元会大享歌皇夏辞》中呼为"元春"，唐德宗李适《元日退朝观军仗归营》诗中谓之"元朔"。

但是，我国古人说的元旦，却并不是阳历的 1 月 1 日，而是正月初一，又称元日。中国的历史都是以阴历纪年。现行的公元纪年，是西方历法的体现。是以基督诞生为公元 1 年。中国只是到了"中华民国"以后才逐渐改用公元纪年。"元旦"一词，来源于古埃及。

在公元前 50000 年左右，古埃及人已由游牧改为农耕，定居在尼罗河两岸，他们的农业收成与尼罗河是否泛滥有很大关系。古埃及人从长期的观察中发现，尼罗河泛滥的时间是有规律的，他们就把这个时间每次都记录在竹竿上，从而得知两次泛滥之间大约相隔 365 天。同时还发现，当尼罗河初涨的潮头来到今天开罗城附近的时候，也正好是太阳与天狼星同时从地平线上升起的时候。于是，古埃及人便把这一天定为一年的开始。这便是元旦的由来。

知识链接

不同国家的元旦

阴历的祖先埃及历，把天狼星和太阳一同升起的那天作为元旦；阿富汗把春分作为元旦；犹太人把秋分作为元旦；而寒带的爱斯基摩人的元旦是不固定的,他们把第一次下雨作为元旦。公元前46年,罗马皇帝儒略·恺撒制定儒略历,开始时他把冬至作为元旦,但是,人们坚持要把朔日作为元旦,因此就把元旦延到冬至后10天。

元宵节

关于元宵节的起源,民间有许多传说。

一种传说为:天上的天鹅不幸被猎人射伤坠落人间。玉帝欲替天鹅报仇,便在农历正月十五日派天兵天将下凡,想把人畜全部烧死。有一个好心的神仙不忍心,冒着生命危险,告诉了百姓。人们在农历正月十五前后,户户挂红灯,放烟花爆竹,装出人间已经起火的样子,骗过了玉帝,才避免了一场灾难。

另一种传说为:汉武帝时期,宫女元宵因农历正月十五不能在父母面前尽孝,欲投井自杀。东方朔为成全宫女,散布农历正月十六火神君奉玉帝旨意,要火烧长安的消息。汉武帝问东方朔有没有解决办法,东方朔说火神君最爱吃汤圆,看红灯,所以如果皇帝、后妃、文武百官上街观灯火,便可以避灾。于是,元宵终于有机会回家与家人团聚了。

知识链接

清代文人闵鄂之

清代文人闵鄂之自幼喜欢作对,常常是出口成章,闭口成对。

有一年元宵节,他随父乘船到毛尚书家做客。毛尚书命家人张灯结彩,敲锣打鼓,又请作陪的幕僚出联属对,以助雅兴。席间,你出一联,我答一联,好不热闹。这时,毛尚书提议以元宵夜为题属对。时逢那夜乌云遮月,一幕僚望着辉煌的灯火说道:

元宵不见月,点几盏灯为河山生色

闵鄂之听到鼓声阵阵心中一动,于是上前高声对道:

惊蛰未闻雷,击数声鼓代天地宣威
满座宾客齐声叫妙。

近义词辨析

年轻·年青

区别年纪小、年纪大的时候,一般用"年轻",如年纪轻、年轻人、年纪轻轻的。"年轻"一词的构成,是陈述式,"轻"有数量少、程度浅的意思,可以用来陈述年纪。

在表示区别少年、老年的时候,一般是用"年青",指15岁至30岁左右的人。

启事·启示

启示:给人启发,或指从别人那里获得的启迪。"启"意为开导启发,"示"也表示同样的意思。"启"与"示"是同义并用。

启事:陈述某件事情。"启",则为陈述表白的意思。因此,为寻找失物、招聘职工或其他事物写个文告,都应用"启事"。

成长·长成

成长:表示生长而成熟,或向成熟的阶段发展,着重在"长",指在"成"里长,表示发展变化。如年青一代在茁壮成长,不能说"茁壮长成";又如阳光雨露哺育人成长,也不能用"长成"。

长成:表示因"长"而"成",指成为、变高。如长成有用人才,不能说"成长有用人才";又如当年一片小树已长成森林;也不能说"已成长森林"。

因此,表示"长"的结果,用"长成";表示怎么"长"的,用"成长"。

执著·执着

"执著"与"执着"同音同义,《现代汉语词典》阐明二者可通用。

"执著"原为佛教用语。佛教分为大乘、小乘两派:大乘以"无所得"为宗旨,故曰"解脱";小乘以"成果"为目的,故曰"执著"。解脱、执著这两个词就是从这里来的。后来,执著这个词广泛用于指专注于某一事物而不能解脱,表示对某一事物坚持不放,不能超脱;也指固执或拘泥。现在常用的"执著的追求",就是这个意思。这个词自古延续下来,我们还是保持原来写法"执著"为好。

充分·充足

充分:表示足够,多用于抽象事物。如理由不充分、准备工作做得充分;还有尽量的意思,如充分利用有利条件。

充足:表示多到能满足需要。适用对象均为具体事物,如光线充足、经费充足、时间充足、商品充足、物资充足等。

增殖·增值

增殖:增生和繁殖,指生物产生新的个体的意思。如增殖耕牛、提高牲畜增殖力等。

增值:价值增加。如小麦变成面粉,价值就增高了。"增值税"是指增加数值应缴纳的税这里的"值"是指数值,与生物繁殖不是一回事,不能用"增殖税"。

做客·作客

做客:指访问别人,自己当客人。如到亲戚家做客。

作客:指寄居在别处,常用于书面语。如作客他乡。杜甫的《登高》诗有"万里悲秋常作客"句,指诗人漂泊无定的生涯。书刊、报刊上常有"到他家作客""作客本报"之类用法，都应该为"做客"。

落后·后进

"落后"与"后进"这两个词，初看词义相同，其实意思存在细微差别，使用时要避免混用。

"落后"指在进行中落在后面，如：全班同学登山，我们小组落后了；"落后"又表示工作进展迟缓，落在人家后面，如：我们厂今年没有完成生产任务，落后了；"落后"还表示落在客观形势发展的后面，或停留在较低的发展水平，如：落后的思想观念、落后的机器设备、落后的经营方式。

"后进"则指进步比较慢、水平比较低的人或集体。如后进生、后进班组，不能称为落后生、落后班组。"进步"与"落后"相对，"先进"与"后进"相对，使用时不要混淆。

轻视·忽视

"轻视"与"忽视"这两个近义词，虽都表示不重视，但程度上有所不同，因此不能混用。

"轻视"意为不重视、不认真对待，是故意不重视的意思，如：轻视劳动，受人轻视，重视理科、轻视文科。"忽视"也表示不重视，却不是故意不重视，而是出于不注意，即疏忽大意，如：忽视安全生产、忽视文科学习。使用时要加以区别，不要混用。

侦查·侦察

"侦查"与"侦察"是两个同音词，但词义有区别，不能混用。

要区别并正确使用这两个同音词，关键在于把"查"与"察"的区别搞清楚。"查"包括检查和调查的意思，如检查、审查、查究、查阅等。

"察"包含仔细观察和调查的意思，如观察、察访、察觉等。

"侦查"是指公安机关在办理刑事案件时，所进行的查明犯人、搜集证据、确定犯罪事实等活动。对案件所进行的各种调查活动，就叫侦查。

"侦察"的意思是指为弄清敌情、地形和有关作战的其他情况，通过观察和调查所进行的活动。"侦查"是司法用语，主要指调查和检查；而"侦察"是军事用语，主要指观察和察看，在词义和用法上都有区别。

侵蚀·腐蚀

"侵蚀"与"腐蚀"是两个容易混淆的近义词，词义是有差别的，不要混用。

"侵蚀"是指逐渐侵害使变坏，包含"由外及里过程"的意思，如：病菌侵入人体，又如：侵蚀公款，指暗中一点点侵占公款。而"腐蚀"是指通过化学作用，使物体逐渐消损破坏，如铁生锈；也指人在坏的思想、行为、环境等因素影响下逐渐变质堕落，包含"由里及外过程"的意思，从思想变质发展到行为变坏，如：黄色读物会腐蚀青少年。"拒腐蚀，永不沾"，不能用"侵蚀"；而"抵制拜金主义思想的侵蚀"，也不能用"腐蚀"。

称赞·称颂

"称赞"与"称颂"这两个近义词，词义基本相同，都表示赞扬的意思，但词义表达的赞扬程度不同，要根据内容使用不同的词，避免混用。

"称赞"是用语言表达对人或事物的喜爱，如：他做了好事，受到老师的称赞。而"称颂"表示称赞颂扬，比"称赞"表示的程度要重，一般对功德业绩卓著的人，才用"称颂"，如：称颂民族英雄，某某的丰功伟绩万民称颂。对一般需要表扬的人和事，用"称赞"就可以了，不能随意用"称颂"。

第二部分　成语大观

成语典故

狡兔三窟

"狡兔三窟"从字面上看是说狡猾的兔子有多个藏身的洞穴，常用来比喻隐蔽的地方或方法很多。现在一般用来表示做事留有余地，具有多种应变能力。它出自《战国策》的名篇《冯谖客孟尝君》。

孟尝君，即田文，战国时齐国的贵族。孟尝君在齐国担任相国时，他的门下有数千名食客。他曾联合韩国和魏国打败了秦、燕、楚三国，因此，名声大振。

孟尝君门下有个叫冯谖的食客。一次，孟尝君询问门客中谁能替他到薛地去收债，冯谖自告奋勇接受了这个任务。冯谖到薛地后，当众把百姓欠债的借据全都烧毁，还说这是孟尝君的命令把债款赏赐给大家的。于是借债的百姓对孟尝君感激涕零。孟尝君知道后非常不高兴，但也不好公开责备冯谖。

后来，孟尝君被齐王免了相国的职务，只好退居薛地生活。离薛地还有一百多里路，百姓就扶老携幼地前来迎接。孟尝君这才明白了冯谖的用心，因此非常感谢冯谖。但冯谖对他说："聪明的兔子有三处洞穴，才使它免于被猎人猎杀，被猛兽咬死。如今您只有一个洞穴，还不能高枕无忧，让我帮您再凿两个洞穴吧！"

于是，孟尝君给了冯谖五十辆车子、五百两黄金，去游说西边的魏国。冯谖见到魏王后就开始称赞孟尝君是多么的有才干，多么受人们爱戴，他的一席话深深地打动了魏惠王的心。魏惠王马上派使臣携带许多财物和马车去齐国，聘请孟尝君来魏国当相国。冯谖赶在魏国使臣之前回到薛地，告诫孟尝君一定不要接受聘请。魏国使者一共来了三次，孟尝君始终不答应接受聘请。这样一来，孟尝君顿时身价倍增。齐国听到这个消息，君臣都十分担心孟尝君为别的国家效力，于是齐王赶紧恢复了孟尝君相国的职位，并亲自向他谢罪。这样，冯谖为孟尝君凿成了第二个窟。

之后，冯谖又建议孟尝君向齐王请求赐给自己先王的祭器，在薛地建造宗庙供奉。这样一来，齐王就会派兵来保护，而薛地在齐国的地位就非同寻常了。宗庙在薛地建成后，冯谖对孟尝君说："三个洞穴已经凿好，今后您可以高枕无忧了。"

此即"狡兔三窟"的由来，成语"高枕无忧"也缘于此典故。

知识链接

收"门客"

战国时期，一些重臣喜欢结交和收养各种各样的有一定本领的人，做他的"门客"，给他出谋划策，并借此提高自己的声望，维持和巩固自己的地位。这种做法一时成为风气。如齐国的孟尝君田文、魏国的信陵君魏无忌、楚国的春申君黄歇、赵国的平原君赵胜，收养的门客都很多，人们称他们为"战国四公子"。

乱七八糟

"乱七八糟"常用来比喻毫无秩序及条理，形容混乱一堆，乱糟糟的样子。但是，为什么是"乱七八糟"而不说"乱五六糟"呢？

其实，成语"乱七八糟"来源于历史上两个很重要的典故。

"乱七"，指的是发生在西汉时期的"七国之乱"。西汉初，刘邦在铲除异姓诸侯王的同时，又分封了一批刘姓子弟为王，想依靠刘氏宗族的力量，作为皇权的羽翼。但是，随着诸侯王的势力不断扩大，其弊病和隐患也渐渐地显露出来了。经过几朝的演变，到景帝时诸王势力越来越大,其中齐、楚、吴三封国几乎占天下之半,严重地威胁着汉王朝的中央政权。大臣晁错建议景帝进行"削藩",以减少诸王的封土,从而巩固中央政权。景帝采纳了晁错的建议,下令在众同姓王中推行"削藩"的政策,这激起诸王强烈的反对。景帝三年(公元前154年)正月,吴、楚等七国以"诛晁错,清君侧"为名,联合起来发动武装叛乱,史称"七国之乱"。叛军挥师进兵长安之初,景帝有些慌张,听信谗言,诛杀晁错,但诸王的军队还是不退,继续挺进。景帝悔恨之余,决定以武力平叛,于是派遣太尉周亚夫率兵征讨。周亚夫以坚壁固守的战术,多次挫败吴楚联军的进攻。吴楚联军的士卒饿死、投降、失散的不计其数,最后节节败退。三月,吴王刘濞率残部数千人退守丹徒冲江苏镇江,被东越人所杀。其他诸王也相继战败,有的自杀,有的被杀。至此,历经三个月的"七国之乱"遂被平定。这就是历史上的"周亚夫平七乱"。"乱七"一词,即来源于此。

"八糟",指的是历史上有名的晋朝皇室内宫争权夺利的"八王之乱"。西晋初年,司马炎建立晋朝后,担心其他大夫会夺去他的政权,于是他把皇室子弟分别封为诸侯王,并规定享受许多特权。司马炎死后,继位的惠帝司马衷愚钝不堪,不会治理朝政,大权落入他的外祖父杨骏的手里。这使得司马炎的妻子贾后极为不满,她便暗中用计,杀掉了杨骏及其同党。之后,贾后请了汝南王司马亮来辅政。司马亮上台后,也是独断专行。因此,贾后密诏司马玮将司马亮杀死,由司马玮出来辅政。可是,司马玮对贾后也不是言听计从,贾后便又设计杀死了司马玮。后来,为独霸朝野,贾后又将皇太子司马遹废为庶人后毒死。当时负责戍守中央王朝的赵王司马伦趁机发动兵变,打出了为太子司马遹报仇的旗号。永康元年(公元300年),赵王司马伦发兵进攻洛阳,斩杀贾后及其同党,一场持续16年之久的皇族夺权混战就此开始。先是司马伦的所为引起了齐王司马冏(jiǒng)、成都王司马颖、河涧王司马颙(yóng)等人的强烈反对。他们联合起来杀死了司马伦,帮助惠帝恢复了帝位。后来,司马颙联合司马颖把司马冏杀掉了。东海王司马越得知,十分恼怒,发兵进攻,一举把司马颖、司马颙都杀了,并毒死了惠帝,另立新帝,由他掌握朝中大权。因为先后参与这场乱事的共有八个同姓王:汝南王司马亮、楚王司马玮、赵王司马伦、齐王司马冏、河涧王司马颙、成都王司马颖、长沙王司马乂和东海王司马越。因此，这场混战史称"八王之乱"。这次皇室内宫争权夺利的血腥斗争，远比"七国之乱"时间更长，人民所遭受的灾难也更加深重，同时也严重地削弱了西晋政权的统治力量。正是因为这个原因，"八王之乱"被形象地称为"八糟"。

此后，人们将"七国之乱"和"八王之乱"这两个历史事件连到了一起，得到了"乱七八糟"这一成语。

知识链接

杂乱无章的浅释

"杂乱无章"是指混乱而无条理。语出唐·韩愈《送孟东野序》："其为言也，乱杂而无章。"明·宋濂《徐教授文集序》："黄钟与瓦釜并陈，春穰与秋枯并出，杂乱无章，刺眯人目者，非文也。"清·王筠《说文句读序》："顾亭林祇见五音韵谱，以其杂乱无章也，时时謷謷之。"叶圣陶《一桶水》中说："救火车开不进狭窄的弄。水桶拿不出许多。往来取水只是杂乱无章的一阵胡闹。"

鬼斧神工

"鬼斧神工"意指像是鬼神制作出来的。它是形容艺术技巧高超，不是人力所能达到的。此语出自《庄子·达生》："梓庆削木为鐻，鐻成，见者惊犹鬼神。"

据记载，梓庆能削刻木头做鐻，做成以后，看见的人无不惊叹这好像是鬼神造出来的。

鲁侯见到了，便问他："你有什么神奇的仙术吗？"

梓庆回答道："我是个做工的人，哪儿有什么特别高明的技术！不过，我还真有一种本事。我准备做时，从不敢随便耗费精神，必定先斋戒来静养心思。斋戒三天，不再怀有庆贺、赏赐、获取爵位和荣禄的思想；斋戒五天，不再有心存非议、夸誉、技巧或笨拙的杂念；斋戒七天，已不为外物所动，仿佛忘掉了自己的四肢和形体。这个时候，我的眼里已不存在公室和朝廷，超然物外，智巧专一，外界的扰乱全都消失。然后我便进入山林，观察各种木料的质地，选择好外形与体态最与相合的，这时要做成的的形象便呈现在我的眼前，然后我就动手加工制作，达不到这样境界的话我就停止不做。这就是用我木工的纯真本性融合木料的自然天性，制作出来的器物也就被人们认为是神鬼的功夫，原因可能就在于此！"

知识链接

巧夺天工的解释

"巧夺天工"意思是人工的精巧胜过天然，形容技艺十分精巧。语出晋·郭璞《葬书》："微妙在智，触类而长，玄通阴了，巧夺造化。"元·赵孟頫《赠放烟火者》诗云："人间巧艺夺天工，炼药燃灯清昼同。"清·张岱《陶庵梦忆·濮仲谦雕刻》："南京濮仲谦，古貌古心，粥粥若无能者，然其技艺之巧夺天工焉。"

三生有幸

所谓"三生"在佛教中指的是人的前生、今生和来生。"三生有幸"是用来形容十分幸运。这个成语最初见于元朝王实甫所著《西厢记》："今能一见，是小生三生有幸矣。"

关于"三生有幸"这个成语在民间还流传着一个传说。

相传，唐代有位高僧名为圆泽，他有个好友叫李源善。

一天，两人一起在外散步之时，突然见到一个妇女正在河边打水，圆泽停住脚步对李源善说："我一直想避开这女人，现在避不开了。我见到她后，自己就要死了。"李源善看了看那个妇人，是个怀孕的女子，没什么特别，为什么看到她之后，圆泽和尚就要圆寂呢？圆泽接着说："这女人怀孕已经三年，专等我去投胎托生。三日之后你去这个女人家看望我，她的新生儿子如果对你一笑，那就是我圆泽了。十三年后的中秋之夜，你到杭州天竺寺去找我，我们可以再次见面。"他们分别后的那天夜里，圆泽果然圆寂了。

过了三日，李源善去拜访那位妇人，他半信半疑地想，这就是好友圆泽的母亲吗？待真的见到她刚刚生下的孩子，又见那初生婴儿对自己一笑之后，他相信了。

十三年后的中秋夜，李源善如约来到杭州天竺寺，刚到庙门就看到一个十多岁的牧童坐在牛背上唱歌，道："三生石上旧情魂，赏月吟风不要论，惭愧情人远相访，此身虽异性常存。"至此，李源善深信不疑，叹道：这真是三生的缘分。

现在人们比喻有特别的缘分，或在一种偶然的机会、特殊的环境中相识，成为知己，都以"三生有幸"来称誉。

知识链接

三生石的形态

三生石是一块状貌奇特的巨石，在与飞来峰相连接的莲花峰东麓，是"西湖十六遗迹"之一。该石高约10米，宽2米多，峭拔玲珑，石上刻有"三生石"三个碗口大小的篆书及《唐·圆泽和尚·三生石迹》的碑文，记述"三生石"之由来。

三生石代表了人对生前与后世的信念，不但许多朋友以三生石作为肝胆相照的依据，更多的情侣则在三生石上写下他们的誓言，"缘定三生"也由此而来。

画龙点睛

"画龙点睛"这个成语是形容写文章或讲话时，在关键处用几句话点明实质，使内容生动传神。语出唐·张远彦《历代名画记·张僧繇》："金陵安乐寺四白龙不点眼睛，每云：'点睛即飞去。'人以为妄诞，固请点之。须臾，雷电破壁，两龙乘云腾去上天，二龙未点眼者见在。"

张僧繇是南北朝时期梁朝的著名画家，他的画技非常高超。当时的皇帝梁武帝信奉佛教，修建的很多寺庙都让他去作画。

传说，有一年，梁武帝要张僧繇为金陵的安东寺作画，在寺庙的墙壁上画四条金龙。他答应下来，仅用三天时间就画好了。这些龙画得栩栩如生，惟妙惟肖，简直就像真龙一样。但奇怪的是这四条龙都没有点上眼珠，令人看后总觉得有点美中不足。大家纷纷请求他，把龙的眼睛点上。张僧繇说："给龙点上眼睛并不难，但是点上了眼珠这些龙会破壁飞走的。"人们听了谁都不相信，认为他的话很荒唐，都要求他试一试。张僧繇被逼无奈，只好答应大家的要求，给其中的两条龙点上了眼睛，谁知刚一点上，顿时乌云翻滚，狂风四起，雷鸣电闪，两条龙果然震破墙壁，凌空而起，张牙舞爪地飞向了天空。

过了一会儿，云散天晴，人们被吓得目瞪口呆，一句话都说不出来了。再看看墙上，只剩下了没有被点上眼睛的两条龙，而另外两条被点上眼睛的龙已不知去向。

当然，这个故事是人们仰慕张僧繇的绘画才能编造出来的。以后人们便从这个故事中引申出"画龙点睛"这个成语，用来比喻人说话或者做文章时，在主要处用上关键性的、精辟的一两句话，点明要旨，使他说的话或写的文章格外生动和深刻。

知识链接

画蛇添足的寓意

"画蛇添足"意即画蛇时给蛇添上脚。比喻做了多余的事，反而有害无益，徒劳无功。此语出自西汉·刘向《战国策·齐策二》："蛇固无足，子安能为之足？"

从前，楚国有一家人家祭祀祖宗。仪式完毕后，主人把剩下的一壶酒，赏给手下的办事人员喝。人多酒少，很难分配。他们就商量出由画蛇比赛来决定。要求每个人在地上画一条蛇，谁先画完，谁就喝这壶酒。其中，有一个人画得最快，转眼之间就把蛇画好了。他看到别人还没画完，就得意扬扬地准备给蛇添上几只脚，正当他画第二只脚的时候，另一个人把蛇画完了，一把夺过酒壶喝了起来。添画蛇脚的人无可奈何，眼睁睁地看别人喝光了一壶酒。

呆若木鸡

"呆若木鸡"的意思就是呆得像木头做的鸡一样，如今一般用来形容因恐惧或惊讶而发愣的样子，是一个贬义词。然而它开始时却含有褒义，用以指一只"神奇"的斗鸡。

在《庄子·达生篇》中记载了这样一个寓言：古时候人们很喜欢斗鸡的游戏，有一个叫纪渻子的人是训练斗鸡的行家，于是齐王便请他来为自己专门训练斗鸡，准备参加搏斗。

齐王的性格十分急躁，刚过了十天，齐王便去问纪渻子："斗鸡现在训练得怎样了？"纪渻子回答说："鸡还没有训练好，这只鸡表面看起来气势汹汹的，其实没有什么底气。"

又过了十天，齐王再次询问："这回斗鸡该训练好了吧？"纪渻子说："还不到火候，因为它一看到别的鸡的影子，马上就紧张起来，说明它不够沉着，还有好斗的心理。"

转眼间又过了十天，齐王去问但还是不行，因为纪渻子认为这只鸡还有些目光炯炯，气势未消，不能在斗争中百战百胜。

这样直到40天过后，纪渻子对齐王说："这回斗鸡可以去比赛了。虽然别的鸡还在叫，但这只鸡似乎什么都没有听见，一点也没有反应。不论遇到什么样的突然情况，它都会不动也不惊，看上去就像木头鸡一样，说明它已经进入完美的精神境界了。别的鸡看见这样的对手，准会转身而逃，斗都不敢斗了。"果然，当齐王把这只斗鸡放进斗鸡场时，别的鸡一看到它，还没有交手就掉头逃走，这只鸡在斗争中从没输过。有意思的是，这么一只"神鸡"后来却被人们用来比喻人发愣的样子，其中的缘由大概是人在受到惊吓或恐惧时发愣的样子，类似于鸡不动不惊达到完美境界时的状态吧。

知识链接

书生作词祭鸡

从前有个书生生性豪放，不拘小节。一天，他正在房中读《古文观止》,当读到唐代韩愈的《祭十二郎文》时,音调悲壮:"呜呼!言有穷而情不可终!汝其知也耶!其不知也耶!呜呼哀哉!尚飨!"

忽然,远处的鸡鸣声打破了沉寂,他这才想起今天还没喂家中的鸡呢。于是他掩卷跨出书房,随手抓起一把米,来到门前空地上,唤了几声,不见鸡的踪影,四处寻觅不着,最后他发现,原来鸡已死在鸡棚里。

他提起鸡端详多时,弄不清它们是怎么死的。转念一想,既然鸡已死,就该饱食一顿,何苦为鸡的死而发愣呢?于是他唤来妻子,让她把鸡炖了下酒。

时至中午,鸡已烹好,香味扑鼻,书生欣喜地斟上一杯酒,正待举箸时,忽然想起鸡死得不明不白,理当祭奠一番,于是思考片刻,喃喃有声,作词曰:

声也其鸣喈喈,死也岂无葬埋?

以我肚腹,作你棺材。

呜呼哀哉,酱油拿来!

退避三舍

成语"退避三舍"是比喻主动退让和回避,以免发生冲突。这里的"三舍"并非三间茅舍。《说文解字》中说:"舍,市居曰舍。"即"舍"指客人居住的宾馆,所以"舍"也可以当住宿讲。在古代,行军以三十里为一舍,也称一宿为一舍,"退避三舍"也就是说主动退兵九十里。此语出自《左传·僖公二十三年》:"晋楚治兵,遇于中原,其辟君三舍。"

春秋时期,晋国发生内乱,晋献公听信谗言,杀了太子申生,又派人捉拿申生的弟弟重耳。重耳闻讯,逃出了晋国,在外流亡十几年。后来重耳经过千辛万苦来到了楚国。楚成王对重耳的人品十分钦佩,完全按照国君的标准来接待他,待他如上宾。

在一次宴会上,楚成王问重耳:"我待您情深义重,将来公子做了国君,打算怎样报答我呢?"重耳想了想说:"假如有一天晋楚在战场相见,我将命令晋军退避三舍,作为对您的报答。"重耳的这番话被一同饮酒的楚国大将子玉听到了,他觉得重耳具有英雄气度,有朝一日回到晋国,一定会对楚国构成威胁。子玉建议楚成王除掉重耳,楚成王说:"现在各国都在广招英雄,我们却要将广有贤名的英雄杀掉,那还有谁再敢与我们交往,为我们效力?更何况,无缘无故地承担害贤的恶名也太大了。"

十几年后,秦国帮助重耳返回晋国做了国君,重耳即位,称为晋文公。晋文公即位后,励精图治,使一度衰弱的晋国国势好转起来。

公元前633年,楚国组成陈、蔡、郑等国联军,攻打宋国。联军很快逼近宋国都城商丘。宋国情势危急,急忙派人向晋国求救。晋国与宋国一向修好,晋文公马上点兵出征,援助宋国。晋文公见楚军前来迎战,便守约下令大军后退九十里,兑现了"退避三舍"的诺言。晋楚两军在城濮交战,晋军奋勇作战,战胜楚军,赢得了胜利。

知识链接

春秋五霸的不同说法

历史上对"春秋五霸"有两种不同的说法:一说"五霸"是指齐桓公、宋襄公、晋文公、秦穆公和楚庄王;另一说"五霸"是指齐桓公、晋文公、楚庄王、吴王阖闾和越王勾践。

四面楚歌

"四面楚歌"是比喻处在孤立无援、四面受敌、走投无路的困境中。语出《史记·项羽本纪》:"项王军垓下,兵少食尽,汉军及诸侯兵围之数重。夜闻汉军四面皆楚歌,项王乃大惊,曰:'汉皆已得楚乎?为何楚人之多也。'"

据记载,秦朝灭亡以后,汉王刘邦与西楚霸王项羽争夺天下。二人原来约定以鸿沟为界,鸿沟以东归楚,鸿沟以西归汉,互不侵犯。后来刘邦听从张良和陈平的规劝,觉得应该趁项羽兵疲粮竭的时候消灭他,就又和韩信、彭越、刘贾会合兵力,追击正在向东开往彭城的项羽的部队。

由于汉军兵力强盛,楚军终因寡不敌众,节节败退,被逼退至垓下。此时,项羽的士兵很少,粮食也快吃完了。而汉军和诸侯的军队已把他们团团包围起来。这天夜里，项羽听得四面汉军的阵营中，士兵都唱起了楚国的民歌，不由得大吃一惊，说："难道汉军已经把楚国的地方占领了吗？为什么他们中间楚国人这样多呢？"项羽哪里知道，这正是张良等人所设的计谋，以此来涣散楚军的斗志。歌词里有母亲在召唤外出打仗的儿子，有妻女在诉说心中的思念，歌声如哭、似泣。项羽的兵士听了，不禁潸然泪下，纷纷扔下兵器，有的逃跑，有的投降了。项羽心中极为苦闷，怎么也睡不着，他便起来在帐中喝酒解闷。有一位美人，名叫虞姬，很受项羽宠爱，时常跟随在他身边；还有一匹乌骓骏马，项羽时常骑着它作战。于是项羽慷慨悲凉地唱道：

力拔山兮气盖世，
时不利兮骓不逝。
骓不逝兮可若何？
虞兮虞兮奈若何！

项羽接连悲歌几遍，虞姬也和着一同唱。唱着唱着，项羽不禁泪流满面，左右的人也都伤心流泪，不忍抬起头来看项羽。虞姬因不忍拖累项羽而拔剑自杀。

最后，项羽带着仅剩的八百名江东精锐子弟兵突围逃至乌江江畔，因垓下一举溃败，项羽自叹无颜再见江东父老，遂自刎而死。

项羽死后，他的乌骓马也悲鸣一声，跳江殉主。乌江江畔留下了千古相传的悲婉动人的故事。

知识链接

俞樾一家巧对对联

俞樾是我国清末国学大师。一次，他偕夫人来到杭州西湖畔的灵隐寺游玩，休息期间，见冷泉亭上有一副对联：

泉自几时冷起
峰从何处飞来

俞樾看到这副对联，不禁仔细品味起来，愈觉饶有趣味，便对夫人说道："我若回答的话，便为：泉自有时冷起，峰从无处飞来。"

俞夫人当即低吟再三，说："不知改成'泉自冷时冷起'峰从飞处飞来，有何不妥？"俞樾听了，当即拍手称赞说改得好。

夫妻二人回到家，与家人闲聊之中，又提起这副对联。俞樾的女儿听了，便说"我若改成'泉自禹时冷起，峰从项处飞来'。如何？"

俞樾沉吟了会儿，不解地问："说自'禹时起'还可以理解，但那'项处来'怎样解释？"

他的女儿当即答道："那西楚霸王项羽不是有《垓下歌》，其中有一句'力拔山兮气盖世'吗？不是他将这山拔起，峰怎能飞来？"俞樾听了女儿的解释，大加赞叹，说这一改简直妙不可言。

朝三暮四

"朝三暮四"这一成语用来形容见异思迁、反复无常。如说某男人变心极快，早晨恋这个，晚上爱那个，就说他"朝三暮四"。不过，此词的本来意思却是指用欺骗的手段蒙骗他人。它出自《庄子·齐物论》。

传说，古时候，宋国有个老头儿很喜欢猴子，在家里养了一大群。日子一长，他对猴子的性情了如指掌，猴子也渐渐懂得了主人的心意。老头儿愈发喜欢了，宁可让家里人饿着肚子，也要先让那些猴子吃饱。

不久，家里的粮食快要吃光了。他想减少猴子的饭量，又怕猴子们不肯答应，于是他先对猴子们说："从今天起，我给你们吃橡子，早上三升，晚上四升，够了吗？"猴子们都乱蹦乱跳，表示不满。老头儿又说："给你们早上四升，晚上三升，总该可以了吧？"猴子们听了都摇头摆尾地趴在地上，十分满意。

知识链接

趣解 "朝三暮四" 的由来

"朝三暮四"这个词还有人戏称是"朝山暮寺"的讹传，说它本语出自这样一首古诗:"松下问童子,言师采药去。朝在此山中,暮回寺里去。"当然,这只是人们对古诗的一种趣解罢了。

鸡犬升天

"鸡犬升天"是用来比喻一个人做了官,和他有关的人也跟着得势。它得自晋朝时期葛洪的《神仙传·卷六·刘安》里面记载的一个传说故事。

刘安是汉朝的淮南王,汉高祖刘邦之孙。此人天资聪颖,喜欢读书,善于鼓琴,尤喜道家之说,笃信道教,曾召集有道之士1000多人为门客,其中有八个最得力的,世称"八公"。刘安拜他们为师,学习炼丹和修道。一段时间以后,他们也炼出了一葫芦的金丹。后来,刘安联络几个诸侯国,企图谋反夺取帝位,结果事情败露,朝廷派兵缉拿他归案。在前来兴师问罪的御林军进城之前,刘安急得犹如热锅上的蚂蚁,不知如何是好。这时,八公建议他,既已炼成金丹,何不把它吞下,也许能逃脱一死。于是,刘安拿出已炼好的金丹,喊来家人,分给每人一粒,吞服下去。分发完后,刘安随手把装金丹的药葫芦往外一扔,里面蹦出来几粒,被抢上前来的一条狗和两只公鸡分吃了。说也奇怪,服完金丹后,刘安忽然觉得心里一阵清爽,浑身软绵绵、轻飘飘的,接着他就慢慢离开座位,飘出了院子。这时,他脚下突然生出一片白云,托浮着他徐徐飞向天庭。刘安在空中回过头来想看看家人怎么样了,他惊奇地看到,家人也都飞离了府院,随他而来。更奇怪的是吃了金丹的鸡、狗也都驾着祥云飞升起来。

后来,传说刘安一家就住在紫虚宫里帮助太上老君烧炉炼丹,那条狗则成了二郎神哮天犬的伴侣,而那两只公鸡每天黎明随着东海桃都山上神鸡的第一声啼叫而啼叫,带领天下的雄鸡一起鸣叫,从而驱散黑暗,迎来光明,开始新的一天。

"一人得道,鸡犬升天"即由此而来,后人把它用作对一人做官、全家享福的讽喻。

知识链接

一两笔差别

有个欺压乡里的富绅，父子俩本无学识，却肯出钱，结果各买了一个"进士"功名，婆媳二人也加封为"诰命夫人"。这年除夕，富绅按捺不住得意的心情，在门上贴了一副对联：

父进士，子进士，父子同进士
妻夫人，媳夫人，妻媳同夫人

可第二天，家丁开门再看对联时脸都白了，慌忙将富绅请了出来。富绅一看，气得当场晕死过去。原来，有人在对联上添了几笔，那对联竟变成了：

父进土，子进土，父子同进土
妻失夫，媳失夫，妻媳同失夫

一两笔之别，吉凶相反，改者奇想，令人叫绝。

秦晋之好

有个灯谜叫做"陕西山西结交情"，单从字面上就很好猜，谜底为"秦晋之好"。成语"秦晋之好"本义是指秦国和晋国联姻，友好相处，现用来代指两姓结为亲家。这个成语源于春秋时代。

春秋初期，晋国逐渐成为一个势力较大的诸侯国。为了加强与邻近的秦国之间的友好关系，晋献公将自己的大女儿许配给了秦穆公，历史上称她为秦穆夫人。

后来，年老的晋献公听信宠妃骊姬的谗言，逼死太子申生，迫使公子夷吾和重耳逃离晋国。随后，骊姬的儿子当上了国君，谁知他却被忠于夷吾的大臣杀死了。流亡在外的夷吾请秦穆公派兵护送他回国，帮他当上国君，允诺割五座城池给秦国以作为报答。但他即位（史称晋惠公）后食言。过了四年，晋国发生饥荒，向秦国求援，秦穆公不计旧恨，运送了许多粮食到晋国去，帮助晋国渡过了难关。可是次年秦国发生了饥荒，晋惠公却不肯支援秦国粮食，使秦穆公对晋国彻底失望。

又过了一年，秦穆公率军攻打晋国，活捉了晋惠公。后在秦穆夫人的帮助下，秦穆公不仅饶恕了晋惠公，而且与晋国缔结了盟约。晋惠公为了表达自己的诚意，把太子子圉送到秦国当人质。不料，子圉偷偷逃回晋国。次年晋惠公去世，子圉当上了国君，即晋怀公。怀公生性残暴，引起了朝中百官的强烈不满。在外流亡了多年的晋公子重耳，最后来到了秦国。他才华出众，为人忠厚，秦穆公很欣赏他，还把宗女怀嬴许配给他。后来，秦穆公派军队护送重耳回到晋国，重耳派人刺杀了晋怀公，群臣都拥戴他当国君。重耳即位后，让太子也娶秦国的宗女做夫人。此后晋国几代都和秦国联姻，史称"秦晋之好"。

知识链接

字谜巧解 "秦苏之好"

苏东坡的妹妹苏小妹才貌双全，智慧过人，向她求婚的人络绎不绝。

九九重阳，秋高气爽。苏东坡邀秦观来到秋香亭饮酒赏菊。席间，苏东坡笑问："贤弟风姿俊逸，才辩无双，何以迟迟不择婚配？"

秦观应曰："吾非草木，岂能无情，小弟久慕一位窈窕淑女，只是难以启齿。"

苏东坡笑曰："这有何难！说出来包在愚兄身上！"

秦观沉吟了片刻，笑曰："待小弟制个字谜仁兄猜一猜。"说罢即赋一词："园中花，化为灰，夕阳一点已西坠。相思泪，心已碎，空听马蹄归，秋日残红萤火飞。"

苏东坡一听，恍然大悟，哈哈大笑："我明白了，原来你的意中人是我的妹妹。"原来秦观词谜的谜底是一个繁写的"苏"字（即蘇）。此后，苏东坡从中巧妙撮合，秦观、苏小妹终结秦晋之好。

图穷匕见

"图穷匕见"的意思是指将图展到尽头，匕首就会露出来，用来比喻事情发展到最后，真相就会显露出来。其中，"见"通"现"，读"现"的音。它是出自《战国策·燕策三》里"荆轲刺秦王"的故事。

战国末期，燕国的太子丹曾在秦国做人质。秦王嬴政很瞧不起他，也不放他回国。后来，终于让他回国，却又在途中设计害他，但是没有得逞。后来秦国先是吞并了韩、赵两国，接着又挥师直指燕国。燕国危在旦夕，太子丹决定派人去行刺秦王。

荆轲是齐国人，他智勇双全，尤其擅长剑术，游历至燕国后，燕人叫他荆卿，亦称荆叔。太子丹听说荆轲有勇有谋，觉得他是行刺秦王的最好人选，便尊他为上卿，想让他去刺杀秦王，荆轲爽快地答应了。

荆轲带去了两样秦王想得到的东西：一是从秦国叛逃的将领樊于期的头颅；二是燕国督亢地区的地图，表示燕国愿将这个地方献给秦国。荆轲将两样东西分别放在匣子里，而行刺秦王的匕首，就放在卷着的地图的最里面。临行时，太子丹等人身穿丧服，将荆轲送到易水边。

来到秦国，秦王下令在都城咸阳宫内隆重接见来使。荆轲按照秦王的要求打开匣子，双手捧给秦王。秦王慢慢展开卷着的地图，快展到尽头时，突然露出一把匕首。荆轲急忙用左手抓住秦王衣袖，右手抄起匕首便刺。但是，荆轲并未刺中秦王。就在这紧张的时刻，秦王的侍臣突然用东西投掷荆轲，秦王迅速拔出剑来，一剑砍断了荆轲的左腿。荆轲倒地后，将匕首投向秦王，结果未中。荆轲最终被拥上来的秦兵乱刀砍死。

此后，"图穷匕见"这个成语就流传了下来，用以比喻事情发展到最后，真相便显露出来了。

知识链接

咏荆轲

——陶渊明

燕丹善养士，志在报强嬴。
招集百夫良，岁暮得荆卿。
君子死知己，提剑出燕京。

素骥鸣广陌，慷慨送我行。
雄发指危冠，猛气冲长缨。
饮饯易水上，四座列群英。
渐离击悲筑，宋意唱高声。
萧萧哀风逝，淡淡寒波生。
商音更流涕，羽奏壮士惊。
心知去不归，且有后世名。
登车何时顾，飞盖入秦庭。
凌厉越万里，逶迤过千城。
图穷事自至，豪主正怔营。
惜哉剑术疏，奇功遂不成。
其人虽已殁，千载有余情。

天衣无缝

"天衣无缝"常用来比喻事物周密完善，毫无破绽，找不出什么毛病。它出自于五代十国时牛峤的《灵怪录·郭翰》里面记载的一个神话故事。

古时候，有个叫郭翰的年轻人，他能诗会画，性格开朗，喜欢开玩笑。盛夏的一个夜晚，他把凉床搬到院落中乘凉，但见长天如碧，明月高挂，清风徐来，满院飘香。郭翰仰望夜空，不禁心旷神怡。突然，一位长得非常漂亮的女子从天而降，微笑地站在郭翰面前。

郭翰惊喜异常，连忙起来，向她揖拜，并问道："敢问姑娘是何方神圣？"

仙女回答说："我是天宫仙界的织女呀！"

郭翰说："你从天上来，能跟我讲讲天上的事情吗？"

仙女说："天上四季如春，夏无酷暑，冬无严寒；绿树常青，花开不谢。枝头百鸟合鸣，水中游鱼可见。没有疾病，没有战争，没有赋税，总之，人间的一切苦难天上都没有。"

郭翰又问："天上这么好，那你为什么还要跑到人间来呢？"

仙女微微一笑，说："亏你还是个读书人。你们人间有位叫庄子的不是说过'在栽满兰花的屋子里待久了，也闻不到香味'的话吗？在天上待久了，难免有些寂寞，所以我偶尔会到人间玩玩。"

郭翰听着呆了。这时，他发现织女的衣服是用人间从未见过的材料做成的，比绸缎还美，比薄纱还轻，如云，又似烟，更奇怪的是一点缝纫的痕迹都没有，郭翰不禁再问道："你的衣服怎么连一点缝合的痕迹也没有呢？"

仙女说："我穿的是天衣，本来就不是用针线缝成的啊。天衣无缝，你连这个都不懂，还称什么才子，我看你是个十足的大傻瓜。"

郭翰这才如梦初醒，明白了不可用人间凡人之眼，去衡量美丽而神奇的天衣。

后来，人们根据这个神话得来了"天衣无缝"这个成语，用以比喻事物完美自然，浑然天成，没有破绽。有时，也可用于指将事物掩盖得细密周详，不露马脚。

知识链接

李时珍巧对妙联

明代著名医学家李时珍小时候聪明过人，被人称为"神童"。他不但熟读医书，而且还很会吟诗作对。

一次，私塾先生出了一个上联：

远山隔林静

李时珍随即吟出下联：

明霞对客飞

当地有一个郝知府听闻李时珍的才学后，便想见识一下。一次路上遇见李时珍，他忙拦住李时珍，开口便道：

做官之士四海为家不择生地熟地

上联联意通畅，且结合事实，还嵌入两种草药名。李时珍停下来，马上应道：

行医之人一脉相承岂分桃仁杏仁

这也符合行医之人的事实，结尾也说了两种药名。这时，郝知府指着李时珍手中的处方笺，又出了上联：

纸白字黑酸甜苦辣咸五味皆有

李时珍沉思了一会儿，想起了写字用的毛笔，略加思忖，便应对道：

杆硬尖软采晒炒切炙百合俱全

郝知府一听对得很工整，心中暗暗佩服。

沉鱼落雁

"沉鱼落雁"出自《庄子·齐物论》："毛嫱、丽姬，人之所美也，鱼见之深入，鸟见之高飞，麋鹿见之决骤，四者孰知天下之正色哉？"这里极言毛嫱、丽姬之美。试想，鱼见了她们会沉入水底，雁见了她们会降落沙洲，她们的美丽由此可见一斑！于是，后人把"沉鱼落雁"一词用来形容容貌俏丽、娟秀的女子。

元朝戴善夫《风光好》一曲有云："我看此女有沉鱼落雁之容，闭月羞花之貌。"生动、形象地描绘了女人的容貌之美。这里又引出了"闭月羞花"一词，它与"沉鱼落雁"语义相近，都是形容女子的美丽容貌。

到了明朝，汤显祖《牡丹亭·惊梦》有云："不提防沉鱼落雁鸟惊喧，则怕的羞花闭月花愁颤。"

"沉鱼落雁"与"闭月羞花"后来变成两句成语，今人仍然常用。不过，能够称得上有沉鱼落雁或闭月羞花之容貌的女子，生活中毕竟不会太多。因此，对这两个词不宜滥用，形容一个女子的容貌得注意掌握分寸。

知识链接

沉鱼落雁的由来

"沉鱼"来源于"西施浣纱"的传说。

春秋战国时期，越国有一个叫西施的女子，长得非常漂亮。一次，她在河边浣纱时，清澈的河水映照出她俊俏的身影，使她显得更加美丽，这时，鱼儿看见她的倒影，忘记了游水，渐渐地沉到河底。从此，西施这个"沉鱼"的别号，在附近流传开来。

"落雁"是得自"昭君出塞"的故事。

汉元帝在位期间,匈奴骑兵经常南下骚扰汉族百姓,边界不得安宁元帝为安抚匈奴,选昭君与单于结成姻缘,以保两国永远和平。在一个秋高气爽的日子里,昭君告别了故土,登程北去。一路上,马嘶雁鸣,撕裂她的心肝;悲切之感,使她心绪难平。她在塞北的草原上,一边乘马缓缓徐行,一边拨动琴弦,奏起缠绵悲婉的离别之曲,南飞的大雁听到这悦耳的琴声,看到骑在马上的这个美丽女子,忘记了扇动翅膀,跌落地下。从此,昭君就得来"落雁"的代称。

乘人之危

"乘人之危"这个成语的意思是,趁着别人有危难时去要挟或打击,形容在人危难之时加以伤害。此语出自南朝·宋·范晔《后汉书·盖勋传》:"谋事杀良,非忠也;乘人之危,非仁也。"

盖勋是东汉末期著名的清官,生于世代仕宦家庭,以孝廉的身份步入仕途,出任汉阳郡(今甘肃甘谷县)长史。盖勋所在的郡属凉州刺史梁鹄管辖,而梁鹄又是盖勋的朋友。当时,受凉州刺史管辖的武威太守横行霸道,干尽坏事,老百姓对他恨之入骨,却又敢怒不敢言。

梁鹄的属官苏正和不畏强权,依法查办了武威太守。梁鹄生怕追查武威太守的罪行牵涉到高层权贵,连累自己,因而焦虑不安。他甚至想杀了苏正和灭口,于是就想去找好友盖勋商量究竟该怎么办,因为盖勋与苏正和是死对头。盖勋的部下劝盖勋借此机会杀了苏正和,来个公报私仇。盖勋听了,断然拒绝。他说:"为个人的私事杀害良臣,是不忠的表现;趁别人危难的时候去害人家,是不仁的行为。"

一天,梁鹄来找盖勋,见面后,梁鹄说道:"武威太守贪污的事如果查出来,我作为刺史,当引咎辞职。所以我打算请您想个办法,除掉苏正和。"盖勋劝梁鹄说:"喂养鹰鸢,要使它凶猛,这样才能为您效劳。如今它已经很凶猛了,您却想把它杀掉。大人身为朝中重臣,辞职事小,如果事情有关大人的名节,那可就麻烦了。"梁鹄听从了盖勋的劝导。

事后,苏正和亲自到盖勋的门前道谢。盖勋不见,让人传话说:"吾为梁使君谋,不为苏正和也。"

> 知识链接

落井下石浅解

"落井下石"又为"落阱下石",指见人掉进井里,不但不搭救,反而向井里扔石头。比喻乘人危急之时,加以打击陷害。语出唐·韩愈《柳子厚墓志铭》:"一旦临小利害,仅如毛髪比,反眼若不相识;落陷穽,不一引手救,反挤之,又下石焉者,皆是也。"

三寸之舌

人们习惯用"三寸之舌"来比喻能言善辩的口才,也常说"三寸不烂之舌"。古代凭三寸之舌完成说客任务的事例举不胜举,最为人们争相传颂的莫过于《三国演义》中"诸葛亮舌战群儒"的故事。此语最早出自《史记·平原君虞卿列传》:"毛先生以三寸不烂之舌,强于百万之师。"战国时期,在赵国公子平原君赵胜门下有个食客名叫毛遂。毛遂整日无大事可做,没有什么名声,几乎不为人所知。

公元前257年,秦昭王围困了赵国的国都邯郸,企图吞并赵国。赵孝成王急忙派平原君为使臣去楚国求援,要求与楚国签订"合纵"盟约联合抗秦,以救赵国之危。毛遂自愿前往,到了楚国后,他和同行的十九个人谈论起天下大事,头头是道,大家对他的学问和辩才都佩服不已。

平原君与楚平王会谈那天,毛遂按着剑从容不迫地走上了台阶。楚王根本没有把毛遂放在眼里,非常傲慢地要他退下去。但毛遂却紧握剑柄,走到楚王跟前,以武力威胁楚王。接着,毛遂根据形势义正词严地分析了楚、赵两国的关系,说明赵国派使臣来缔约联合抗秦,乃是为了救助楚国,而不只是为了赵国自己。楚王想了一下,觉得毛遂说得确实有理,就与平原君一起举行了缔约仪式。这样,联合抗秦的大事圆满完成了。

平原君带着一行人回到赵国后,和人谈起毛遂这次的功劳,感慨万分地说:"毛遂先生一到楚国,就使赵国的地位像九鼎那样的国宝一样尊贵。毛遂先生的三寸不烂之舌,真是胜过了百万雄师!"从那以后,毛遂得到了平原君的重用,被奉为上宾。

此故事是说毛遂以自己出众的口才完成了使命,用"三寸之舌"形容他能言善辩的口才。由这个故事还延伸出另一个成语"毛遂自荐",指自告奋勇或自我推荐去做某事。

知识链接

舌头的"说法"

"舌战"指语言攻坚激辩;"舌耕"是以往对教师工作的另一形容方式,意即老师以舌为耕作工具;"唇枪舌剑"比喻语言像枪一般锋利,像剑一样尖锐;"结舌"以舌不可灵活转动喻无语;"张口结舌"形容紧张得说不出话来。

夜郎自大

夜郎是汉朝时西南部的一个小国,在今贵州省西北部。"夜郎自大"这个成语是指夜郎国的人骄傲自大。用来比喻学识浅薄又妄自尊大的人。典故出自《史记·西南夷列传》。

据记载,张骞出使西域回来之后,汉武帝受到张骞成功出使西域的鼓舞,又命他出使西南,沟通当时的大夏国。

张骞一行到了昆明、滇国和夜郎等地。滇王问张骞等人:"汉朝与我们相比,哪个大?"张骞谦虚地说:"汉朝略胜一筹。"后来汉朝使者到了夜郎时,夜郎王也问了同样的问题:"汉朝与夜郎哪个大?"张骞心里想,夜郎的地盘只及汉朝的一个郡,可夜郎国王因为山高林密,从没有走出去过,还以为夜郎属于天下的大国家呢。于是张骞便向他们介绍了汉朝的情况,但夜郎国的人并不十分相信。

后来,北方匈奴和南方巴蜀不断侵犯边界,汉武帝在镇抚北方的同时,派兵去征讨南方。此时唐蒙应召出征,他向汉武帝建议,要征服南方必须首先结交并镇抚夜郎国,作为进取南方之路。汉武帝采纳了唐蒙的建议,并派他率领一万多人运送大批礼物由长安到夜郎,以便安抚夜郎国,再将夜郎国改为汉郡县。

唐蒙见了夜郎国王后,便向他转达了朝廷意愿,以封侯和把他儿子封为郡守为条件,并赠送了华丽的绸缎等礼物,提出改夜郎为郡县。由于夜郎国王从未离开过自己的国土,也不知外界的情形,所以一直骄傲自大,当使者告诉他说夜郎的国土只有汉朝一个郡那么大时,夜郎国王终于同意改为汉朝的郡,配合汉朝的军事行动。

以后,人们就用"夜郎自大"这句话,来形容那些见识浅薄,自大骄傲的人。

知识链接

夜郎古国的简介

夜郎,汉代西南夷中较大的一个部族,或称南夷。原居地为今贵州西部、北部,云南东北及四川南部部分地区。

夜郎国的具体位置,史籍记载都很简略,只说"临牂牁江",其西是滇国。牂牁江是汉代以前的水名,今人根据其向西南通抵南越国都邑番禺(今广州)的记载,考定为贵州的北盘江和南盘江。多数人认为,夜郎国的地域主要在今贵州的西部,可能还包括云南东北、四川南部及广西西北部的一些地区。

逐鹿中原

历史上从商王武丁开始的"逐鹿"活动,备受历代统治者喜爱,因而将鹿喻为"帝位""国家政权"。"逐鹿"之举便成为历代政治家争夺政权的代名词。成语"逐鹿中原"就是指群雄并起,争夺天下,比喻很多人为夺取政权而争战。语出《史记·淮阴侯列传》:"秦失其鹿,天下共逐之。"

据记载,楚汉争霸时,齐地有个叫蒯通的辩士,认为天下的胜负将取决于韩信,于是假扮看相之名,前去游说韩信。

蒯通见到韩信后说:"将军难道没有听说过勇略震主者身危、功盖天下者不赏的道理吗?将军如今既有震主的威名,又挟难赏的大功,若不自立为王，何处是你的归宿呢？"韩信听了，连连推辞道："请你不要再说了，汉王待我不薄，我怎么能见利忘义呢？"于是，韩信谢绝了蒯通的建议。

　　后来，刘邦依靠韩信灭了项羽。但汉朝建立后，刘邦反而不信任韩信，解除了他的兵权，而后把他贬为"淮阴侯"。韩信对此非常不满，暗中联络在巨鹿（今河北平乡县）驻防的陈豨，伺机起事。陈豨不等时机成熟，就提前宣布反对刘邦。刘邦亲自领兵去讨伐。韩信装病，暗中准备做内应，结果吕后和丞相萧何知道消息后，设计把韩信骗进长乐宫抓住，并以谋反的罪名杀了他。

　　韩信死后，刘邦下令抓来蒯通，要治他死罪，对他说："你鼓励韩信反叛我，我今天杀死你，你还有何话可说？"蒯通面无惧色，十分镇静地说："人各为其主，那时候我只是效忠韩信，并不是效忠你呀！再说，当初秦朝法度败坏、政权瓦解之时，诸侯并起，这种情形犹如秦朝失去了它的鹿，天下人都来追逐它，谁有本事谁先得到它。与你争天下的人很多，因为力量不够而失败，你尽可以杀掉他们！如今你要杀我就动手吧。"刘邦听了蒯通这一番话，觉得也有道理，便赦免了他的死罪。

知识链接

四不像解释

　　四不像就是麋鹿。麋鹿是古书上的名称，四不像则是民间的俗名。四不像一名的得来，源于麋鹿角似鹿非鹿，头似马非马，身似驴非驴，蹄似牛非牛；亦有人称其角似鹿非鹿，颈似骆驼非骆驼，蹄似牛非牛，尾似驴非驴。

八仙过海

　　"八仙过海，各显神通"，这是人们常说的一句成语，用来比喻在共同从事某项工作中，各人有各人的本领。

　　"八仙"是民间广为流传的道教的八位神仙。八仙之名，明代以前众说纷纭。有汉代八仙、唐代八仙、宋元八仙，所列神仙各不相同。至明时始定为：汉钟离、吕洞宾、韩湘子、蓝采和、张果老、铁拐李、曹国舅、何仙姑。传说他们每个人都有一件宝贝，神奇无比，法力无边。有一次，八位仙人在丹崖山蓬莱阁上聚会，酒酣心畅，游兴大发，相约过海到庙岛一游。本来驾起云头就可渡过，而吕洞宾建议，谁也不得驾云而过，要依靠自己的宝物过河。于是，他们各亮法宝，各显神通。铁拐李把药葫芦放在水中，骑在上面浮水而过；韩湘子站在花篮之中，飘然而过；吕洞宾乘一支洞箫顺水而过；张果老骑驴涉水而过；曹国舅乘玉板、蓝采和乘拍板漂泊而过；汉钟离端坐芭蕉扇悠然而过；何仙姑乘粉莲凌空而过。他们都靠自己的宝物和法力安然渡海。这个美丽的故事在民间广为流传，就形成了"八仙过海，各显神通"这个成语。

知识链接

顽童妙答铁拐李

相传，八仙之一铁拐李在游山的路上遇到一个小孩，就问道："小顽童，你姓什么，今年几岁？"

顽童望了铁拐李一眼，调皮地说："我的姓，正好是我的岁数；我的岁数，正好是我的姓。"后来，铁拐李将此事告知吕洞宾，吕洞宾稍加思索，捧腹大笑道："这个顽童可真聪明！你今后定当收他为徒才是。"

铁拐李急忙追问道："你知道这顽童姓什么，现年几岁吗？"

吕洞宾很有把握地说："这孩童姓王，今年十一岁。"

后来，铁拐李专程去找了那个小孩，经再三询问，果然如吕洞宾所说。原来小孩将姓氏"王"拆为"一、十、一"三部分；这三部分组合起来又是一个"王"字，顺念则为一十一岁。

成语谋略

先发制人

成语"先发制人"意即先行下手，采取主动措施制伏对方。语出东汉班固《汉书·项籍传》："先发制人，后发制于人。"

秦朝末年，苛捐杂税多如牛毛，百姓苦不堪言。陈胜率先起义，各地农民起义兵纷纷响应。

公元前209年，项梁和侄子项羽为避难逃到吴中。会稽郡郡守殷通素来敬重项梁，派人召来项梁，一起商讨当时的政治形势。殷通说："先生的才能远近闻名。对于起兵反秦，您有什么看法？"项梁慷慨陈词道："现在江西一带都已起义反对秦朝的暴政，这是老天爷要灭亡秦朝了。先发动的可以制伏人，后发动的就要被别人所制伏啊！"

殷通听了，叹口气说："您是楚国大将的后代，是能干人事的。我想发兵响应起义军，请你和桓楚一起率领军队，只是不知道桓楚现在什么地方。"项梁听了，心中极为不悦，心想自己是将门之后，岂肯甘居他人之下？况且殷通性格胆怯，难成大事。于是项梁回答说："桓楚因触犯了秦朝刑律流亡于江湖，我侄子项羽知道他在什么地方，我去叫他进来问问。"说完，项梁走到门外，轻声嘱咐项羽准备好宝剑，伺机杀死殷通。叔侄俩一前一后走进厅堂。

殷通刚叫项羽的名字，就见门外进来一位高大魁梧的青年，手里拿着一把寒光逼人的长剑。殷通一面打量着，一边不停地称赞："勇士，真是将门虎子啊。"项羽走到他的身边停住，这时项梁给他使了个眼色，项羽马上挥剑杀了殷通。后来，他们又收服了殷通的部下。项梁继任为会稽太守，打出灭秦的旗号，同时，不断征集人马，壮大军队。不久，组成了一支拥有八千人的江东子弟兵，为后来渡江西进、大举反秦打下了基础。

知识链接

先发制人的历史记载

上面这段故事在《史记·项羽本纪》中也有大致相同的记载。在《汉书》中项梁对殷通说的"先发制人，后发制于人"，在《史记》中为"先即制人，后则为人所制"，二者意思相同，都是指先发动可以制伏对方，后发动只能被对方制伏，亦即俗语所说的"先下手为强，后下手遭殃"。《单刀会传奇》中有："自古道：先下手强，后下手殃。"《元曲选·谢今吾》也有言:"我今须面圣,先下手为强。"

纸上谈兵

人们常用"纸上谈兵"来比喻只会空谈理论,搬弄教条,不能解决任何实际问题。社会上重言谈轻行动者不乏其人,"谈"则唾沫四溅,"做"则纸上画饼而已,甚者畏首畏尾,虽消耗人力物力,却无成效。此语出自《史记·廉颇蔺相如列传》。

战国时期,秦昭襄王派大将王龁率兵进攻赵国属地长平。

守军是身经百战的老将廉颇,他在敌强我弱的情况下,为了争取有利的作战条件,修筑堡垒,深挖壕沟,跟远来的秦军对峙,以逸待劳,伺机而动。秦军几次三番向赵军挑战,赵军却坚守不出。秦军也无可奈何。王龁只好派人回报秦昭襄王。

谋士范雎向秦昭襄王献计说:"要打败赵国,必须使用反间计,先让赵国把廉颇调回去。"于是,秦国派人在赵国四处散布流言说:"秦国就是怕让年富力强的赵括带兵,廉颇老了不中用,现在连出营作战都不敢,眼看就快投降啦!"

他们所说的赵括,是赵国名将赵奢的儿子。赵括自幼熟读兵法,谈起用兵的道理来,头头是道,自以为天下无敌,连他父亲也不放在眼里。

赵王听信了流言,立刻把赵括找来,问他能不能打退秦军。赵括说:"要是秦国派白起来,我还得考虑对付一下。如今来的是王龁,他不过是廉颇的对手。要是换上我,打败他不在话下。"赵王听了很高兴,就拜赵括为大将,准备调回廉颇,让赵括顶替他驻守长平。

蔺相如对赵王说:"赵括只懂得读父亲的兵书,不会临阵应变,并非大将之才,不可重用。"

赵括的母亲也向赵王上了一道奏章,请求赵王别派他儿子去。赵母说:"他父亲临终的时候再三嘱咐我:'赵括这孩子把用兵打仗看做儿戏一样,谈起兵法来,就目中无人。将来大王如果用他为大将的话,只怕赵军会断送在他手里。'所以我请求大王千万别让他当大将。"

但赵王不听劝告,坚持让赵括代替廉颇与秦国作战。

公元前260年,赵括领兵二十万到了长平。他把廉颇制定的一套制度全部废除，完全改变了廉颇对付秦国的作战策略，照搬兵书上的条文，认为应该争取主动，立即向秦军大举进攻。

秦国得知赵括替换廉颇的消息后，知道自己的反间计成功，就秘密派白起为上将军，去指挥秦军作战。白起一到长平，布置好埋伏，先故意打了几次败仗。赵括不知是计，拼命追赶。白起把赵军引到预先埋伏好的地区，派出精兵两万多人，切断赵军的后路；另派五千骑兵，直捣赵军大营，把四十万赵军切成两段。赵括这才尝到秦军的厉害，只好筑起营垒坚守，等待救兵。秦国又发兵把赵国救兵和运粮的道路切断了。

赵括的军队，内无粮草，外无救兵，守了四十多天，兵士都叫苦连天，无心应战。赵括带兵想冲出重围，秦军万箭齐发，把赵括乱箭射死了。赵军听到主将被杀，也纷纷扔了武器投降，最后全部被秦军活埋。四十万赵军就这样在"纸上谈兵"的主帅赵括手里全军覆没了。

知识链接

众人评词

宋代辛弃疾既是文学家，又是军事家。他晚年驻守京口（今江苏镇江），创作了《永遇乐·京口北固亭怀古》：

千古江山，英雄无觅孙仲谋处。舞榭歌台，风流总被雨打风吹去。斜阳草树，寻常巷陌，人道寄奴曾住。想当年，金戈铁马，气吞万里如虎。

元嘉草草，封狼居胥，赢得仓皇北顾。四十三年，望中犹记，烽火扬州路。可堪回首，佛狸祠下，一片神鸦社鼓。凭谁问，廉颇老矣，尚能饭否？

他特意举行了一场宴会，请人演唱了这首词，然后请来客提意见，在座的客人都纷纷夸赞写得好，没什么人批评。辛弃疾一定要大家挑毛病，后来岳飞的后代岳珂说道："我觉得这首词用的典故太多了。"辛弃疾高兴地对大家说："他确实说中了我的老毛病！"

兵不厌诈

"兵不厌诈"这个成语是说用兵作战可以多用欺诈的战术迷惑对方，

以获取胜利。语出《韩非子·难一》："臣闻之，繁礼君子，不厌忠信；战阵之间，不厌诈伪。君其诈之而已矣。"

公元前633年，楚国攻打宋国，宋国向晋国求救。第二年春天，晋文公派兵攻占了楚的盟国曹国和卫国，声称除非他们与楚国绝交，才同意他们复国。楚国被激怒了，撤掉对宋国的包围，来和晋国交战。两军在城濮（今山东鄄城西南）对阵。

当初晋文公重耳做公子时，曾受后母迫害，逃到楚国，受到楚成王的厚待。楚成王问重耳以后如何报答他，重耳说："荣华富贵，大王您已应有尽有。假如托您的福我能回国执政，如果以后两国发生战争，我就撤退九十里。如果楚国还不能谅解，双方再交手。"

为了实现当年的诺言，晋文公下令撤退九十里。楚国大将子玉率领楚军紧追不舍。

当时，楚国联合了陈、蔡等国，兵力强；晋国联合了齐、宋等国，兵力弱。形势对晋国极为不利。晋文公的舅舅子犯说："我听到过这样的说法：对于注重礼仪的君子，应当多讲忠诚和信用，取得对方信任，而在你死我活的战场上，不妨多用欺诈的手段迷惑对方。你可以采取欺骗敌军的办法，来赢取这场战争。"

晋文公听从了子犯的计谋，首先击溃由陈、蔡两国军队组成的楚军右翼，然后主力假装撤退，引诱楚军左翼追赶，再以伏兵夹击。楚军左翼大败，中军也被迫撤退。

这就是历史上著名的以弱胜强的城濮之战。晋国取胜后，与齐、鲁、宋、郑、蔡、莒、卫等国会盟，成为诸侯霸主。

知识链接

逗号的强大作用

抗日战争时期，日寇在沦陷区搞"强化治安"，在大街的墙上写了一条标语："有粮食不卖给八路军吃！"标语的本意是：有粮食，不卖给八路军吃！企图饿死八路军，但写标语的人没加标点。第二天一早，这条标语被人加了一个逗号：有粮食不卖，给八路军吃！完全变成了相反的意思，给敌人的阴谋以沉重的打击。

神机妙算

"神机妙算"是说有惊人的机智，巧妙的计谋。形容善于估计复杂的变化的情势，决定策略。语出《后汉书·王涣传》："又能以谲数发擿奸伏，京师称叹，以为涣有神算。"李贤注："智算若神也。"明·罗贯中《三国演义》中第四十六回有："（周）瑜大惊，慨然叹曰：'孔明神机妙算，吾不如也。'"

公元208年，曹操率领二十余万大军南下，准备一举消灭孙权和刘备，统一全国。

赤壁大战前夕，刘备派诸葛亮过江东与东吴都督周瑜共商破曹大计。周瑜嫉妒诸葛亮的才能，唯恐对东吴不利，欲借故除掉他。一天，他要求诸葛亮十天之内造出十万支箭。诸葛亮笑着说好办，并把工期改为三天。周瑜暗喜，让诸葛亮立下军令状，到期完不成的话，以军法处置。他还暗中吩咐造箭军匠故意拖延时间，不给诸葛亮准备所需要的材料。

周瑜派鲁肃到诸葛亮那里去打探情况。诸葛亮正在悠闲地弹琴，一见到鲁肃，扯住他的袖子道："子敬救我！"他要求鲁肃在三天后的凌晨给他调拨二十只战船，战船四周都用黑布蒙上，摆满稻草人，每船配备三十名军士，让他们带上锣鼓号角。鲁肃不明其故，但还是答应了下来。第三天清晨，诸葛亮笑吟吟地邀鲁肃一同登上战船，船向江北驶去，渐渐逼近曹操的水兵大寨。鲁肃惊问："你要去送死吗？"诸葛亮只不动声色地劝鲁肃饮酒。这时，江面上大雾弥漫，曹操闻报，说东吴派水兵来袭，他认为这是诱敌之计，命令不许出战，只用乱箭猛射。等到雾散，诸葛亮下令各船迅速驶回。这时，二十只船的草人上已经插满了箭，远远超过了十万支。他又让各船士兵齐声高喊"谢丞相赠箭"。等曹操醒悟过来时，诸葛亮的草船已经驶了二十多里，无法追赶。曹操懊悔不已。

鲁肃回去后向周瑜禀报了草船借箭的经过，周瑜叹道："诸葛亮神机妙算，我比不上他啊！"

知识链接

妙联颂孔明

三国时期,在诸葛亮的辅佐下,刘备最终建立蜀国,与孙权、曹操的吴、魏形成三足鼎立之势。同时,诸葛亮也为四川地区的开发、发展作出了杰出的贡献。

诸葛亮去世后,人们为了纪念他,在成都建了武侯祠,表示纪念和感激,并托他的神明保佑天下太平。

历代的文人才子也都去祭拜武侯,瞻仰孔明,很多才子还为这位古代奇人写下不少诗篇。有一位秀才巧用"一二三四五六七八九十"十个数字,概括了诸葛亮一生的事迹,作成了一上联:

收二川,排八阵,六出七擒,五丈原前,点四十九盏明灯,一心只为酬三顾

这个上联看上去十分完美,而且联意通畅,巧含数字,使得本联颇难应对。据说,当时这个上联一出,天下无人能对。

说来也巧,有一位才子在几年后也到武侯祠游历瞻仰,偶然看到了这个上联。才子想,这上联写得不错,遗憾的是并无下联。一打听,才知是无人对出下联。于是,他凭借自己的学识,苦思半天,终于对出了下联。下联也同样概括了孔明的一生事迹。而且联意也很通顺,在构思的精巧上,还比上联更胜一筹。这下联是:

取西蜀,空南蛮,东和北拒,中军帐里,变金木土草爻卦,水面偏能用火攻

围魏救赵

"围魏救赵"原指战国时齐军用围攻魏国的方法,迫使魏国撤回攻打赵国的部队而使赵国得救。此语出自《史记·孙子吴起列传》。

公元前353年,魏惠王任庞涓为大元帅,大举进攻赵国,并包围了赵国的都城邯郸。

赵成侯自知赵国难以抵挡魏军,便把中山之地献给了齐国,求齐国派兵解围。齐威王即拜田忌为大将、孙膑为军师,率军八万前往救援。

田忌本来打算带领军队直接去赵国与魏军作战,孙膑认为,魏国的精锐兵卒都在攻打赵国,国内空虚,主张采取避实就虚的灵活战术,向魏国的国都大梁(今河南开封)进军,造成兵临城下、大军压境之势,敌人必然放开赵国,回兵自救,邯郸之围便可自解。他建议田忌轻装行军,并以逸待劳,趁魏军回国疲惫之际,一鼓歼之。田忌采纳了孙膑的计策,率军进攻魏国。

围攻邯郸的庞涓得知大梁被围,非常着急,丢掉粮草辎重,星夜从赵国撤军回国。孙膑预先在魏军回国的必经之地桂陵(今河南长垣西北)设下埋伏,当庞涓率领长途跋涉、疲惫不堪的魏军经过时,齐军突然杀出,魏军猝不及防,被杀得丢盔弃甲,横尸遍野,齐军大胜。

后来,人们从这场战役中引申出成语"围魏救赵",用来指进攻敌人后方的据点或利害相关之处,以迫使敌人撤退的战术。

知识链接

三十六计诗

有学者将三十六计中每计取一字编成一首诗为:金玉檀公策,借以擒劫贼,鱼蛇海间笑,羊虎桃桑隔,树暗走痴故,釜空苦远客,屋梁有美尸,击魏连伐虢。

诗中,除了檀公策外,依序为:金蝉脱壳、抛砖引玉、借刀杀人、以逸待劳、擒贼擒王、趁火打劫、关门捉贼、浑水摸鱼、打草惊蛇、瞒天过海、反间计、笑里藏刀、顺手牵羊、调虎离山、李代桃僵、指桑骂槐、隔岸观火、树上开花、暗度陈仓、走为上、假痴不癫、欲擒故纵、釜底抽薪、空城计、苦肉计、远交近攻、反客为主、上屋抽梯、偷梁换柱、无中生有、美人计、借尸还魂、声东击西、围魏救赵、连环计、假道伐虢。

乐极生悲

"乐极生悲"是生活中常见的现象，人在得意忘形之际，往往看不见身边的灾难，"极乐"的背后潜藏的即为"悲"。它是一个富有哲理的成语，寓意同"否极泰来"，从辩证的关系看，这是事物发展的必然性。

"乐极生悲"原写为"乐极则悲"，这个成语出自《史记·滑稽列传》。

春秋时代，齐国国君齐威王即位后，在大臣淳于髡的帮助下，全心治理国家，使齐国成为强国。

威王八年时，楚国兴兵攻打齐国，齐王派淳于髡出使赵国，请求援救。在淳于髡送去大批贵重礼物和悉心陈词后，赵王同意派十万大军支援，楚军见状吓得不战自退了。

齐威王当然高兴异常，他摆设庆功酒宴，犒赏淳于髡。齐王道："你喝多少酒才会醉？"意欲一醉方休。淳于髡答道："我少喝能醉，多喝也可醉。"威王不解地问："你所言何意？"淳于髡以其机智善辩的口才回答："场合不同，情势不同，都可使酒量有变。喝酒喝到极点必会喝出乱子；欢乐到极点，也必会生出悲伤之事。"

齐威王明白，淳于髡是在提醒自己不可贪杯误事、欢乐无度，于是立刻打消了要一醉方休的念头。

后来，人们就拿"乐极生悲"来劝诫他人，无论做什么事情都要适可而止，不要过分享乐，忘乎所以，以免走向反面，招致悲惨的结果。

知识链接

哀乐相生

"哀乐相生"意即悲痛和喜乐互为因果，相互转化。语出西汉·戴圣《礼记·孔子闲居》："乐之所至，哀亦至焉，哀乐相生。"其寓意类似我们通常所说的乐极生悲，否极泰来。

未雨绸缪

"未雨绸缪"这个词的意思我们都知道,它是比喻事先做好准备工作。在一些正式的场合,我们也常用到它,如:"随着市场竞争机制的逐步完善,公司未雨绸缪,已在精简机构,开源节流,争取占据有利的地位。"这里"未雨"好理解,意即没下雨,"绸缪"不可写作"筹谋",虽然从词义上说得通,但属篡改成语。什么是"绸缪"呢?原来,"绸"指丝麻织品,"缪"是绞在一起,"绸缪"引申为修补加固。

此语原指鸱鸮在下雨之前已修补窝巢。它出自《诗经·豳风·鸱鸮》:"迨天之未阴雨,彻彼桑土,绸缪牖户。今汝下民,或敢侮予?"这里描写的是一只失去了自己孩子的母鸟,仍然在辛勤筑巢,大意是说:趁着天还没有下雨的时候,赶快用桑树根的皮把鸟巢的空隙缠紧,只有把巢筑坚固了,别人才不敢来侵害。

后来,人们便从这几句诗中引申出成语"未雨绸缪",意思是说做任何事情都应该事先做好准备,防患于未然。

知识链接

周公作诗谏成王

周武王灭商纣后,封管叔、蔡叔及霍叔于商都近郊,让他们监视殷都遗民,时人称为三监。武王死后,年幼的成王继位,由其叔父周公旦辅政,这引起了三监的不满。管叔等四处散布流言,说周公将不利于成王,会篡夺王位。周公为了避嫌,远离京城,迁居到了洛邑。不久,管叔等人与殷纣王的儿子武庚勾结起来,反叛朝廷。周公奉成王之命,兴师讨伐他们,后来诛管叔、杀武庚、放蔡叔,降伏了殷朝余民。周公平乱后,写了一首《鸱鸮》诗给成王,诗曰:"趁天未下雨,急剥桑皮,拌以泥灰,以缚门窗。汝居下者,敢欺我哉?"意思是说:趁着天还未下雨,先剥来桑树皮,混拌些泥浆,将门窗关严实,就不怕别人来进犯了。周公的诗有讽谏之意,成王看了,虽然心里不怎么高兴,嘴上却也不敢责备周公。

草木皆兵

"风声鹤唳,草木皆兵"是个成语,写为"草木皆兵"也可,它是形容极度疑惧,惊恐不安。试想一下,把风声、鸟叫声也当成了敌人追赶的异常声响,一草一木也看成了敌人的军队,可见战败逃亡时惊吓恐惧到了什么程度!

此语出自《晋书·苻坚载记》。东晋时期,已控制北方大部分地区的前秦王苻坚,想要征服中原,统一天下。公元383年八月,苻坚引兵八十万浩浩荡荡地挺进淮河,进攻东晋。东晋听闻后,满朝文武尽皆大惊失色,人心惶惶,甚至有人主张投降。宰相谢安力主抗敌。晋武帝采纳了谢安、桓冲等人的主张,下令坚决抵抗。他任命谢石为大将、谢玄为先锋,率领八万精兵迎战。

同年十月,秦军前锋苻融攻占寿阳,苻坚亲自率领八千名骑兵抵达这座城池。他听信苻融的判断,认为弱小的晋兵不堪一击,只要他的后续大军一到,定可大获全胜。于是,他派一个名叫朱序的人去向谢石劝降。

朱序原是东晋官员,他见到谢石后,报告了秦军的布防情况,并建议晋军在前秦后续大军未到达之前袭击洛涧(今安徽淮南东洛河),败其先锋,以挫其后军锐气。谢石听从他的建议,派部下刘牢率精兵五万趁着天黑,渡过洛涧出兵偷袭秦营,结果大胜。晋兵乘胜向寿阳进军。

苻坚得知洛涧兵败,晋兵正向寿阳而来,大惊失色,马上和苻融登上寿阳城头,亲自观察淝水对岸晋军动静。当时正是隆冬时节,又是阴天,远远望去,淝水上灰蒙蒙的一片。仔细看去,那里桅杆林立,战船密布,晋兵持刀执戟,阵容甚为齐整,士气高昂。他不禁暗暗称赞晋兵布防有序,训练有素。

接着,苻坚又向北望去。那里横着八公山,山上有八座连绵起伏的峰峦,地势非常险要。随着一阵西北风呼啸而过,山上晃动的草木,就像无数士兵在走动。苻坚吓得面如土色,惊恐地回过头来对苻融说:"晋兵是一支劲敌,怎么能说它是弱兵呢?"

不久,苻坚中了谢玄的计,下令将军队稍向后退,让晋兵渡过淝水决战。结果，秦军士气极度低落，苻坚的指挥已无能为力，结果秦军全线崩溃，苻坚中箭逃回洛阳，一路上"风声鹤唳，草木皆兵"。一路惊吓，回去不久就死了。

知识链接

谢安简介

谢安（公元320—385年），字安石，陈郡阳夏（今河南太康）人。陈郡谢氏家族是永嘉之乱中随元帝东迁渡江的著名世家大族。唐朝时刘禹锡曾有诗云："旧时王谢堂前燕，飞入寻常百姓家。"描写的就是东晋时王导和谢安左右朝廷的两个豪门望族。谢安是晋孝武帝时的丞相，人称谢太傅，功勋卓著，曾一度辞官退隐浙江会稽东山，当时曾有"安石不出，将如苍生何"之说，足见他的威望之高。后复出主持大局，因此又有"东山再起"这一成语，表示被免职以后再度掌权的意思。公元383年谢安指挥东晋军在"淝水之战"中大破苻坚，是为军事史上以少胜多的典型战例之一。

心怀叵测

"心怀叵测"是指心存险恶，难以揣测，也叫"居心叵测"。其中，"叵"是"不可"的意思，"叵测"即为"不可测"。李白曾有诗云："叵奈薄情夫，一行书也无。"意思说无可奈何薄情薄义的丈夫啊，一行字的书信也没有。

此语源于罗贯中的《三国演义》。

相传三国时期，周瑜被诸葛亮三气吐血而死后，曹操想趁此机会去攻打局势不稳的东吴，但又害怕西凉太守马腾趁机袭击自己的都城许昌，左右为难之际，便诏请大臣出计献策。谋士荀攸给曹操献计，建议他以皇上的名义，给马腾下诏书，封他为征南将军，攻打东吴，待把他骗到许昌之后，杀掉马腾，这样就解决了后顾之忧。曹操听后很高兴，大赞此计甚妙，立即着手照办。

西凉马腾接到诏书后,估摸到了曹操的用心,不过他想将计就计,利用皇帝册封的机会,去许昌将曹操杀死。马腾的侄子马岱说:"曹操狡猾得很,心怀叵测。如果叔叔要去许昌,凶多吉少。"马腾没听侄子的劝告,还是执意去了许昌。没等马腾到达许昌,就被曹操的伏兵杀了。

自此,"心怀叵测"就作为人心难测的贬义成语,流传了下来。

知识链接

聪明反被聪明误

从前,有一位很吝啬的财主,他请了一位先生来教儿子读书。财主想在吃饭上多刮点油水,就对教书先生说:"我家里不宽裕,一切伙食从简行事。"教书先生说:"好吧,但简单也得有个标准,咱们写个契约,免得日后费口舌。"财主欣然同意。教书先生拿来一张纸,写下十六个字,财主一看:"无鸡鸭亦可,无鱼肉亦可,青菜一碟足矣。好,好!"财主满口答应。谁知,第一天中午开饭,教书先生就大喊起来:"怎么只一碟青菜,一点荤腥也没有?"财主说:"我是按契约办的呀!"教书先生拿出契约一念:"无鸡,鸭亦可;无鱼,肉亦可;青菜一碟,足矣。"财主虽不愿意,又怕声张出去被人耻笑,只好每餐一荤一素伺候教书先生。

大义灭亲

《释名·释言语》注:"义,宜也。裁制事物使合宜也。""义"的本义为"道义"。"大义灭亲"是指为了维护正义,对犯罪的亲属不徇私情,绳之以法。用来形容正直无私,为了维护国家和人民的利益,对犯罪的亲人不徇私情,使其受到应有惩罚的人。

此语出自《左传·隐公四年》的古代父杀孽子的故事。

春秋时代,卫庄公在位时,十分溺爱小儿子州吁,因此州吁骄横无理。大夫石碏奉劝庄公说:"我听说疼爱孩子应当正确地教导他,不让他走上邪路。骄横、奢侈、淫乱、放纵是导致邪恶的原因。这四种恶习就是因为孩子太被长辈溺爱而产生的。"但庄公并没把石碏的话放在心上,后来还任命州吁为将军。石碏的儿子石厚与州吁关系甚好，两人狼狈为奸，搅得卫都鸡犬不宁。

庄公死后，桓公即位。公元前719年，石厚跟随州吁刺杀了桓公，篡夺了王位。州吁自立为国君，封石厚为上大夫。两人非常得意，但卫国人对这个国君并不认可。州吁见无法安定卫国的民心，于是通过石厚向石碏请教安定君位的方法。石碏说："如能朝见周天子，州吁的君位就能稳定了。"石厚问："怎样才能朝见周天子呢？"石碏答道："陈桓公现在正受周天子宠信，陈国和卫国的关系又和睦，如果去朝见陈桓公，求他向周天子请命，就一定能办到。"石厚马上跟州吁去了陈国。石碏先一步派人告诉陈国说："卫国地方狭小，我已年迈，没有什么作为了。去贵国的两个人正是杀害我们国君的凶手，敢请贵国趁机设法处置他们。"陈国人等州吁和石厚一到陈国便将他们抓住，并到卫国请人来处置。卫国派遣右宰丑前去，在濮地杀了州吁。石碏又派自己的家臣羊肩前去陈国杀石厚。石厚说："我是罪该万死，请将我用囚车载回卫国，见父亲一面，然后再处死我。"羊肩说："我奉你父亲之命，来诛杀你子。你想见你父亲，就让我把你的头带回去见吧。"于是羊肩将石厚诛杀。从此便有了"大义灭亲"这个成语。

知识链接

包拯正义的化身

包拯生下未满月，母亲病故，由嫂子抚养长大。包拯当巡按时，他的侄儿包勉却在知县的任上作奸犯科，被告发到包拯那儿。面对法与情的抉择，包拯"大义灭亲"，斩了包勉。"王子犯法与庶民同罪"，在法律面前，人人平等，包拯成了正义的化身。

包拯秉公执法，为民除了一害，最终还得到了嫂子的原谅。

奇货可居

"奇"字最早出现在金文中，许慎在《说文解字》中说："奇，异也。一曰不偶。"翻译过来就是"奇"是特殊、奇异的意思,还可解为不成双数。"奇"由稀奇、特殊的意思引申,也有美好、绝妙之意,泛指一切不同寻常的、奇特的人或事物。"奇货可居"这个成语就是指把珍奇的货物囤积起来,等待高价出售。也比喻以某物为资本,博取功名财利。此语出自《史记·吕不韦列传》。

战国时,阳翟有个叫吕不韦的大商人。一次偶然的机会,吕不韦在邯郸的街上发现一个仪表不凡的年轻人。有人告诉吕不韦说:"这个年轻人是秦昭王的孙子,太子安国君的儿子,名叫异人,当年渑池会盟后一直在赵国当人质。"当时,秦赵两国经常交战,赵国无暇照顾异人,异人穷困潦倒。吕不韦了解到这些情况,马上意识到如果在异人身上投点资,说不定有一天会换来不可估量的利润。他不禁自言自语道:"此奇货可居也。"

后来,吕不韦先拿出一大笔钱,买通监视异人的赵国官员,让他与异人有了一面之交。见面时,他对异人说:"我想办法让秦国将你赎回去,然后立你为太子。那么,你就是未来秦国的国君。你看这样好吗?"异人听了吕不韦的话又惊又喜,承诺事成之后要好好报答吕不韦。

两人将此事议定,吕不韦立即动身去秦国。他带着无数财宝用以贿赂秦国太子安国君的左右亲信,通过他们说服安国君,让他把异人赎回秦国。当时安国君最宠爱的华阳夫人没有孩子,吕不韦送给华阳夫人无数财宝,让她收异人做了嗣子。秦昭王死后,安国君即位,史称孝文王。在华阳夫人的帮助下,异人被立为太子。孝文王即位没多长时间就因病去世,太子异人便即位为王,即庄襄王。

庄襄王即位后,念念不忘吕不韦对他的帮助,拜吕不韦为丞相,封为文信侯,并把河南洛阳一带的十二个县作为他的封地,以十万户的租税作为他的俸禄。吕不韦成为秦国权倾朝野的重臣。

知识链接

《吕氏春秋》简介

凭做"奇货"的生意,吕不韦得到了大利。但他仍不满足,又想得到大名，于是，他仿效战国时期的四公子，广收门客，能人志士三千多名纷纷投奔而来。

吕不韦命门客"人人著所闻"，著书立说，为建立统一的封建中央集权制寻找理论根据，这些著作最终汇编成了传世之作《吕氏春秋》。

《吕氏春秋》又名《吕览》，于公元前239年写成。此书共分为十二纪、八览、六论，共二十六卷，一百六十篇，二十余万字。内容很多，汇集了儒、道、墨、法、兵、农、纵横、阴阳等各家思想，所以《汉书·艺文志》等将其列入杂家。

出奇制胜

看到这个标题，可能很多人就会想起由安东尼奥·班德拉斯主演的美国影片《出奇制胜》，不过，我们这里要说的是成语"出奇制胜"，它意指出奇兵战胜敌人，比喻用对方意料不到的方法取得胜利。其中的"奇"也就是特殊的手段，它是别人所意想不到的、变幻莫测的斗争谋略与方法，一语概括，即为"绝招"。

此语出自《孙子·势篇》："凡战者，以正合，以奇胜。故善出奇者，无穷如天地，不竭如江河。"这句话的意思是：用兵作战，总是以正兵迎敌，以奇兵取胜。所以那些善于出奇制胜的将帅的战法就像天地变化那样无穷无际，像江河奔流那样不竭不息。

军事家孙子指出要想战必胜，攻必取，不仅要出奇制胜，而且还在于兵贵神速，要以迅雷不及掩耳之势，大军压境，直逼敌方仓皇就范。

知识链接

田单 "火牛阵" 大退敌兵

战国时，齐泯王贪图享受，骄横暴戾，齐国上下人心离散，百姓生活苦不堪言。

齐的邻国燕国自燕昭王即位以后，却日益富足强盛起来。见齐王昏庸残暴，就派大将乐毅联合秦、魏、赵、韩四国一同进攻齐国。齐国人民恨透了齐泯王,都无心抗敌,士气非常低落,接连吃了败仗。燕军连克七十余城,占领了齐国的大部分领土,在齐国内奸淫掳掠,无恶不作。齐国百姓面临国恨家仇,心里非常难过,于是逃往莒城和墨誓死抵抗。

燕军攻了几年,一直都没有攻下莒城,于是只好转攻即墨城。即墨城中军民共推田单为守城的大将军。田单是位足智多谋的勇士,也很善于攻略。他想出了一个新的计谋,叫"火牛阵"。他先叫人扮成富翁带上金银珠宝偷跑出城,去向燕军将领投降,请求燕兵在破城后不杀害、骚扰他们的亲属。燕军听了,以为即墨城里的人已经准备投降,一高兴就放松了警惕。

这时,田单将城内的一千多头牛集中起来,并且将这些牛都披上五彩龙纹衣,双角上绑着尖刀,牛尾上系满浸透油脂的麻线和芦苇,还挑选了五千名强壮的士兵,也披挂成天兵神将的模样,又连夜在城墙隐蔽处挖了几十个能通往城外的地洞。在一个月黑风高的夜晚,田单一声令下,火牛阵突然从城墙的地洞中冲出,火光熊熊杀向敌人的营帐,齐军战鼓四起。燕军正在熟睡,忽然听见一片惊天动地的锣鼓声,喊杀声。他们冲出营帐一看,只见无数发怒的公牛头顶尖刀,尾燃烈火,像狂怒的海啸一般扑了过来。在火牛阵的后面又有许多披红挂绿的神兵神将在呐喊助威。燕军士兵见这阵势,吓得魂飞魄散,四处逃命,死伤无数。田单率兵乘胜反击,很快就将燕军赶出了国境。

成语趣闻

程门立雪

自古以来,尊师重道的名人逸事不乏其例,如毛主席对徐特立的爱戴一直以来在教育界传为佳话,毛泽东在写给老师的信中说:"你是我二十年前的先生,你现在仍然是我的先生,你将来必定还是我的先生。"

成语"程门立雪"正是用来形容尊敬老师,虔诚求教。此语源于

《宋史·杨时传》。北宋时，程颢、程颐兄弟俩是当时颇具名望的大学问家、哲学家、教育家。兄弟二人，家居洛阳，共同创立了洛学学派，是我国宋明理学的重要奠基人，世称"二程"。兄弟俩为人持正严谨，很有学问。人们都很尊重他们，到他们门下求学的人自然也特别多，杨时和游酢就是其中的两位。游酢是杨时的挚友，两个人志同道合，常常就一些问题秉烛夜谈。

杨时性喜读书，淡泊名利，考中进士后，却放弃做官，继续求学，一心致力于理学研究。当时程颢在河南颖昌，杨时经常登门求教，得到了不少教益。

后来，程颢病逝，杨时十分悲痛，发誓要把老师的理论发扬光大。为了掌握理学的精髓，杨时决定奔赴洛阳伊川书院，拜程颢的弟弟程颐为师。游酢也不辞辛苦，与杨时结伴而行。来到伊川后，杨时与游酢稍微休息了一下，便直奔程颐家而去。二人走在路上时，突然刮起了大风，不多时，下起了鹅毛般的大雪。到程颐家时，正巧程颐在案头打盹。杨时和游酢就恭恭敬敬地站立在窗下，等候先生醒来。

这时，雪越下越大，两人冻得腿脚麻木，游酢实在受不了了，几次欲叫醒程颐，都被杨时拦住了。程颐醒来后，见到窗外雪人似的杨时和游酢，感动不已。之后，他将自己的学问倾囊相授。后来，杨时和游酢都成为厚学之士，杨时更是不负众望，学到了老师的全部学问。之后，杨时回到南方传播程氏理学，而且形成独家学派，世称"龟山先生"。

后人便用"程门立雪"这个典故，来赞扬那些求学师门、诚心专志、尊师重道的弟子。

知识链接

浅谈伊洛之学

北宋程颢、程颐创了理学学派，因二人讲学于伊河、洛水之间，故称其所创学派为"伊洛之学"，也叫"洛学"。其是以孔孟思想为基础，吸收佛、道思想而建立起来的理学体系。此学派提出理学道统说，发展了周敦颐"无极而太极"的世界本体论，以"理"或"天理"为哲学最高范畴，作为自然界和社会的最高原则。

青衫司马

"青衫司马"这个成语在生活中人们用得并不多，在古代喻指失意的官吏。司马，乃一官名，西周始置，与司徒、司工并称"三有司"。战国时为掌管军政、军赋的副官，隋唐时是州郡太守（刺史）的属官。此语出自唐朝诗人白居易的《琵琶行》。唐代元和年间，白居易被朝廷贬为九江郡司马。他在江边送客时，忽然听见船中有人在弹奏琵琶，听曲子的声音，铮铮之声中好像有一股京城的曲调味。于是白居易上了那艘船，见船中坐着一位弹琵琶的妇人，妇人说她本是京城的一个卖唱女子，曾在年少的时候师从京师有名的乐师穆、曹二人，但因现在年龄大了，也衰老了，所以就屈身嫁给了一个商人做妻子。

听了她的自叙，白居易命令给他们几位朋友摆酒，要再听听妇人弹奏的琵琶。妇人在给他们弹完了一支曲子以后，神情非常失落，原来她在曲子中讲述了自己年少时的幸福之事，又哀叹现在却沦落到如此地步。白居易由此联想到自己被贬的遭遇，不禁万分感慨，伤情不已，于是写下了著名的《琵琶行》长诗。诗的后四句即："凄凄不似向前声，满座重闻皆掩泣。座中泣下谁最多？江州司马青衫湿。"

后人即以"青衫司马"形容人身世漂泊，心情郁闷。

知识链接

黄庭坚智对妙联

相传有一天，黄庭坚与友人一起到江洲去游玩。中午他们来到一个叫烟水亭的凉亭中休息。一位友人看见一名游客也在休息，并抽着水烟。面对此情此状，便得一上联：

烟水亭，吸水烟，烟从水起

黄庭坚向四周望了一望，看见亭侧恰好有一口井，名叫"风浪井"，当即说道：

风浪井，搏浪风，风自浪兴

稍稍休息后，他们又来到一座叫"思贤桥"的桥上，倚桥而望，便引出对古人的无限思念和敬仰，一时联兴大发。黄庭坚吟咏道：

思贤桥，桥上思贤，德高刺史名留古

友人听了，思忖很久也未得出下联，于是黄庭坚自作下联：

琵琶亭，亭下琵琶，情多司马泪沾襟

不一会儿，他们又来到一座楼上，登楼而坐，香茗缭绕，一时间想起了这座"梳妆楼"的典故，感慨顿生，友人便得一联：

梳妆楼头，痴眼依依，痴情依依，有心取媚君子君不恋

黄庭坚沉思了一会儿，便答道：

延支山上，落木萧萧，落花萧萧，无缘有识春风春难留

友人听了，都抚掌称妙。

东床快婿

"东床快婿"是指为人豁达、才能出众的女婿。"快"意即称心、美好。"东床快婿"也就是好女婿的意思，也可直接说成"东床"。这一美称跟大书法家王羲之有关。

《晋书·王羲之传》上有一个故事说，晋代有一名太尉郗鉴，有一天派门客去王家为自己女儿择婿。门客回来后报告说："我把王家的子弟一个个仔细看了，他们都长得不错，读书也很用功。我去的时候，正逢他们吃饭，这些年轻人一边吃饭，一边说笑，有的还摇头晃脑地吟诗。他们一听说我是奉太尉之命去选女婿的，大家都不出声了，立刻坐了下来，整整衣服，变得端正了许多。其中只有坐在东床上的一个青年人，仍敞着衣襟，大吃大喝，好像根本没有听到我说的话。"

郗鉴听后说："这种不做作的人，想必正是一个好女婿。"经他亲自带领门客再次探听，得知那个青年叫王羲之。于是就把自己的女儿嫁给了他。这件事流传四方，后来有人便把"东床"用作女婿的代称，并一直沿用至今。

知识链接

"书圣" 王羲之简介

王羲之,字逸少,号澹斋,琅琊临沂(今山东临沂)人,后居山阴(今浙江绍兴)。官至右军将军、会稽内史,故世称王右军、王会稽。他兼善隶、草、正、行各体,博采众长,自成一家。其书法的主要特点是平和自然,笔势委婉含蓄,道美健秀。其字被誉为"飘若游云,矫若惊龙""铁书银钩,冠绝古今"。后世尊称王羲之为"书圣"。

萍水相逢

"萍水相逢"是比喻素不相识的人,偶然相遇。浮萍指在水里浮生的草,即使水珠溅落在浮萍上,也会不沾不湿,仍然只是一过客而已。南宋·文天祥《过零丁洋》中有:"山河破碎风飘絮,身世浮尘雨打萍。"意即国家遭难,山河破碎如风吹柳絮,个人的身家性命如雨打浮萍,随时有沉没的危险。

此语出自唐代诗人王勃《滕王阁序》:"萍水相逢,尽是他乡之客。"

滕王阁原为唐高祖的儿子滕王李元婴任洪州都督时营建,楼阁以其封号命名。后来,滕王阁因年久失修,一度成为各种飞鸟的乐园。它们在阁上筑巢产蛋、繁衍后代。

有一年,阎伯屿到洪州任都督,他派人将滕王阁修缮一新,并准备在九月九日这天,大宴文化雅士和宾客朋友,举行庆祝竣工的典礼。

都督阎伯屿有个女婿叫吴子璋,在当时也是一个小有名气的文士。阎伯屿为了显示女婿的文采,便事先让吴子璋将序文写好,以便在宴会的当天炫耀才华,好在当地扬名。到了九月九日那天,宴会即将开始时,阎伯屿命人取来文房四宝,对众位宾客说道:"诸位,今日名阁新修,贵宾云集,应该说是千古盛会,不可不留下纪念的文章。有劳在座各位挥动如椽大笔,为名阁增色。"说完,阎伯屿命人将文房四宝从首座往下传,在座的宾客都心知肚明,阎伯屿这招是为自己女婿而来,因此都托词不写。

在众多的来宾中，有一名年轻人，他就是王勃。他坐在最后一个席位上，当仆人将文房四宝递给他的时候，王勃竟毫不客气地将文房四宝留在了自己的桌上，当场挥毫疾书，一气呵成，写下了著名的《滕王阁序》，留下了脍炙人口的名句"落霞与孤鹜齐飞，秋水共长天一色"。此序构思精绝，文气通顺畅快，铺叙出了宴会胜景。众宾客看了，无不拍手叫好。阎伯屿读后也很钦佩，认为这篇序文比自己女婿写的要高明得多，也就不再让吴子璋出场著文了。

王勃写《滕王阁序》这篇文章时，年龄不大，通篇的基调是高亢激越、积极向上的。但也就是在这篇文章中，王勃也抒发了宦途坎坷、知己难求的那种苦闷心情："关山难越，谁悲失路之人？萍水相逢，尽是他乡之客。"表达了自己生不逢时、命途多舛的心情。

知识链接

初唐四杰之——王勃

作为初唐四杰之一的王勃，自幼苦读诗书，七八岁会写诗，十几岁就被授予朝散郎。但不久，他便受到豪门贵族的迫害。

王勃寻父南下，在滕王阁登高远眺，写成了千古绝唱《滕王阁序》，接着又写下了《滕王阁诗》。诗的最后两句是："阁中帝子今何在？槛外长江＿＿自流。"写完后，他将手中的笔一扔，扬长而去，留下一个天窗缺让人去猜。在场的许多文章妙手都在猜测这个天窗中应填什么字，有的说填"水"，有的说应填"独"，有的说应填"一"，但都未见神韵。

大家猜测不出，就派人骑马去追问王勃。王勃对追问者说："那个字不是空的吗？那就是个'空'字呀！"王勃把自己对长江秋水的凭祭，对那些不学无术者的不屑，对自己怀才不遇的牢骚，统统都放在了一个天窗字中。

两袖清风

"两袖清风"，又为"清风两袖"。古往今来，人们常用这一成语来比喻为官清廉。有诗道:"一生为官何所在?唯有两袖纳清风;中饱私囊因何在?皆道贪官说不清。"

关于这一成语的出处,流传最广的说法是出自明代清官于谦《入京》诗:"绢帕蘑菇并线香,本资民用反为殃。清风两袖朝天去,免得闾阎话短长。"

其实,此语在比于谦早大约二百年的元朝文学家魏初的《送杨季海》一诗中就已经出现了:"交亲零落鬓如丝,两袖清风一束诗。"这两句诗的大体意思是:自己为官多年,至交亲朋都零落而去,自己也慢慢衰老而两鬓斑白。除了还有两袖清风之外,自己身无长物,只好用一束小诗来为朋友送行了。魏初,字太初,号青崖,著有《青崖集》五卷,曾任元朝中书省掾吏、监察御史、南台御史中丞等官职,为官清廉,颇有政声。

此外,元朝陈基在《次韵吴江道中》一诗中也有这样的句子:"两袖清风身欲飘,仗藜随月步长桥。"只不过当时这一成语还没有与为官清廉这一意思联系在一起。到了明朝吴应箕的笔下,"两袖清风"已被用来表达清贫之意了,其《楼山堂集·忠烈杨睫传》中云:"入计时,止于两袖清风,欲送其老母归楚,至不能治装以去。"从此以后,"两袖清风"才逐渐演变成为官清廉的意思。如明朝另一位清官况钟在出任苏州知府任满赴京考绩时,为拒收群众送的礼物,就曾作诗云:"清风两袖朝天去,不带江南一寸绵。惭愧士民相饯送,马前洒酒注如泉。"

知识链接

于谦妙对显雄志

据说于谦少年时代就有过人的才华,出口成章,而且从那时起便颇有雄志。

有一次,他跟随父亲、叔父去凤凰台游玩。叔父触景生情,便作了一副对联:

今朝同上凤凰台

于谦很快应声道:

他年独占麒麟阁

这等豪言壮志,使父亲听了又欢喜又惊奇,没想到自己的儿子这么年轻,就有如此的才志,心中不免一阵欣慰。

之后,三人来到一条甚是繁华的街道,此街叫癸辛街,以干支做街名。若以这条街名为上联,要对出下联很有难度。父亲与叔父二人思索良久不得之,于谦在一旁说道:"我以子午谷对这癸辛街,如何?"父亲和叔父听了,大赞于谦才思敏捷。

于谦12岁时,一次着红衣骑马过桥不小心冲撞了当地巡按的仪仗,巡按大人见他眉目清秀,举止之间颇有一种气概,倒也不怪罪他,而要用对联试他一试。他出的上联是:

红孩儿骑马过桥

于谦立即答道:

赤帝子斩蛇当道

巡按听了这话,十分震惊,顿觉眼前这个少年胸有大志,文才出众,日后定会成为旷世之才。

得意忘形

"得意忘形"这个成语的意思是指高兴得忘记了自身形体的存在,形容人因为高兴而控制不住自己,失去常态。语出《晋书·阮籍传》:"嗜酒能啸,善弹琴,当其得意,忽忘形骸。"

魏晋时期,阮籍与嵇康、刘伶、向秀等被称为"竹林七贤"。阮籍本来很有抱负,希望能在政治上有所作为,但他对执政的司马氏集团非常不满,又不敢直白地表述自己的见解和主张,只得采取明哲保身的态度,或者闭门读书,或者纵情于山水,或者酣醉不醒,或者缄口不言。因此史书中描写他时说是"当其得意,忽忘形骸"。

其实,早在战国时庄子的文章中也有异曲同工的说法。《庄子·外物》中说:"荃者,所以在鱼,得鱼而忘荃;蹄者,所以在兔,得兔而忘蹄;言者,所以在意,得意而忘言。吾安得夫忘言之人而与之言哉?"荃亦作筌,捕鱼的工具,蹄则是捕兔的工具。使用它们,目的在鱼和兔,得到了,就没必要再放在心上。同样,语言也只是表达意识、传播思想的工具。所以庄子说"得意而忘言",领会了意思就忘掉了言语。

至晋时,陶渊明在《饮酒》一诗中写道:"采菊东篱下,悠然见南山。此中有真意,欲辩已忘言。"因得到真意,不仅"得意忘形",甚至连"意"本身也一并超脱,物我两忘,不辩不言,而以沉默表达。

所以说"得意忘形"这个成语,其中大有深意和智慧。其实质在于:得其本意,便忘其外形。无论治学、生活,还是为人处世,这都算是很难得的高妙境界。

知识链接

对联相比讽贪官

某年除夕,一个贪赃枉法又厚颜无耻的县官,在县衙门上贴了一副对联:

一心为民两袖清风三思而行四方太平五谷丰登

六欲有节七情量度八面兼顾久居德苑十分廉明

横额:福荫百姓

初一早晨,衙门口很多人围观,还不时有惯于逢迎拍马的人喝彩:"好呀!写得真是妙极了!"

县官在院中踱步品茗慢饮,听得外面的叫好声,喜上眉梢,得意忘形。突然,一衙役匆匆跑来说:"老爷不好啦!不知是谁在红对联外又贴了一副白对联。"他急忙跑出去看,只见对联写的是:

十年寒窗九载熬油八进科场七品到手六亲不认

五官不正四蹄羁縻三餐饱食二话不说一心捞钱

横额是:苦煞万民

县官看罢,气得满脸煞白,半天说不出一句话来,围观的群众一个个笑着离开了。

妙笔生花

"妙笔生花"这则成语是说笔头生出花来了,比喻写作技术非常高超。语出五代·王仁裕《开元天宝遗事·梦笔头生花》:"李太白少时,梦所用之笔头上生花后天才赡逸,名闻天下。"

相传少年时代的李白有一天深夜,睡眼蒙眬中,他一边吟诗,一边随风飘扬,来到了一座海上仙山。山在虚无缥缈之间,四周云海苍茫,奇峰耸峙,松石争奇,花木葱茏。李白被"眼前"的美景所陶醉,不忍离去。他登上一座山峰,欣赏着眼前瞬息万变的风光景色。忽然,一支巨大的毛笔耸出云海,有十多丈高,像一根玉柱一样。李白心想:"如果能得此巨笔,用大地当砚,蘸海水为墨,拿蓝天当纸,写尽人间美景,那该有多好。"就在他浮想联翩之时,忽然听见一阵悠扬悦耳的仙乐,并有五色光芒从笔端射出,接着在笔尖开放出一朵鲜艳的红花。李白目睹了这番如真似幻的仙景之后,不禁脱口而出:"山涌玉毫架更奇,天公巧设是何时?若能借此生花笔,写尽人间万首诗。"

李白吟罢这首诗,没想到那支生花笔竟渐渐移动,朝着他飘然而来。李白眼看那支光芒四射的生花妙笔越来越近,便伸手去取,当快要摸到粗壮的笔杆时,不觉一惊而醒,原来是一场梦。

李白梦醒之后,反复回想梦中情景,总是想不出那是什么地方。于是他决心遍访名山大川,寻找梦中仙境。后来,李白云游到黄山,一见北海散花坞左侧有一孤立石峰,形同笔尖朝上的毛笔,峰顶巧生奇松如花,不觉失声大叫:"以前我梦中所见的生花巨笔,原来就在这里。"

传说,自从李白见到"妙笔生花"后,名诗佳句便源源而出,为后世留下了大量不朽的诗篇。

知识链接

一笔解谜替汉解围

汉朝时候,北方的匈奴突然派人送来一封书信。皇上折开一看,雪白的纸上只有四个大字"天心取米","取"字还多出了一笔,写作"职"。皇上思索很久,仍不解何意,就把这封信传给朝中大臣看,朝中群臣均不解其意。皇上无计可施,只得张榜招贤。

这时宫中修撰官何塘自告奋勇地说他可解这封信谜。皇上急忙召见他。何塘指着信上的四个字说:"皇上,恕臣直言,大祸已不久矣。天者,我国也;心者,中原也;米者,圣上也。天心取米,就是夺我江山、取君龙位的意思呀。"皇上闻言大吃一惊,问何塘道:"何爱卿,这该如何是好呢?"何塘略一沉吟,向上施礼道:"皇上不必忧虑,微臣自有退敌良策。"说罢,他提笔在信上略写了几笔,便装入信封,原信退回。

关外匈奴正严阵以待,准备出兵。信使来报大汉已有回表。匈奴统帅拿出复信一看,顿时大吃一惊,觉得汉朝人才济济,出兵攻打实在占不到便宜,便退兵了。

原来何塘只是在"天心取米"四个字上各加了一笔,变成"未必敢来",向匈奴显示了汉朝的实力,吓退了蛮夷。

姗姗来迟

"姗姗来迟"原是描述女人行走,步履缓慢、从容不迫之态,以致来迟。此语跟有着倾国倾城之貌的李夫人有关。

汉武帝时,音乐家李延年曾有曲云:"北方有佳人,绝世而独立,一顾倾人城,再顾倾人国。宁不知倾城与倾国,佳人难再得。"这位佳人就是他的妹妹,武帝闻此曲后,遂纳其妹为妃,即史上所称的"李夫人"。

李夫人貌美如花,通音律,善歌舞,很受武帝宠爱,后因病重,武帝时常前往探望,而李夫人始终背对武帝,不以正面侍君,说是病颜憔悴,怕有损在武帝心中的美好形象。李夫人死后,武帝很长一段时间都对她念念不忘,久久难以释怀。

有一个方士是齐国人,名叫李少翁,说他自己有招魂之术,汉武帝便把他请来招魂。到了夜晚,李少翁命令皇宫张灯结彩,挂设帷帐,摆上酒肉,让汉武帝坐在他的帷帐里。汉武帝远远看去,果真有一位美女长得很像李夫人,那个女子有时在帷帐里娴静端庄地坐着,有时在帷帐外边缓慢从容地散步。依李少翁的要求,汉武帝只能远看,不能走近那名女子,他心中更加思念李夫人,在心情悲痛之下写了一首诗,大意是:

是你吗,那是不是你?

我站着,远远地望着你,

你为什么迟迟不来到我身边!

（原诗是：是邪？非邪？立而望之，偏何姗姗其来迟？）

后人便从汉武帝的这首诗里概括出成语"姗姗来迟"，用以指慢腾腾地来得很晚。

知识链接

趣味灯谜

"姗姗来迟"这一形容女子婀娜多姿、款款而来的美好词语却跟历史上一个赳赳武夫有些许"联系"，这个人就是徐达。

徐达，明朝开国军事统帅。他出身农家，少有大志，为人宽厚，深通兵法，战必胜，攻必取，功高不矜，被朱元璋誉为"万里长城"。不过，这位功勋卓著的大将最后还是被朱元璋赐吃烧鹅全身溃烂而死。

原来，曾有人将"姗姗来迟"制为一灯谜，打一古代人名，谜底便是徐达，其构思可谓精妙绝伦。

破镜重圆

铜镜在古代经常充当男女爱情的信物和象征物。早在汉代，铜镜上就铸有"长相思，毋相忘"的句子。"破镜重圆"的佳话更是流传千古。

"破镜重圆"来自南朝陈国徐德言的一段故事。陈后主叔宝有一个妹妹乐昌公主，才貌出众，嫁给太子宾客徐德言为妻，两人感情颇深。

眼看隋文帝杨坚派兵南下，陈朝岌岌可危，徐德言对妻子说："兵荒马乱，咱们可能会走散。"说着，他拿出一面镜子，摔成两半，递给妻子一半，说："咱俩一人拿一半，每年正月十五拿到街上卖。镜子破，价钱贵，人们一定会当成笑话传开去，我就好去找你了。"

陈朝亡国后，夫妻俩果然走散。乐昌公主和陈后主的一些嫔妃、亲戚被隋文帝的大兵掠走。隋文帝将乐昌公主赏赐给越国公杨素为妾。杨素既仰慕乐昌公主的才华，又贪图她的美色，因此非常宠爱她，还专门为乐昌公主营造了宅院。然而乐昌公主却终日郁郁寡欢，默无一语。

次年，元宵佳节到了，徐德言历经千辛万苦来到了长安，便在街头卖破镜。乐昌公主也按约派随身老仆到街市上寻访，果真听闻有一痴人高价出卖破镜，老仆人细细打探，很快与徐德言相遇。他拿出另一半破镜，两半合在一起严丝合缝，徐德言看着那半片铜镜，知妻子已有下落，禁不住泪如雨下，当即就着月光，题诗一首，托老仆人带给乐昌公主。诗云：

镜与人俱去，镜归人不归。

无复嫦娥影，空留明月辉。

乐昌公主接到老仆带回来的诗，想到自己与丈夫咫尺天涯，却难以相见，悲从心来，不禁放声大哭，自此水米不进。

杨素察觉后，再三盘问，乐昌公主才说出了缘由，杨素听了不禁为他们二人的真情所打动。于是他立即派人找来徐德言，让他们夫妻团圆了。此事传开后，人们都为杨素的宽宏大量、成人之美赞叹不已。"破镜重圆"的故事从此在民间流传开来，用以比喻夫妻失散或决裂后重又团聚、和好。

知识链接

作诗复得爱人

唐朝元和年间，秀才崔郊的姑母有一名婢女，长得很漂亮。崔郊常到姑母家去，时间一长，与这名婢女互生爱慕之情。后来，这名婢女被卖给当时的显贵于。崔郊只是一个书生，无力阻止，只是对婢女念念不忘。

一次寒食节，婢女偶尔外出，与崔郊邂逅，崔郊百感交集，写下了一首《赠婢》诗：

公子王孙逐后尘，绿珠垂泪滴罗巾。

侯门一入深似海，从此萧郎是路人。

这首诗委婉含蓄，含而不露，写出了自己所爱之人被人所夺的悲哀，表达了哀怨痛苦的心情。后来于读到这首诗，被崔郊的真情所打动，就让他把那位婢女领去，两人重续前缘，成为当时诗坛一段佳话。

徐娘半老

"徐娘半老"说的是女人到了中年,依旧风姿绰约,尚有风韵。此语出自《南史·后妃传下》:"徐娘虽老,犹尚多情。"

据《南史》记载,徐昭佩是前齐国太尉徐孝嗣的孙女,梁朝将军徐琨的女儿。公元517年,梁元帝萧绎还在当湘东王时,她嫁给了萧绎,两人生有一儿一女。

因为萧绎一只眼睛瞎了,徐昭佩每次与萧绎见面,就只画半边脸的妆,另一半素面,萧绎见此情形就大怒离去。徐昭佩嗜酒,常喝得酩酊大醉,萧绎每到她房中,总会被她吐一身秽物。萧绎愤恨不已,于是开始疏远她。夫妻俩感情甚为不和。

徐昭佩自恃出身名门显贵,就敢以嘲弄皇帝的做法来发泄心中的苦闷。她在独守空房后,开始找情人,先是结识了荆州瑶光寺的一个风流道士智远,后来又结识上朝中的美男子暨季江,这时她已是个中年妇女,虽然年轻时确实也是一个光彩四射的大美人,但终究敌不过岁月催人老的事实,妙龄一过,姿色已大不如前,不过仍浓妆艳抹的她,却犹存一点风韵。所以暨季江评论徐昭佩时说:"柏直狗虽老犹能猎,萧溧阳马虽老犹骏,徐娘虽老犹尚多情。"

后来这些情事暴露,萧绎借口另一个宠妃的死是徐昭佩因妒而暗下毒手,逼其自杀,最后她只好投井而死。徐昭佩死后,萧绎余恨未消,将其尸体捞起来,遣送回她娘家,并做文章谴责她的淫荡行为。徐昭佩的风流生涯就是以这样的悲剧结束的。

知识链接

古诗里记载

"地险悠悠天险长,金陵王气应瑶光。休夸此地分天下,只得徐妃半面妆。"这是唐代诗人李商隐的《南朝》七绝,它是一首感慨颇深的咏史诗。宋代钱惟演《荷花》中也有"徐娘卷半面,楚女妒纤腰"之说。

空穴来风

"空穴来风"这个成语从字面看容易让人误解,一个洞穴凭空哪来的风嘛!因此很多人把它理解为无根据、无凭证、编造臆测的同义语,甚至有些词典也做了类似的错误注释,台湾《每日一辞》中明确说道:"比喻事情凭空发生之意。"其实,这类解释恰恰与它的意思相反,"空穴来风"正是事出有因的意思!此词最早见于宋玉的《宋赋》:"臣闻于师:'枳句来巢,空穴来风。'"

据记载,一次楚国的文人宋玉和景差跟随楚襄王在兰台宫游玩,忽然吹来一阵凉爽的风,楚王不禁感叹道:"这风吹得我好畅快呀!这是我和百姓共同享受的吗?"

宋玉听了回答说:"这只是大王的风罢了,百姓哪里能够和您共同享受呢?"

楚王听后非常奇怪,不由惊讶地问:"风是天地间的大气,如今你却说风是我独有的,这其中的道理是什么?"

宋玉回答说:"我听老师说过,树分叉的地方,常有鸟来做窝;有空隙的洞穴,就有风吹来。由于地位不同,风自然就两样了。"

后来,人们根据它概括出"空穴来风"这个成语,用来比喻消息和传说不是完全没有根据,而是事出有因。唐时白居易诗中准确使用过此语:"朽株难免蠹,空穴易来风。"说腐朽的树木难免招来虫子蛀咬,空的洞穴容易引来风吹。按此解释,"空穴"和"来风"正是一因一果。

知识链接

曲高和寡

"曲高和寡"是说曲调高雅,能跟着唱的人就少。用来比喻知音难得,又被用来比喻说话、写文章不通俗,能理解的人很少。另也比喻言论或作品不通俗,难以被人接受。语出战国·楚·宋玉《对楚王问》:"引商刻羽,杂以流征,国中属而和者不过数十人而已。是其曲弥高,其和弥寡。"

一次，楚王问宋玉："先生最近有行为失检的地方吗？为什么有人对你有许多不好的议论呢？"

宋玉答道："是的，有这回事。请大王听我讲个故事：最近，有位客人来到我们郢都唱歌。他开始唱的是非常通俗的《下里》和《巴人》，城里跟着他唱的有好几千人。接着，他唱起了还算通俗的《阳阿》和《薤露》，城里跟他唱的要比开始的时候少多了，但也有好几百人。后来他唱格调比较高雅的《阳春》和《白雪》，城里跟他唱的只有几十个人了。最后，他唱出格调高雅的商音、羽音，又杂以流利的徵音，城里跟着唱的人更少，只有几个人了。"说到这里，宋玉对楚王说："由此可见，唱的曲子格调越是高雅，能跟着唱的人也就越少。圣人有奇伟的思想和表现，所以能超出常人。一般人又怎能理解我的所作所为呢？"楚王听了，若有所悟。

成语经典

尔虞我诈

有人曾把"尔虞我诈"形容为骗子遇骗子，意即都不是什么好人，彼此之间互相玩弄。此语出自左丘明《左传·宣公十五年》："我无尔诈，尔无我虞。"

春秋时，楚国称霸，楚庄王根本不把邻近的小国放在眼里。有一天，楚庄王派大夫申舟出使齐国，指示他经过宋国的时候，不必向宋国借路。申舟估计这样一来，必定会触怒宋国，就问楚庄王："那万一他们把我杀了怎么办呢？"楚庄王回答说："如果他们敢这么做，我就率领军队去灭了他们，为你报仇。"申舟很无奈，只好将儿子申犀托付给庄王，就出发了，结果路过宋国时被抓了。宋国的执政大夫华元对宋文公说："经过我们宋国而不通知我们，这是把宋国当做属国看待。当属国等于亡国。如果杀掉楚国使者，楚国来讨伐我们，也不过是亡国。与其如此，倒不如把楚使杀掉！"于是宋文公下令将申舟杀了。

楚庄王听到这件事后，非常气愤，马上下令讨伐宋国。宋国虽是小国，但打了一年半载也没攻下，楚军锐气大减，楚庄王决定撤兵回国。申舟的儿子申犀得知后，叩头说："我父亲当初明知会死，可是不敢违抗您的命令。现在，您倒丢开从前说的话了。"庄王无法回答，这时大夫申叔时建议道："不如我们在这里盖房屋，下地种田。让宋国人以为我们要跟他们长期对抗，他们怕了自然会投降。"庄王照此吩咐下去。宋国人一看当真怕了，不知如何是好，华元站出来说："不行，我们宁愿战死、饿死，也不签那丧权辱国的条约。"当晚华元就潜到楚国营中，找到主帅说："我们君王叫我把宋国现在的困苦状况告诉您：城里粮草早已吃光，大家已经交换死去的孩子当饭吃。柴草也早已烧光了，大家用拆散的尸骨当柴烧。虽然如此，但如果楚国硬逼，我们即使战到一兵一卒也绝不投降。但如果你们退兵三十里，那您怎么吩咐我们就怎么办。"楚庄王本来就想撤军，于是退了三十里，两国又恢复了和平，签订了盟约。盟约上写着："我无尔诈，尔无我虞。"意思是我不欺骗你，你也不欺骗我，后来简化为成语"尔虞我诈"。

知识链接

另类家书

古时，有一人在外谋生，托同乡带了一封信和一包银子给妻子。那个同乡悄悄打开信，看到里面只有一幅画，画面上有一棵树，树上有8只八哥，4只斑鸠，没有写多少银子。这位同乡起了邪念，将银子偷偷扣了一半。谁知朋友的妻子见到信后，说道："为人要诚实啊！我丈夫托您带给我一百两银子，为什么只给我五十两？"

原来，这封家书正是写信人花费一番心思才想出来的，虽然通篇没有一个字，但 8×8（八哥）$+4\times 9$（斑鸠）$=100$，正好就是一百两银子了。

鸡犬不宁

成语"鸡犬不宁"原是形容那些酷吏对百姓骚扰得厉害，连鸡狗都不得安宁。它出自唐·柳宗元《捕蛇者说》:"哗然而骇者,虽鸡狗不得宁焉。"

《捕蛇者说》是柳宗元被贬到柳州时所作。文中记述了这样一个故事:

有一个姓蒋的人,一家三代都靠捕蛇为生。祖父和父亲在捕蛇的时候被蛇咬死了,但是他还是继续捕蛇。当柳宗元劝他不要再捕蛇的时候,这个人竟大哭起来,表示宁愿被蛇咬死,也不愿意放弃捕蛇。因为他必须靠捕蛇才能上缴官府的赋税。姓蒋的捕蛇人还告诉柳宗元说,如果他要是捕到毒蛇,命运就会比他的乡邻好多了。有的乡亲早已倾家荡产,食不果腹了。差役们进村子里收税赋的时候,横冲直撞,粗声叫骂,大打出手,乡亲们胆战心惊,苦苦哀求。这种场面被惊扰的不只是人,就连鸡狗都得不到安宁!

后来,人们便从中引申出成语"鸡犬不宁",用以形容生活因受骚扰而得不到安宁。

知识链接

郑板桥作诗讽有财

清朝时,朝廷中一个大奸臣的儿子,名叫姚有财。此人不学无术,但倚仗着他老子的势力,捞了个乌纱帽。去上任的途中,碰巧遇上著名书画家郑板桥,他也想装装斯文,便上前去求个字。郑板桥听说姚有财除了吃喝嫖赌、欺压搜刮百姓,搞得乡邻生活鸡犬不宁外,别的一窍不通,于是他很快写了一首诗:

有钱难买竹一根,财多不得绿花盆。

缺枝少叶没多笋,德少休要充斯文。

每句开头一字,连起来是"有财缺德"。姚有财接过一看,差点气晕过去,但又找不出真凭实据,因此对郑板桥毫无办法。

死灰复燃

韩姓名人在历史上层出不穷,有一联为:"名高三杰;文冠八家。"

说的就是西汉淮阴侯韩信和唐宋八大家之首的韩愈。广为人知的还有蓬莱八仙之一韩湘子，最笑料百出的要数近代军阀韩复榘了。标题中的成语也与一位韩姓名人有关，他就是西汉时的韩安国。此语出自《史记·韩长儒列传》。

韩安国曾在汉景帝之弟梁孝王那里做过中大夫，后来因为犯了国法，被关在蒙地的监狱里。在狱中，有一个名叫田甲的狱吏侮辱他，韩安国十分气愤地说："死灰难道就不能燃烧起来吗？"意思是，你以为我再也不会有重新出头的好日子了吗？可是田甲却斩钉截铁地回答说："如果死灰复燃，我就一泡尿浇灭它。"

不料过了一段时间，韩安国果然出狱，而且当了不小的官。田甲吓得偷偷地逃走了。韩安国知道后，严厉地对人表示：田甲如不赶快回来，就杀他全家。田甲没有办法，只好回来向韩安国请罪。出乎意料的是，韩安国并没有惩罚他，只是笑着对他说："现在你可以撒尿了。"就这样了结了前嫌。

成语"死灰复燃"由此而来，用来比喻消失了的坏思想或恶势力又重新活跃起来。

知识链接

韩复榘有趣的演讲

一年，有一则关于韩复榘的故事。说当时任山东省主席的韩复榘到齐鲁大学参加校庆，在大会上发言道："诸位，各位，在齐位：今天是什么天气？今天是演讲的天气。开会的人来齐了没有？看样子大概有个五分之八啦，没来的举手吧！很好，都到齐了。你们来得很茂盛，敝人也实在很感冒。……今天兄弟召集大家，来训一训，兄弟有说得不对的地方，大家应该互相谅解，因此兄弟和大家比不了。你们是文化人，都是大学生、中学生和留洋生，你们这些乌合之众是科学科的，化学化的，都懂七八国的英文，兄弟我是大老粗，连中国的英文也不懂。……你们是笔筒里爬出来的，兄弟我是炮筒里钻出来的，今天到这里讲话，真使我蓬荜生辉，感恩戴德。其实我没有资格给你们讲话，讲起来嘛就像……就像……对了，就像对牛弹琴。"

一窍不通

成语"一窍不通"在歇后语也说作"擀面杖吹火——一窍不通"。试想，用擀面杖吹火，岂有通风之理，自是一窍不通。

此语出自战国·吕不韦《吕氏春秋·过理》："杀比干而视其心，不适也。孔子闻之曰：'其窍通，则比干不死矣。'"高诱注："纣性不仁，心不通，安于为恶，杀比干，故孔子言其一窍通则比干不见杀也。"纣王是商朝最后一位君主，他荒淫无道，整天只顾跟宠妃妲己喝酒玩乐，不理政事，也不管百姓生活凄苦，他还滥杀无辜，很多忠臣和无辜百姓都惨遭杀害。

纣王的叔父比干是一个忠臣，他实在看不下去了，就劝说纣王不要沉迷于酒色，不要乱杀忠臣。妲己和纣王听了都很不高兴。妲己献计说："大王！如果比干真的是一个忠臣的话，你为什么不叫他把自己的胸膛剖开，把他的心肝拿出来献给您呢？"

纣王听了妲己的话，竟不分是非好坏，立刻下令赐比干剖胸而死。这样一来，大臣们要么逃往他方，要么噤口不言。商朝很快就灭亡了。

知识链接

高山响鼓，闻声百里

清朝著名文学家蒲松龄，幼年苦读，19岁时即考取县、府、道三个第一，因是汉族儒生，此后屡试不第，只好在乡绅人家设馆教学。有一位土财主望子成龙，请蒲松龄教自己的儿子，去后不到三个月蒲松龄便来告辞说："令郎已学有所成，老夫要另谋去处。"财主一听十分高兴，便问："吾儿文章如何？"蒲松龄说："高山响鼓，闻声百里。"财主又问："吾儿在易、礼、诗诸方面也都通熟了？"蒲松龄答道："八窍已通七窍。"财主听了很是欢喜，设酒席为他饯行。

蒲松龄走后，财主便连忙把这喜讯告诉给在县衙当师爷的胞弟，并嘱其快些为侄儿报名参加科举考试，做个秀才，家门也好增光添彩。师爷听了土财主的讲述，哭笑不得，说："大哥，你让那教书匠戏弄了。"土财主非常惊讶，问："此话怎讲？"师爷说："高山响鼓，闻声百里，那是'扑通，扑通（不通，不通）'，'八窍已通七窍'岂不是一窍不通吗？"土财主一听，气得直骂儿子："蠢猪！蠢猪！"

专横跋扈

看见这个标题，大家就会想到这类人专断蛮横，肆意妄为的样子。古往今来，此类人并不少见，他们大多依仗自己手中的权势或强有力的后台，为非作歹，欺压百姓，此语出自《后汉书·梁冀传》："帝少而聪慧，知冀骄横，尝朝群臣，目冀曰：'此跋扈将军也。'"

东汉时期，有一个狂妄自大、凶悍蛮横的将军，名叫梁冀，自小放荡不羁，喜好喝酒、打猎、斗鸡。他倚仗着自己的妹妹是汉顺帝宠爱的皇后，肆意妄为，异常骄横。他先后担任过黄门侍郎、虎贲中郎将、执金吾等重要职务。

汉顺帝永和元年（公元136年），梁冀被任命为河南尹。他上任以后，为非作歹，贪赃枉法，声名狼藉。当时，梁冀的父亲、大将军梁商有位老朋友吕放，是洛阳令。吕放在一次进京的时候，拜会了梁商，把梁冀的所作所为告诉了他。梁商听后很恼火，就把梁冀找来，严厉地训斥了他一顿，并警告他不可再犯。

梁冀因此事对吕放怀恨在心，居然暗中派刺客把吕放杀了。他怕父亲知道这件事后会怪罪自己，又借追捕凶手为名，把吕放宗族亲友一百多人全部冤杀。

不久，梁商病故，汉顺帝便让梁冀接任了他父亲大将军的职务。从此，梁冀掌握了朝廷的军政大权，更加目中无人，为非作歹，朝中大臣都十分惧怕他，不敢得罪他。

公元144年，汉顺帝病死，汉冲帝即位。那时冲帝还是个两岁的幼儿，由梁太后代为执政。梁冀根本不把自己的妹妹放在眼里，在朝中仍横行霸道，蛮不讲理，将朝中大权渐渐握在自己手中。

过了一年，冲帝夭折。梁冀为了继续操纵朝政大权，便立当时只有八岁的刘缵做皇帝，史称汉质帝。

汉质帝虽然年幼，人却很聪明，他知道梁冀在朝中非常骄横，心中很不满。一天，汉质帝坐朝，百官朝见毕，只有梁冀不肯对皇帝施礼，汉质帝心中气愤，他看着梁冀说："这位就是跋扈将军。"

梁冀听了，非常愤恨，就指使爪牙把毒药掺在汤饼中送给质帝吃，把质帝毒死了。

接着，梁冀又立年少的刘志为帝，即汉桓帝。从此，他更加不可一世。他用各种卑劣手段诛灭异己，前后共专权二十多年。最后，汉桓帝成年后终于诛杀了这个"跋扈将军"。

知识链接

李时珍的药方

明朝时，湖北蕲春县有个县官，倚势横行乡里，专横跋扈，百姓对他恨之入骨。县官想要延年益寿，便把李时珍找来，请他为自己开一个滋补药方。李时珍早已得知此县官的为人，于是提笔写道："柏子仁三钱，木瓜二钱，官桂三钱，柴胡三钱，益智二钱，附子三钱，八角二钱，人参一钱，台乌三钱，上当三钱，山药二钱。"

县官送走李时珍后，高高兴兴地派人去抓药。药铺的人看了一会儿，说："大人被骂了。"接着便解释说："这是个藏头药方，把每味药的头一个字连起来读便是：'柏木棺材一副（官柴益附），八人抬（台）上山。'"

抓药的回来把这件事告诉县官，县官气得要命，立即派人到李时珍家里去抓人，却扑了个空。原来，李时珍已料到县官不会就此罢休，收拾好行囊就远游寻药去了。

狼狈为奸

成语"狼狈为奸"是比喻两个人或几个人聚集在一起，相互勾结做坏事。此语源于唐代段成式的《酉阳杂俎》。

据说，狼和狈是两种长相十分相似的野兽。同时，它们的性情又十分相似，都喜欢偷吃猪、羊等家畜，给人民造成了很大的危害。它们唯一不同的是：狼的两条前腿长，两条后腿短；而狈却是两条前腿短，两条后腿长。

有一回，一只狼和一只狈来到了一家农民的羊圈外，它们知道里面的羊又多又肥，就想偷吃。但是羊圈筑得很高，又很坚固，狼和狈既爬不过去，也撞不破，不知如何是好。

这时，它们想到了一个办法。先由狼骑到狈的脖子上，然后狈站起来，把狼抬高，再由狼越过羊圈把羊偷出来。

商量过后，狈就蹲下身来，让狼爬到身上。然后，狈用前腿抓住羊圈的竹篱，慢慢地伸直身子。等狈伸直身子后，狼再将两只后腿站在狈的脖颈上，前腿抓住竹篱，一点一点地伸直身子，再把两只长长的前腿伸进羊圈，把羊圈中的羊偷了出来。

这种偷羊的事，狼和狈经常利用彼此的长处合伙干。假如狼和狈不合作，都一定没办法爬上羊圈，就不能把羊偷走。养羊的农民也会减少很多损失。然而，狼和狈却经常那样合作，而且走在一起的时候，显得非常亲密。

知识链接

灵谷老人作联骂汉奸

1940年3月，大汉奸汪精卫背叛人民，投降日本，成立了以汪精卫为主席的伪国民政府。

当时伪南京警察厅长申省三，为了巴结奉承汪精卫，特地到灵谷寺，恭请著名的楹联书法家灵谷老人写联庆贺。灵谷老人对汉奸行径深恶痛绝，百般推辞。可是申省三说尽好话，死皮赖脸地乞求，灵谷老人十分无奈，思索良久，乃挥毫写出一联。联曰：

昔具盖世之德，今有罕见之才

在汪精卫就职典礼上，申省三得意地送上贺联，以博主子欢心。汪精卫展联观之，十分赞赏，不仅联语精彩，而且书法遒劲优美，便把它悬挂在厅堂上。没想到座下不少人偷偷发笑,原来,此联恰是一首谐音联,联的"盖世",谐音为"该死";下联的"罕见",谐音为"汉奸"。意思是:昔具该死之德,今有汉奸之才。

笑里藏刀

人们处世办事最怕碰到"笑里藏刀"的人了,这类人外表看似和气,内心却阴险毒辣,什么时候说不准就背后捅人一刀,让人防不胜防。不过,此举若用在军事上,以欺骗麻痹对方,来掩盖己方的军事行动,则会收到意想不到的效果,故孙子的三十六计中囊括此计。

此语出自《旧唐书李义府传》:"时号义府,笑中刀。"

唐高宗时,饶阳人李义府是个位高权重的大臣。他平时待人总是温和谦恭,说话也总是面带三分笑,但内心阴险毒辣。

有一次,李义府从别人那里听说监狱中关押着一位长得非常漂亮的女犯人。于是他把看管监狱的长官华正义找来,甜言蜜语地拉拢他,以打动这位监狱长的心,同时希望他能借机把那位女犯人放走。监狱长华正义在他谦和的抬举中答应无罪释放那位女犯人。后来有人借此事控告了华正义,华正义知道后,非常害怕,因为私放罪人是犯法的,他就向李义府求助,谁知李义府却一口否认了此事,同时又怕华正义出卖了自己,就威逼华正义自杀了。而告发的官员王义方也因为告发此事,被李义府暗中给罢了官。当人们得知李义府的所作所为后都非常气愤,说李义府是笑中有刀。

成语"笑里藏刀"由此而出,比喻表面和善友好,内心却阴险毒辣。

知识链接

曹雪芹戏说王熙凤

在《红楼梦》里,王熙凤是封建地主阶级的代表人物,曹雪芹说她:"明是一盆火,暗是一把刀。"其实她也是一个笑里藏刀的美人儿。

同室操戈

"同室操戈"原是说自家人动刀枪。指兄弟争吵。此语出自《左传·昭公元年》。

春秋时期,郑国大夫徐吾犯的妹妹长得特别漂亮,人见人爱,以至于公孙楚和公孙墨堂兄弟俩在见到了她后,都想娶她为妻。

由于两个人都是贵族,徐吾犯感到非常为难:若答应将妹妹嫁给公孙楚,那么弟弟公孙墨一定会记恨,但若答应将妹妹嫁给公孙墨,又会得罪哥哥公孙楚。在左右为难的情况下,徐吾犯只好去请教子产。子产听了徐吾犯的陈述后说:"还是让你的妹妹自己去选择吧。"

徐吾犯听了子产的话,就让妹妹自己选择。妹妹最终选择了公孙楚,并与之结为夫妇。

公孙墨一气之下,全副武装地闯入了公孙楚的家中,声称要杀死自己的堂哥,抢夺他的老婆。公孙楚听了他的话也不甘示弱,拿起武器与之打斗起来,结果公孙墨在搏斗中被击伤。

后人即以"同室操戈"来比喻内部相斗。

知识链接

同室操戈的例子

"同室操戈"的例子在古代屡见不鲜,特别是皇室为争夺皇位而兄弟反戈,甚至血流成河。在三国时也有见证。曹植《七步诗》中云:"本是同根生,相煎何太急。"曹丕和曹植都是曹操之子,且都为卞太后所生,是真正的同胞手足。因曹植才智高于其兄曹丕,曹操曾一度想立他为嗣。后曹丕登基后,仍然妒忌曹植之才,想加以迫害,这首诗就是在这种情况下写出的。

抗日战争时期,皖南事变后,周恩来在《新华日报》上发表《为江南死难者志哀》一文,借用曹植《七步诗》,写下了"千古奇冤,江南一叶,同室操戈,相煎何急"的题词,愤怒声讨国民党的罪恶行径。

蚍蜉撼树

蚍蜉，又称巨蚁，是一种体形较大的蚂蚁。这种蚂蚁的工蚁身长6～14毫米；雌蚁身长15～18毫米；雄蚁身长9～11毫米，蚍蜉在蚁类中可算是"巨人"了。但是它与大树相比仍十分渺小。成语"蚍蜉撼树"原意是指蚂蚁想摇动大树。比喻力量本来很微弱，而又妄想摇动强大的事物，不自量力。

此语出自唐代著名散文家韩愈《昌黎先生集·调张籍》："李杜文章在，光焰万丈长。不知群儿愚，那用故谤伤。蚍蜉撼大树，可笑不自量。"诗中"李杜"是指李白和杜甫。李白，世称"诗仙""千古一诗人"。后人盛赞李白"盛唐诗酒无双士，青莲文苑第一家"。杜甫，世称"诗圣""杜工部"。杜甫的诗堪称"笔落惊风雨，诗成泣鬼神"。因而，即使是韩愈这样的大家对于李杜也是极为推崇的，在李杜面前，他自称是蚍蜉撼树，不自量力。杜甫死后，韩愈"夜梦多见之""举颈遥相望"，向往之情可谓深矣。后世欧阳修也有诗云"昔时李杜争横行，麒麟凤凰世所惊"，赵翼诗有"李杜诗篇万口传"。

知识链接

蚍蜉撼树自有妙法

蚍蜉真的撼不动大树吗？也不尽然。就一般蚂蚁来说可能难以办到，可有一种大蚂蚁岂止撼动大树，它们甚至还能毁掉大树！在巴西南马格罗索州有一片总面积达50万公顷的桉树林，这是巴西最大的人工林。但是从20世纪70年代中期以来，这片郁郁葱葱的森林却遭了厄运。1980年，有65000多公顷桉树只剩下光秃秃的树杈，接着都干枯死亡。到1985年底，这片桉树林已损失46%，被毁面积达23万公顷。科学家在进行了大规模的考察研究后发现，大片桉树林被毁的罪魁竟是巴西的一种叫"萨乌瓦"的大蚂蚁。这种蚂蚁的"集体观念"极强，总是倾巢而出，向一棵棵桉树发起进攻，吞食树叶。数以万计的蚂蚁，来来往往，轮番作战，直到把整棵桉树的叶子咬光为止。当被咬光叶子的树重新长出新叶子之后，它们又会发起第二次攻击。据观察，桉树叶被咬光4次之后，便再也萌发不出新芽了，树干也会很快干死。由此可见，蚍蜉撼树自有妙法，怎么能说它不自量力呢！

梁上君子

汉语中，对小偷的称呼比较多，现在我们一般用"扒手""三只手"来代称。古代还把那些盗富济贫的小偷称为"侠盗"，《水浒传》中时迁的"鼓上蚤"这个外号也颇有新意，更为有趣的要算"梁上君子"这一戏称了，不仅表明了是盗贼，还是一位功夫不凡的盗贼呢。

据《后汉书·陈寔传》记载，汉桓帝时，陈寔任太丘长。他为官清廉，性情正直仁厚，深受百姓的爱戴。当时正赶上饥荒，年景不好，人们生活非常贫困。

一天晚上，陈寔发现自己的住室里有个小偷躲在屋梁上，他并没有声张，而是把子孙们叫到跟前，严肃地教训他们说："一个人不能不勉励自己。坏人的本质并不坏，只是坏事做多了，形成了习惯，最后才成了坏人。梁上的这位君子就是个例子。"躲在梁上的小偷听得深受教育和感化，羞得无地自容，跳下来向陈寔磕头认罪，发誓不再偷窃。陈寔看他不像个坏人而且确有悔改的决心，就送给他两匹绢，让他当本钱做小生意养家糊口，那人拜谢而去。

知识链接

郑板桥作诗对小偷

清朝时期，扬州八怪之一的郑板桥中进士后，担任山东潍县县令。当时，全县正闹饥荒，郑板桥以百姓疾苦为重，立即向上报告，请求赈济。由于他为人正直，因此得罪了上司，被革职返乡。

郑板桥为官清廉，回家时"一肩明月，两袖清风"，仅带黄狗一条、兰花一盆，生活清贫，苦中作乐，倒也怡然自得。不了解的人认为他既当过县令,必有不少财物,有的小偷就曾来打他的主意。

在一个寒冷的深夜,郑板桥翻来覆去,久久难以入睡。正好进来一小偷,板桥已发觉,但未声张,唯恐小偷急中行凶,自己无力对付;若佯装熟睡任小偷肆意妄为,又不甘心。他灵机一动,便断断续续地吟起诗来:

细雨蒙蒙夜沉沉,梁上君子进我门。

小偷闻声暗惊,知道自己已被发现,便停步不前,板桥继续吟道:

腹内诗书存千卷,床头金银无分文。

小偷一听,知道无油水可捞,自认晦气,转身外出。板桥接口吟道:

出门休惊黄尾犬

小偷想,既然有狗,不可惊动,只好翻墙了。板桥又吟道:

越墙莫损兰花盆

小偷定睛一看,墙上果有一盆兰花,于是小心避开,刚跳落墙外,耳边又响起了吟声:

天寒不及披衣送,趁着夜色赶豪门。

小偷啼笑皆非,但不得不佩服板桥的义气和才气!

老奸巨猾

人们常用"老奸巨猾"来形容世故深而手段极其奸诈狡猾的人。值得注意的是,它还不同于"老谋深算",后者是说某人有周密的筹划、深远的打算,形容他办事精明老练,因而,两者不可混用。这一成语出自宋·司马光《资治通鉴·唐玄宗开元二十四年》:"林甫城府深密,人莫窥其际。好以甘言人,而阴中伤之,不露辞色。凡为上所厚者,始则亲结之,及位势稍逼,辄以计去之。虽老奸巨猾,无能逃于其术者。"

揭及此成语,还得从口蜜腹剑的李林甫说起。唐玄宗时,李林甫官居丞相,他独揽大权,排除异己。此人城府极深,世人难以摸透他的心思。李林甫善于当面奉承,而暗中陷害,且从来不露声色。凡与玄宗关系亲密的人,开始时他总是与之攀交情拉关系,等到地位权势稍微接近他时,就千方百计地除掉。就是那些老奸巨猾的官吏,也逃不出他的手掌手。

知识链接

奉承说错话

清朝开国之初，某中堂大权在握，声势显赫。有个姓张的富人，虽不学无术，却会阿谀奉承，因而得以与中堂的从弟结为儿女亲家。张千方百计地攀附权贵，到处钻营，将要跨入做官的行列，于是对中堂从弟说："我与你既已结成亲家，那么你的从兄跟我也就有了亲戚关系，倘若你能引荐我拜见他，一定重谢！"

中堂从弟说："拜见很容易，只怕你说话会出差错。"

张说："请你教诲我，一定牢记不忘！"

中堂从弟便教给他一些应酬、颂扬之语，要他反复练习，不要有误，于是先替他通报，求得允许。

第二天，张姓富人拜见中堂，中堂说："你壮年就将出仕，我也分享一份荣耀。"张面红耳赤，额头冒汗，拘谨地回答说："久仰大人老奸巨猾，为朝野所畏。"意思是：很早就仰慕你奸诈狡猾，为朝廷、民间所畏惧。

中堂大怒，拂袖入室，随从人员挥动着手，令他快走开！富人垂头丧气，败兴而返。

豁然开朗

日常生活中，当有人对某事苦思不得其解，经旁人稍加点拨后，突然领悟了其中的道理，我们常把这类情况形容为"豁然开朗"，这跟佛家所讲的"顿悟"有相通之处，俗语"山重水复疑无路，柳暗花明又一村"说的也是豁然开朗之意境。

此语最早见于东晋陶渊明《桃花源记》："林尽水源，便得一山。山有小口，仿佛若有光，便舍船，从口入。初极狭，才通人；复行数十步，豁然开朗。"在南朝官员庾仲雍《荆州记》中也有："元嘉中，有蛮人入此山射鹿，入石穴中，蛮人逐之，穴傍有梯，因上，即豁然开朗，别有天日。"

"豁然开朗"一词形象地揭示了创造性思维的形成。它的近义词除了"朗然开悟""豁然贯通"等外,还有"涣然冰释"。如清代学者戴震"平生无他嗜好,唯专于读书,虽词义钩棘难晓者,一再读之,辄已涣然冰解,旁观者惊为宿悟"。"茅塞顿开"也是它的近义成语。"拨开云雾见青天"也可算上一个。但咀嚼比较起来,这几个在意境上始终不及"豁然开朗",唯有"豁然开朗"把顿悟以及顿悟后的庞博视野表达得淋漓尽致。

知识链接

关于 "豁然开朗" 的翻译

"豁然开朗"英语如何翻译?这里有一个小故事。2001年5月17日,江泽民考察黄山,多是一路徒步。黄山导游告诉记者,江泽民黄山之行中说得最多的字眼是"豁然开朗"。导游介绍,江泽民17日到达始信峰时,云雾缭绕,轻风吹拂,山峰时隐时现。一阵劲风吹过,云开雾散,黄山美景尽收眼底。江泽民高兴地说,真是云雾变幻,豁然开朗。他想用英语来表达"豁然开朗",当地向他推荐了一名英文导游,翻译为"Suddenlyappearedclearly"。江泽民将这句话大声重复了一遍后,总感觉不完全对。沉思良久,江泽民说:"Suddenlybright,这样翻译比较好一些。"之后,他又若有所思地说,黄山的风景确实是太美了,用两三句话是难以形容的。英文导游告诉江泽民,20世纪60年代,一代文豪郭沫若游黄山时,曾形容黄山"森罗万象难比拟,纵有比拟徒费辞"。江泽民深有同感,连连颔首。19日上午,江泽民对英文导游说他打电话到北京找专家询问了,关于"豁然开朗"有两种翻译。在西海外的风景平台上,江泽民又提到了"豁然开朗","你们看,刚才还是云雾迷漫,现在却是豁然开朗"。他说关于"豁然开朗"另有两种翻译,其中一种是这样的,他随即在纸上写道:"Itiscloudyandmisty, onemoment, andclearsupthenext."江泽民登上玉屏景区,这里是黄山风景绝佳之处。奇松汇聚,名峰拱秀。他遥望天都,仰视莲花,心潮澎湃,诗情灵感涌上心头。当晚,他挥毫写下了一篇115字的长序和七绝诗一首。序中再次提到了"豁然开朗"

是"黄山之大观也"。全诗是：遥望天都倚客松，莲花始信两飞峰。且持梦笔书奇景，日破云涛万里红。其实写的就是"豁然开朗"的境界。

鹤立鸡群

"鹤立鸡群"这个成语常被人们提及，比如说某人工作业绩不菲，就说他在单位里是"鹤立鸡群"；谁家小孩学习非常好，也说他成绩在年级里是"鹤立鸡群"。

此语出自晋·戴逵的《竹林七贤论》："嵇绍入洛，或谓王戎曰：'昨于稠人中始见嵇绍，昂昂然若野鹤之在鸡群。'"它原是形容一个人的仪表或才华非凡。

嵇康是三国时期魏国著名的文学家、音乐家。他才学出众，性格耿直，又身材高大，仪态俊逸，非常引人注目，是当时为人们所美谈的"竹林七贤"之一。后来，他因不满司马氏操纵朝政，被司马昭借口杀害，死时年仅41岁。

嵇康的儿子嵇绍和他父亲一样很有才学，并且身材魁梧，仪表堂堂。司马炎称帝后，嵇绍被征召到京都洛阳做官。有人见了他后，对他父亲的好友王戎说："昨天我见到嵇绍，他长得高大极了，魁梧得很，在人群之中，就像一只仙鹤站在鸡群里那样突出。"王戎听了，说："你还没有见过他父亲嵇康呢，比他更突出！"

晋惠帝司马忠继位后，嵇绍担任侍中，侍从皇帝，经常出入宫廷。后来，西晋皇族内部发生了"八王之乱"。嵇绍在跟随惠帝出兵作战时，尽力护卫惠帝，不幸中箭而死。

成语"鹤立鸡群"即从此典故中引申而来，表示与众不同，卓尔不群。

知识链接

李福林趣味演讲

李福林在抗日战争以前，是广东省的一个军阀，他不爱读书也不愿看报，但常装成满腹学问的样子，说起话来，无论通与不通，总要加上几个成语或其他文雅的字词。

有一次，他到中山大学演讲，面对满堂师生，又班门弄斧：

"诸位大学生们，校长阁下敬请我光临贵校，本人深感侥幸，犹似鹤立鸡群，不由得使我飘飘然……"

学生们哄堂大笑！

李福林不高兴地说："你们笑什么？我是个大老粗，说话虽狗屁不通，可是打起仗来，我能赤膊上阵！"这时连板起面孔瞪着学生的校长也忍不住笑了起来。

青出于蓝而胜于蓝

大家知道，如果要形容学生胜过老师，后人胜过前人，我们常用到"青出于蓝而胜于蓝"这句话。如有报道说："刘翔是孙海平教练一手调教出来的，可谓青出于蓝而胜于蓝，真乃后生可畏！"江山代有人才出，长江后浪推前浪，青胜于蓝的事例屡见不鲜，此语源于南北朝时期。后魏人李谧，字永和，学习很用功，少年时代就读了很多书。他的老师孔璠，学问本来也不错，可是几年以后，李谧就胜过了老师。结果，孔璠反过来向李谧请教了。人们作了一首歌谣：

青成蓝，蓝谢青；

师何常，在明经。

青，比喻学生；蓝，比喻老师。歌谣的意思是：学生成了老师，老师请教学生；究竟谁是老师并不一定，问题在于谁更精通学问。

为什么用青比学生，蓝比老师呢？它的来源是荀子著名篇章《劝学》中的一句话："学不可以已。青取之于蓝，而青于蓝；冰，水为之，而寒于水。"这句话用来教导弟子学习永远没有止境，希望弟子们能够坚持不懈地学习，后代一定超过前辈。青色本来是从蓝草中取得的，可是从蓝草取得的青色，比蓝草更青；冰本是由水凝结成的，可是由水凝成的冰比水更凉。

由此可见，比喻学生超过老师，青年超过老一辈，就叫"青出于蓝而胜于蓝"或"青出于蓝"。

知识链接

纪晓岚谦虚学习

乾隆二十一年（1756年），纪晓岚随从皇上到古北口巡视，在路边一个小店里小憩，抬头看见墙壁上有人题诗一首，只能辨认出其中两句为：

一水喧涨人语外，万山青到马蹄前。

诗写得很好，活脱新奇，余味无穷，纪晓岚赞叹不已。他把从这位无名氏诗句中得到的教益融贯到自己的创作里，成为其得意之作。其诗《严江舟中》写道：

山色空蒙淡似烟，参差绿到大江边。

斜阳流水推篷望，处处随人欲上船。

乾隆二十七年（1762年），纪晓岚奉命为顺天府乡试的考官。很有诗才的朱子颖中举后，到纪晓岚住处拜谢房师。他带来的见面礼是一部诗稿。纪晓岚开卷，见到"一水喧涨人语外，万山青到马蹄前"两句诗，十分兴奋。他拍着朱子颖的肩膀说："原来我们在六七年前就是文字之交了。"说着，他拿出自己写的《严江舟中》给朱子颖看，并诚恳地说："没有你那两句诗，我这首诗是写不出来的。你的诗写得真好。人们喜欢说青出于蓝，而今我是老师跟学生学，是蓝出于青啊！"

三句话不离本行

"三句话不离本行"是说人的言语离不开他所从事的职业范围，这种现象在我们身边也是屡见不鲜，人们往往在谈话、聊天时，自觉不自觉地就联系到自己的职业，或者是用自己职业上的习惯用语来谈论眼前的事情。

这个词最早见于清朝李宝嘉《官场现形记》第三十四回："每到一处，开口三句话不离本行，立刻从怀里掏出捐册送给人看……"关于它的来源，还有一个有趣的传说。

很久以前，一个村子里住着四个能说会道的人。这四个人，一个是厨师，一个是裁缝，一个是车把势，还有一个是跑船掌舵的。平时村子里谁家有什么纠纷、红白喜事、打架抬杠的，人们都请他们去说和，大小事情也能得个好的结果。

有一次，村里一对老哥俩闹分家，由于人多嘴杂，分了几天也没分清，于是就把这四个人请去了。可是，这件事还真有些棘手，四个人决定先到厨师家碰碰头，商量个对策。

厨师说："我看这事呀，难，咱还是快刀斩乱麻，别锅、碗、瓢、盆什么的一样样分得太仔细。""也对，不过这事也不能偏向着谁。"裁缝想了想说："这分家呀，还得针过去，线也过去才行。"

赶车的满不在乎地说："唉，你们也太担心了吧，咱们以前又不是没办过这号事。这也不难，前有车，后有辙，只要别岔了路，什么都好办。"

跑船的早就听得不耐烦了，提议道："咱们别光在这里啰唆了，不如等到了那里见风使舵，怎么顺手就怎么给他们划拉划拉得了。"

厨师的媳妇在一边听着，"扑哧"一声笑了起来："我说你们真是三句话不离本行，卖什么的吆喝什么呀。"话音刚落，裁缝、车把势、跑船的一屋子人又大笑起来，原来厨师媳妇是个做小买卖的，专门吆喝人的。

知识链接

过河

有三人同时过河，一戏子、一小贩、一叫花。水流湍急，船身颠簸，需一人荡前桨，可谁也不愿意。船老板说："你们若能根据自己的职业特点从一讲到十，就不要你们荡，否则，我也不开船。"

三人表示同意。戏子率先："上台演出，《一捧雪》《二度梅》《三气周瑜》《四郎探母》《五（武）家坡》《六出祁山》《七擒孟获》《八姐闯幽州》，样样来得，只《九龙山》一出，实实（十十）难唱。"

小贩紧接而上："出得门去，一根扁担，二只箩筐，游三家，伴四户，过五里墩，到六塘铺，碰上七个姑娘，手拿八个铜钱，要买九色花线，这个生意实实（十十）难做。"

叫花子长叹一声，凄然说道："自出生以来，一个人，两只手，三没亲戚，四没朋友，五行相克，六根不齐，七星当头，八字太硬，算得九九归圆，看起来实实（十十）虚度一生。"

三人各述其职，各道辛酸。船老板无奈，只好自己荡起双桨来。

有钱能使鬼推磨

在拜金者的眼中，金钱是万能的。有句话说得好，"有钱能使鬼推磨"，有了钱，鬼都能给你推磨，还有什么事做不成呢？

据考证，早在晋朝时期的《钱神论》中就有"有钱能使鬼，而况于人乎"的记载。明朝《义侠记·萌奸》中也有："有钱能使鬼推磨，一分钱钞一分货。"《喻世明言》中云："正是官无三日紧，又道是有钱能使鬼推磨"。

唐朝时期，张固在《幽闲鼓吹》里写了这样一段故事：有一新鬼，很瘦弱；忽见一肥鬼，就问他为何能如此肥健。肥鬼就说，你只要到人间作祟，人们害怕，就会给你东西吃。于是瘦鬼来到人间，见一家人的厢房中有磨，就去推起磨来。磨了半天，不仅没捞到半点吃的，还累得半死。

这个故事，是说瘦鬼上了当，但肥鬼的原意，是"作怪觅食"。也就是说，只要给予一定的利益，是可以让鬼为人推磨的。后来就把"钱能通神"这句话通俗化，成为"有钱能使鬼推磨"了。

知识链接

"有钱能使鬼推磨"的流传

东汉时期，蔡伦发明造纸术后，造纸生意日渐兴隆。蔡伦的嫂子慧娘眼红蔡伦，便叫自己的丈夫蔡莫去跟蔡伦学造纸。蔡莫急于求成，不等学完就匆忙回家办纸坊。但他造的纸质量太差，一张也没卖出去。夫妻俩望着满屋子的草纸，一筹莫展。这时，慧娘想到一个办法，她假装暴病死了，让丈夫用棺材把她收殓起来，给她烧草纸。等到街坊邻居赶来看时，又假装活了过来，并说："我到了阴间阎王叫我推磨受苦。丈夫给我送了些钱，小鬼们为得几个钱，都挣着替我推磨，这真是有钱能使鬼推磨呀！我把丈夫给我的钱都交给了阎王，阎王就放我回来了。"

乡亲们听了慧娘话，信以为真，纷纷拿钱向蔡莫买纸，用火烧了，为死去的亲人赎罪。这样，蔡莫造的纸很快就卖光了。从此，"有钱能使鬼推磨"就流传开了。

不管三七二十一

汉语中有很多与数字相关的成语或俗语，如七上八下、乱七八糟、八九不离十、不管三七二十一。"三七二十一"本是珠算乘法口诀，在其前面加上"不管"，即"不管三七二十一"就含有不管好歹、吉凶为何，偏要试一试的意思了。

关于它的来源，民间流传这样一种说法：相传早期的谶纬家、阴阳家们都认为三七相乘的积数是不祥的数。三国时期的陈琳在《神女赋》中写到"汉三七之建安，荆野蠢而作仇"，意思是说，东汉建立210年，到建安时期要遭厄运了。实际上这段时间不足200年，但由此可以确知，人们已认为三七之积是不祥的。这一看法经过长期演变，人们逐渐总结出"不管三七二十一"这一口头语。

知识链接

长工的三七二十一

从前有一大户人家，户主名叫李元。有一年，李元雇了一个五大三粗的长工给他家干活。那长工初到时，李元对老婆说："你每天管他三顿干的吧，免得他借屙尿的机会偷懒。"他老婆照办了。那长工每顿三碗干饭，干起活来一个能顶两个用。

10天以后，李元又对老婆说："这个长工长了一副憨相，干活虽然卖力气，但他的饭量太大了！一年要吃掉我们几百斤粮食！从今天起，你一天管他三顿稀饭吧。"他老婆又照办了。那长工每顿吃七碗稀饭，干起活来有气无力，还不如一个弱女子。眼看稻田中杂草猛长，不抓紧时间除草就要减产。李元急得如热锅上的蚂蚁，想再雇一个短工，又舍不得花钱管饭食，因此他十分恼火。一天吃饭时，李元责问长工："你一天吃我三七二十一碗饭，为啥干活不像个男子汉？"只见那长工边用筷子敲着碗边唱道："干干干，一天吃九碗，周身汗毛都有劲，打个喷嚏响过山！稀稀稀，三七二十一，尿像屋下竹竿雨，脚酥手软如烂泥。我着急，没有力；你着急，有啥益？"

李元听了，想了半天回过神来，当着长工的面对老婆说："从今天起，管他三三九碗干，不管他三七二十一。"他老婆又照办了。那长工干活又一人能顶两人用了。

宰相肚里能撑船

有句俗话叫做"宰相肚里能撑船"，它是说人和人相处总免不了有矛盾，因此为人处世要豁达大度，待人处世要宽厚仁慈。这句话说起来还跟王安石有关呢。宋朝宰相王安石中年丧妻，又娶了个名叫姣娘的小妾。婚后，王安石终日忙于国事，冷落了娇妾。而姣娘正值妙龄，难耐寂寞，便与家中一个仆从勾搭上了，这事不久便传到了王安石耳中。

这一日，王安石假称出门办事，中途悄悄折返园中，果然听到了姣娘与仆人的声音。这下，王安石气不打一处来，举掌便想打门，可转念一想："我堂堂一国之相，一砸门，家丑就传出去了，岂不惹人耻笑？"

王安石仰天长叹，看见了树上的乌鸦窝。他拿起一根竹竿朝乌鸦窝捅了几下，惊飞了乌鸦，也惊动了屋内偷情的两个人，屋里的仆人闻声忙跳窗逃走。

转眼中秋节到了，王安石想趁着家宴的机会，劝一劝姣娘。"朗月当空，有酒岂能无诗。吟首诗以助酒兴，如何？"姣娘欣然答应，王安石便吟道：

"日出东来还转东，乌鸦不叫竹竿捅。鲜花搂着棉蚕睡，撒下干姜门外听。"

姣娘也是个聪明人，一听王安石知道了自己和仆人的事，"扑通"跪在丈夫面前，也和了一首诗：

"日出东来转正南，你说这话够一年。大人莫见小人怪，宰相肚里能撑船。"

王安石本来还想好好地训姣娘一通，可见她诚心认错，心也就软了。再说姣娘正值双十年华，这事本也不能全怪她，倒不如来个两全其美。于是，王安石便送了姣娘一些银两，让她和仆人远走高飞了。

这事传开以后，人们都非常赞赏王安石这种宽宏大量的做法，"宰相肚里能撑船"也因此成了千古美谈。

知识链接

对灯谜

北宋王安石不但是一位政治家，也是一位文学家。他十分喜好灯谜游戏，曾专著《字说》。他所作灯谜："目字加两点，莫当贝（繁写为具）字猜；只字欠两点，莫当口字猜。打二字。"谜底是："贺（賀）""咨"。时至而今仍然被人奉作字谜之典范。

一天，王安石与其好友王吉甫在一起做谜为戏。王安石先作了一个让王吉甫猜：画时圆，写时方，冬时短，夏时长。王吉甫看了之后没有马上说出谜底，而是对做了一条谜语：东海有鱼，无头又无尾，更除脊梁骨，便是这个谜。

王安石听完点头会意地笑了。原来这条灯谜的谜底是"日"。王吉甫是以谜解谜。王安石和王吉甫两人相视哈哈大笑不已。

丁是丁，卯是卯

"丁是丁，卯是卯"是说某个钉子一定要安在相应的铆处，不能有差错。它来源于一个民间故事。

隋朝末年，隋炀帝为招徕天下英雄，举行了一场比武大赛，各种英雄云集京城，经过重重较量，罗成夺得了头名。监考官杨林见罗成相貌堂堂，武艺出众，想收他做干儿子。罗成不愿认奸臣杨林为父。杨林一气之下，便诬陷罗成，说他想要谋反，将他关进大牢。罗成的结拜兄弟程咬金闻讯赶来营救，也中了杨林的埋伏，被捉了起来。

那天，观看比武的有一位沙陀国公主，她倾慕罗成的为人，见罗成入狱，就想营救他出来。一天夜里，沙陀公主从杨林的密室里偷出一支令箭，赶到狱中去救罗成，罗成拿到令箭一看说："公主，这是银卯时令箭，我们可以出牢房，却不能出城。你要盗得一支金丁时的令箭才行，丁是丁，卯是卯，不能蒙混的。"公主一听，又返回杨林处，想尽各种办法，又盗来一支金丁时令箭，使得罗成等人安全出城。

"丁是丁，卯是卯"便由这个故事流传开来。现在，"丁是丁，卯是卯"这句话常用来形容办事认真，一点不含糊、不通融。

知识链接

细说丁卯年

农历纪年，采用"天干""地支"相配："天干"为甲、乙、丙、丁、戊、己、庚、辛、壬、癸；"地支"为子、丑、寅、卯、辰、巳、午、未、申、酉、戌、亥。拿十天干中的甲、丙、戊、庚、壬和十二地支中的子、寅、辰、午、申、戌循环相配，再拿十天干中的乙、丁、己、辛、癸和十二地支中的丑、卯、巳、未、酉、亥循环相配，便得六十种组合，称为六十甲子。而十二地支又分别和十二种动物组合起来：子鼠、丑牛、寅虎、卯兔、辰龙、巳蛇、午马、未羊、申猴、酉鸡、戌狗、亥猪；每年以一种组合为该年的"生肖"，该年出生的人均以此"生肖"作为自己的"属相"；每十二年循环一次。丁卯年是农历兔年，这年出生的人属兔。

无事不登三宝殿

汉语里，有些词细究起来，很有韵味。例如"无事不登三宝殿"，它是说没有事不会登门造访，只要来了，必是有事相求。至于所求事情是大是小，能帮不能帮，就没个准儿了。想来"无事不登三宝殿"的客人，大概也是平日素不踏门的，临到有事了才会登门拜访。当然，此语也用于主人戏谑熟客，或好客人聊以自嘲。

这话出自明·兰陵笑笑生的《金瓶梅词话》："小媳妇无事不登三宝殿，奉本县正宅衙内吩咐，敬来说咱宅上有一位奶奶要嫁人，讲说亲事。"

"无事不登三宝殿"本义是指佛教寺庙中有礼拜、供养等法事方入佛殿，无事不得随便在此走动吵嚷。"三宝殿"一词与佛教大有渊源。

所谓"三宝"，指的便是佛教中的佛、法、僧三者，又作"三尊"。以佛讲法，僧保守之，此二者有神圣关系。佛指觉悟人生的真相，进而教导他人的佛教至尊，或泛指诸佛；法为根据佛陀所悟而向人宣说的教法、真理；僧指修学教法的僧团。三者都是令众生得度的重要因缘，缺一不可。三宝所在之殿当然就是三宝殿了，即佛教信徒登场做法事的地点——"大雄宝殿"；佛家珍藏经书、经典之所——"藏经楼"；还有僧人"燕息（即和尚等出家人睡觉之意）"的"宁静禅房"。这三处地方，是清静高洁的佛教重地，不可随意乱闯。

因此，古人即用"三宝殿"来泛指一般的佛殿，人们对三宝的尊敬与敬仰，使佛殿成为十分神圣的地方。除了与祈祷、礼拜等有关的信仰活动，一般人不能随便进入。"无事不登三宝殿"也由此而来，引申为有事而来，比喻没有事情不会上门。

知识链接

解缙献米谏皇上

明朝永乐皇帝有收集宝物的癖好。传说，有一天，永乐皇帝下了一道命令，让满朝文武百官七天之内每人献来一件宝物，由皇上按所献宝物的价值大小论功行赏。

七日已到，官员们纷纷把从各地搜罗来的宝物献给皇上，永乐皇帝看了，十分高兴。轮到解缙献宝时，只见他从袖筒里摸出一个小纸包，恭恭敬敬地跪下，呈了上去。太监接过来，小心翼翼地在皇帝面前打开，原来是一小撮大米。

皇上不高兴了，说："这是随处可见的东西，怎么是宝呢？"

解缙不慌不忙地念了四句顺口溜：

此宝真是宝，人皆不可少。

皇上三日无此宝，走起路来屡屡倒。

永乐皇帝听了，觉得有道理，便重赏了解缙，并吩咐下去，以后不许再献宝了。

君子之交淡如水

一般人对"君子之交淡如水"这一语颇为迷惑，既为"淡若水"，意即友情平平淡淡，又怎么能是比喻纯洁而高尚的友谊呢？但知道了其出处和其相关的事你就会明白其意思了。

《庄子》中说："且君子之交淡若水，小人之交甘若醴，君子淡以亲，小人甘以绝。"意思是说，品质高尚的人和道德低下的人交往方式不同，其结果也就不同。"甘若醴"（甜酒），表面上亲亲热热、甜甜蜜蜜，实际上，这种友谊没有牢固的基础，一有风吹草动，触及个人的利益，便要断交以至于绝交，所以说它"甘以绝"；而君子间的交往，看上去平平淡淡如一杯清水，但是它的基础却十分扎实，牢不可破，所以说"淡以亲"。

《礼记》中解释说："君子之接如水者，言君子相接，不用虚言，如两水相交，寻合而已。"这就生动地说明，君子之间的友谊，坦荡磊落，毫不虚伪，就像两股清清的流水相接，十分自然地融合。他们之间无利可图，却志同道合，所以经得起时间的考验。

关于"君子之交淡如水"这个俗语，民间还流传着这样一个故事。

唐贞观年间，薛仁贵尚未得志之前，与妻子住在一个破窑洞中，家境贫穷，有时饭都吃不上，经常靠邻居王茂生夫妇接济。后来，薛仁贵参军，在跟随唐太宗李世民御驾东征时，立下汗马功劳，因功被封为"平辽王"。真所谓一登龙门，身价百倍。朝中的文武大臣纷纷前来王府送礼祝贺，但都被薛仁贵婉言谢绝了。他唯一收下的是贫时好友王茂生送来的"美酒两坛"。当打开酒坛时，负责启封的执事官吓得面如土色，原来坛中装的不是美酒竟是清水！岂料薛仁贵见了，不但不生气，反而命令执事官取来大碗，当众饮下三大碗王茂生送来的清水。在场的文武百官怔在那里，不解其意，薛仁贵喝完后笑着说："我过去落难时，全靠王兄弟夫妇资助，没有他们就没有我今天的荣华富贵。如今我厚礼不收，却唯独留下王兄弟送来的清水，正是因为我知道王兄弟虽然贫寒，就是送清水也是他的一番美意，这就叫君子之交淡如水。"此后，薛仁贵与王茂生一家关系甚密，"君子之交淡如水"的佳话也就流传了下来。

知识链接

秀才巧对朱元璋

明太祖朱元璋登基不久，经常暗访各地，了解民情。一次，他来到重庆，顺便游玩了多宝寺。多宝寺中供奉着一尊弥勒佛。朱元璋是和尚出身，见佛自然很尊敬，不觉吟道：

开口便笑笑古笑今凡事付之一笑

这时候，游客之中有位本地的秀才，叫余文，一听朱元璋的吟咏，便也附和道：

大肚能容容天容地于已何所不容

朱元璋听了大为吃惊，忙扭头一看，原来是位书生接了他的下联，就主动与余文攀谈起来，二人十分投机。不久，两人来到一家村里的酒店，想饮酒阔论。哪知，好吃的东西早被游人买空。两人简单地吃了些酒菜。兴头上，朱元璋举杯说：

君子之交淡若水

余文恭敬地回应道：

醉翁之意不在酒

言谈之中，朱元璋发现余文才学广博，人品清高，对治国也有自己的看法，心中便想招纳这个贤才。可是余文不愿到官场惹红尘是非，推却了朱元璋的好意。后来，两人分别的时候，朱元璋出联再次提醒余文：

酒能成事也能败事

余文坚定地说：

水可载舟亦可覆舟

意思是朱元璋不要强求，要注意民心，尊重民心。这使得朱元璋心中更加敬佩这位佘才子了。

新官上任三把火

"新官上任三把火"意为领导干部刚上任时表现得有热情、有魄力、干劲十足，必先做两三件有益于百姓的事。事后是否还会不断做好事就难说了。这里的"三把火"是说开头三件事，像烧起来火来一样轰轰烈烈，有声有色，场面引人注目。那么，"新官上任三把火"是怎么得来的呢？

据《三国演义》述，三国时，诸葛亮当了刘备的军师后，在短短的时期内，连续三次用火攻战胜曹操。第一次火烧博望坡，使夏侯惇统领的十万曹兵所剩无几。第二次在新野，火攻、水淹使曹仁、曹洪的十万人马几乎全军覆没。第三次便是著名的火烧赤壁，百万曹兵惨败，曹操也被烧得丢盔弃甲，割须弃袍。当时，人们把这三把战火称为"诸葛亮上任三把火"。

后来，人们就把新官一上任就大刀阔斧的改革形容为"新官上任三把火"了。

知识链接

袁世凯上任的"五把火"

天津小站因小站稻而声名远扬，令人不可思议的是，在中国千百座小城镇中，只有它跻身世界军事地图，被永久地载入史册，这其中有段不同寻常的历史。1894年，清政府颁布上谕，委派袁世凯督练新建的陆军。有道是"新官上任三把火"，袁世凯刚上任，却连烧"五把火"，他将定武军改名为新建陆军，并将兵额招到7250人。又将新军分为步、炮、工、骑四个兵种。同时，一改旧军队吃空额、克扣军饷的劣习。袁世凯还让人编写军歌，使军队面貌焕然一新。这"五把火"一烧竟"烧"出了中国第一支新式军队、"烧"跑了大清最后一位皇帝、也"烧"开了北洋军阀登上中国政治舞台的序幕。